Das wahrhafte Unendliche
und die Unendlichkeit der Mathematik

Henri Ellsworth Beaufort

Das wahrhafte Unendliche und die Unendlichkeit der Mathematik

Die Entsprechungen zwischen Hegels Bestimmung des wahrhaften Unendlichen in der »Wissenschaft der Logik« und seiner Auffassung der Infinitesimal-Mathematik

Heidelberg 2020

Bibliografische Information der Deutschen Nationalbibliothek
Die Deutsche Nationalbibliothek verzeichnet diese Publikation in der Deutschen Nationalbibliografie; detaillierte bibliografische Daten sind im Internet über http://dnb.dnb.de abrufbar.

© 2020 Henri Ellsworth Beaufort

Satz, Herstellung und Verlag: BoD – Books on Demand, Norderstedt

ISBN 978-3-7519-8657-1

INHALT

Einleitung 7
Hegels Bestimmung des wahrhaft Unendlichen 11
Hegels methodisches Muster der Begriffsentfaltung 13

1. Kapitel
Die Entwicklung des Fürsichsein und die Darstellung von Repulsion und Attraktion 19

Repulsion und Attraktion 27
    Die erste Phase der Repulsion 27
    Die zweite Phase der Repulsion 30
    Attraktion: Das eine Eins der Attraktion 37
Der Begriff der Menge 39
    Die Beziehung von Repulsion und Attraktion 40
    Vordeutung des Begriffs der Quantität: Übergang zur »Haltungslosigkeit« .. 45

2. Kapitel
Von der Quantität zum Quantum 47

    Kontinuierliche und diskrete Größe 47
    Die Begrenzung der Quantität 49
Die bestimmte Quantität: das Quantum 52
    Der Begriff des Quantums 54
Zusammenfassung 58
Übergang in das Quantum und die Zahl 60

3. Kapitel
Extensive und intensive Größen 67

Identität der extensiven und intensiven Größen 77
    Zwischenergebnisse 81
    Methodische Überlegungen 85

4. Kapitel
Das Etwas 91

5. Kapitel
Vom quantitativen unendlichen Progress
zum wahrhaften Unendlichen 109
Die quantitative Unendlichkeit 114
    Die Unendlichkeit des Quantums 124

6. Kapitel
Hegels Auseinandersetzung mit der Mathematik seiner Zeit
in der I. Anmerkung zur »Unendlichkeit des Quantums« 133

7. Kapitel
Die anderen Anmerkungen zur »Unendlichkeit
des Quantums« 159

8. Kapitel
Ausblick auf Hegels Lehre von den Verhältnissen
und abschließende Bemerkungen 167
Die Unendlichkeit des Quantums 167
    Die qualitative Quantitätsbestimmung 167
Direktes Verhältnis 168
Indirektes Verhältnis 170
Das Potenzverhältnis 172
Abschluss 178

Literaturverzeichnis 183

Register 191

EINLEITUNG

Die *Seinslogik*, also den ersten Band der *Wissenschaft der Logik*, veröffentlicht Hegel im Jahr 1832 erneut; diesmal in einer überarbeiteten und umfangreicheren Fassung, als es die erste Ausgabe von 1812 noch war. Der Abschnitt über »Die Größe (Quantität)« wird wesentlich ergänzt; vor allem die Anmerkungen zur letzten Partie im zweiten Kapitel dieses Abschnitts, die mit »Die Unendlichkeit des Quantums« überschrieben sind, erfahren eine substanzielle Erweiterung.

In diesen drei jeweils mit eigenen Überschriften versehenen Anmerkungen[1] zur »Unendlichkeit des Quantums« geht Hegel am ausführlichsten auf die Mathematik seiner Zeit ein.[2] Dabei steht, wenig überraschend, die Differential- und Integralrechnung der »höheren Analysis« im Vordergrund: Es war dieser Teil der Mathematik, der in besonderer Weise vom Unendlichen handelte.

Hegels Auseinandersetzung mit der Analysis seiner Zeit ist aber kaum Aufmerksamkeit geschenkt worden, was wohl den harschen Urteilen bei Bolzano und bei Russell geschuldet ist, Philosophen, die sich einer »mathematischen Philosophie« verpflichtet sahen.[3] Hegel gilt auch in der *Seinslogik* vielen dieser Philosophen als Spekulant (im schlechtesten Sinne dieses Wortes) und als ein Ignorant, was die Mathematik angeht.

Entgegen dieser negativen Einschätzung konnte der Mathematiker Reinhold Baer im Jahr 1932 feststellen, dass »für den nachgeborenen Mathematiker« zwar »manches bei Hegel kraus« erscheine, was »eben nur höchste Weisheit seiner Zeit« gewesen sei. Baer fügte hinzu: »Näheres Zusehen ergibt hier

---

1 Hegel, GW XXI, S. 236: »Die Begriffsbestimmtheit des mathematischen Unendlichen«. A. a. O., S. 273: »Der Zweck des Differentialkalküls aus seiner Anwendung abgeleitet«. A. a. O., S. 299: »Noch andere mit der qualitativen Größenbestimmtheit zusammenhängende Formen«.
2 Andere Partien in Hegels Werken, in denen er direkt oder indirekt auf die Mathematik eingegangen ist, sind: *Enzyklopädie der philosophischen Wissenschaften im Grundrisse* (1830), WA VIII, S. 108 ff. (= GW XX, S. 135 ff.); *Jenenser Logik*, GW VII, S. 13–28.
3 Vgl. B. Bolzano, *Die Paradoxien des Unendlichen*, Darmstadt 1964, S. 8.

und dort, daß Hegel, hätte er nur nicht so treu seinen Zeitgenossen geglaubt, sondern geradlinig seine Gedanken zu Ende gedacht, manches antizipiert hätte, was höchste Errungenschaft der letzten 80 Jahre ist.«[4]

Baers Einschätzung teilen mittlerweile einschlägige Arbeiten aus der Hegelforschung, etwa Cifoletti[5], Moretto[6], Wolff[7], Reisinger und Ziche[8]. Die umfangreichste dieser Arbeiten, die von Michael Wolff, ist meiner Meinung nach auch gleichzeitig die bedeutendste. An ihren Ergebnissen wird sich diese Arbeit deshalb auch, soweit möglich, orientieren.[9]

Die folgenden Ausführungen wollen Hegels Begriffsbestimmung des Mathematischen untersuchen, die er vor allem in der ersten Anmerkung im Anschluss an den Abschnitt über »Das Quantum« darlegt.[10] Es geht um die Frage, ob Hegels Kritik an den gängigen Begriffsauffassungen des Unendlichen eine eigene Position erkennen lässt. Geht er über seine Zeitgenossen hinaus, die an einer Klärung des Unendlichkeitsbegriffs im Rahmen der Differential- und Integralrechnung interessiert sind, oder bleibt er weitgehend gängigen Auffassungen und Lösungsansätzen verhaftet?

---

4 R. Baer, »Hegel und die Mathematik«, in: *Verhandlungen des Zweiten Hegelkongresses* vom 18. bis 21. Oktober 1931, Berlin u. Tübingen 1932, S. 104–20.

5 G. Cifoletti, »Il calcolo infinitesimale e la riconstruzione della sua storia da parte di Hegel«, in: *Filosofia oggi* 9 (1986), S. 447–73.

6 A. Moretto, »*Hegel e la matematica dell' infinito*«, Trient 1984; A. Moretto, »L'influence de la 'Mathematique de l'Infini' dans la formation de la Dialectique Hegelienne«, in: R. P. Horstmann/M. J. Petry (Hrsg.), *Hegels Philosophie der Natur. Beziehungen zwischen empirischer und spekulativer Naturerkenntnis*, Stuttgart 1986, S. 175–96.

7 M. Wolff, »Hegel und Cauchy. Eine Untersuchung zur Philosophie und Geschichte der Mathematik«, in: R. P. Horstmann/M. J. Petry (Hrsg.), a. a. O., S. 197–263.

8 P. Reisinger/P. Ziche, »Die Generierung von mathematischen und naturlogischen Strukturen a priori durch Hegel«, in: H. H. Holz (Hrsg.), Festschrift für Rademacher, Bern 1990, S. 151–83.

9 Zu wesentlich anderen Ergebnissen als Wolff gelangte im Hinblick auf Hegels Kenntnisstand der Mathematik, insbesondere soweit dies Lagrange und Cauchy betrifft, Cifoletti, a. a. O.

10 Was Moretto in seinem Buch »*Hegel e la matematica dell' infinito*« mit Blick auf die 2. Auflage der *Wissenschaft der Logik* nicht geleistet hat, wie auch der Rezensent F. Duque, in: *Hegel-Studien* 20 (1985), S. 351 f., bemerkt hat. Ähnlich übrigens auch Wolff, a. a. O., S. 200.

Hegel nimmt die Auseinandersetzung mit den infinitesimalen Rechenverfahren in der Mathematik nicht ohne eine entscheidende Voraussetzung auf.[11] Denn im Corpus seiner *Logik* hat er das »wahrhafte Unendliche« und die »Unendlichkeit des Quantums« schon bestimmt.

Aber er wollte nicht eine Begründung der mathematischen Analysis in der ihm vorliegenden Gestalt geben oder technische Schwierigkeiten in der Handhabung ihrer Operationen im Einzelnen beseitigen. Es ging Hegel auch nicht darum, aus der Mathematik und der Betrachtung ihrer Verfahren Anstöße für die Bestimmung des Unendlichen zu gewinnen.

Hegel versuchte vielmehr, von einem bereits erreichten Standpunkt aus zu bestimmen, welcher Zusammenhang zwischen dem »wahrhaft Unendlichen« und dem »mathematischen Unendlichen« besteht, d. h. dem, worauf die Mathematiker sich bei der Beschreibung ihrer Verfahren als etwas Unendliches zu beziehen *meinten*.

Zwar habe die Mathematik mit der Anwendung des Unendlichkeitsbegriffs beachtliche Resultate erzielt. Dennoch habe sie keinen Aufschluss über die Richtigkeit ihrer Methode bei Zugrundelegung des Unendlichkeitsbegriffs geben können, weil die philosophische Untermauerung des Unendlichkeitsbegriffs fehle. Zu ihrer Verteidigung verweisen die Mathematiker auf richtige Resultate, während die Philosophen den unfundierten Unendlichkeitsbegriff und die damit verknüpfte unwissenschaftliche Methode kritisieren.

Zwar müsse die Mathematik nicht wie die Philosophie die Bewegung des Begriffs verfolgen; man könne der Mathematik aber durchaus vorwerfen, dass ihre Methode im Rechenverfahren mit Unendlichen widersprüchlich sei. Einerseits führen laut Hegel die Mathematiker mit dem Unendlichen Rechenoperationen durch, die sie bei endlichen Größen nicht anwenden, andererseits aber behandeln sie unendliche genau gleich wie endliche Größen, wenn sie auf beide dieselben Verfahrensweisen anwenden.

Dadurch entstehe Ungenauigkeit in den Rechenergebnissen, die sich eine exakte Wissenschaft wie die Mathematik nicht leisten könne. Der Erfolg des Ergebnisses ersetze nicht den mathematischen Beweis. Aus diesem Grund

---

11 Vgl. Wolff, a. a. O., S. 201; sowie, a. a. O., S. 210, Wolffs Hinweise auf Hegels *Heidelberger Enzyklopädie* [1817] und die dort angesprochene »philosophische Mathematik«.

will Hegel selbst eine positive Bestimmung des Unendlichen geben, die der Mathematik als Richtschnur dienen kann.

Zu Hegels Zeit gibt es noch keine die Mathematiker selbst vollständig zufriedenstellende Erklärung für die Operationen der Infinitesimalrechnung. Diesen Mangel beschreibt Hegel so, dass es der Mathematik »noch nicht gelungen« sei, sich »über den Gebrauch« des mathematischen Unendlichen »durch den Begriff (Begriff im eigentlichen Sinne genommen) zu rechtfertigen«:

> »*Die Rechtfertigungen beruhen am Ende auf der Richtigkeit der mit Hilfe jener Bestimmung sich ergebenden Resultate, welche aus sonstigen Gründen erwiesen ist, nicht aber auf der Klarheit des Gegenstandes und der Operation, durch welche die Resultate herausgebracht werden*«.[12]

Dieses »Verfahren« ist in Hegels Augen »unwissenschaftlich« und darum »schon ein Mißstand an und für sich«,[13] aber keineswegs »die einzige Schwierigkeit des Begriffs«, durch die sich die Mathematik seiner Zeit »gedrückt« fand,[14] und es ist auch nicht die wichtigste. Ihren »Hauptwiderspruch« findet Hegel vielmehr in der »eigentümlichen Methode selbst«, auf der sie »überhaupt als Wissenschaft beruht«,[15] wie er weiter ausführt:

> »*die Rechnung des Unendlichen erlaubt und erfordert Verfahrensweisen, welche die Mathematik bei Operationen mit endlichen Größen durchaus verwerfen muß, und zugleich behandelt sie ihre unendlichen Größen wie endliche Quanta und will auf jene die selben Verfahren anwenden, welche bei diesen gelten*«.[16]

Dieser »Widerstreit [der] Operationen« als Folge des Versuchs, die »transzendenten Bestimmungen« in der »Form des gewöhnlichen Kalküls« zu behandeln,[17] und der zuvor beschriebene »Mißstand« einer fehlenden Rechtfertigung des Verfahrens hängen zusammen. Hegel strebt an, dass der Ver-

---

12 Hegel, *Wissenschaft der Logik*, GW XXI, S. 236. Vgl. dazu auch Cifoletti, a. a. O., S. 450.
13 Hegel, ebd.
14 Hegel, a. a. O., S. 237.
15 Ebd.
16 Ebd.
17 A. a. O., S. 237 f.

such einer Beseitigung[18] des einen wie des anderen Mangels, mit der notwendigen begrifflichen Umsicht betrieben, auf seinen Begriff des wahrhaften Unendlichen führt. Eben das sollen seine weitläufigen Betrachtungen mathematischer Angelegenheiten in den drei Anmerkungen zeigen, weshalb er sie im Kontext seiner *Logik* auch als »der Mühe wert«[19] ansieht.

Hegels Bestimmung des wahrhaft Unendlichen

Um zu einer eigenen Bestimmung des wahrhaft Unendlichen zu gelangen, zitiert Hegel die klassische Definition des Quantums, dass dieses immer vermehrt und vermindert werden könne. Trivialerweise trifft diese Definition auf das Unendlichkleine bzw. das Unendlichgroße aber nicht zu, da aus begriffsanalytischer Notwendigkeit Ersteres nicht vermindert und Letzteres nicht vermehrt werden kann. Ergo ist das Unendlichgroße bzw. das Unendlichkleine kein Quantum. Das nicht begriffen zu haben, sei das Versäumnis der Mathematiker gewesen. Das Quantum sei durch das Unendliche aber nicht getilgt worden, sondern vielmehr als qualitative Bestimmtheit in das Unendliche eingegangen bzw. aufgehoben.

Anhand von Kants Begriff vom »unendlichen Ganzen« lobt Hegel zwar dessen Einsicht, das Unendliche als Verhältnis zu einer Einheit zu denken. Zugleich kritisiert Hegel aber, dass Kant einem Transzendentalismus verhaftet blieb, dass er nur die subjektiven Bedingungen der Möglichkeit, das Unendliche zu denken, anspricht, nicht aber, was das Unendliche wahrhaft ist, das der unendliche Progress der kantischen Synthesis auszudrücken versuche. Stattdessen werde das Unendliche bei Kant in Subjekt und Objekt gespalten, wobei Letzteres nach wie vor als endliches Quantum behandelt werde, über das das Subjekt in unendlichem Progress hinauszugehen versuche.

Als aufgehobenes, in sich gekehrtes, reflektiertes Quantum ist für Hegel die Unendlichkeit keine dem Quantum gleichgültige Unendlichkeit mehr. Vielmehr wird die Unendlichkeit für sich unabhängig von einem unendlich zählen-

---

18 Von einem Versuch, »die Schwierigkeiten, von der sich die Methode gedrückt sieht, zu *beseitigen*« spricht Hegel, a. a. O., S. 238.
19 Ebd.

den Subjekt. Das Quantum ist nicht mehr bloße Daseinskategorie: Es bestimmt sich selbst als qualitative Kategorie, das sich in ein Verhältnis transponiert hat.

Das endliche Quantum ist für sich nicht relativ auf ein ihm fremdes Quantum. Die Quanta verhalten sich als Andere zueinander; ihre wechselseitige Negation ist ihnen rein äußerlich. Nicht so das Unendliche: Außerhalb des Verhältnisses sei das Unendliche »Null«. Dieser Umstand lässt sich an einem Bruch veranschaulichen: Sobald die vermittelten Zahlen im Bruch »2/7« wegfallen, verschwindet auch der vermittelnde Bruch. Dieser Begriff des Unendlichen ist, so Hegel, was dem Mathematischen wahrhaft zugrunde liege.

Zur Entwicklung des Begriffs des wahrhaft Unendlichen treibt Hegel zunächst einen Keil zwischen »die *gewöhnliche* Bestimmung des mathematischen Unendlichen«[20] und »die Bestimmung des mathematischen Unendlichen, [...] wie es in der höheren Analysis *gebraucht*«[21] wurde. Während jene »gewöhnliche Bestimmung« lediglich den Widerspruch der »schlechten Unendlichkeit« reproduziert, den Hegel im Corpus seiner *Logik* schon mehrfach aufgewiesen hat, soll die Bestimmung, wie sie in der Analysis »gebraucht« wird, eine sein, die »dem Begriff des wahrhaften Unendlichen entspricht«.[22] Im Fortgang der Argumentation wird sich zeigen, dass dieser Begriff »dem mathematischen Unendlichen«, »wie es in der höheren Analysis gebraucht wird«, »*zugrunde lieg[t]*«.[23]

Um den Sinn dieser Entsprechung und den des dazugehörigen Zugrundeliegens zu ermitteln, kann man zurückgehen auf die Argumentation im Corpus der *Seinslogik*, die auf den Begriff des wahrhaften Unendlichen abzielt. Daher werden Textpartien der *Seinslogik*, vom Begriff des »Fürsichseins« bis zum Ab-

---

20 A.a.O., S. 239.
21 A.a.O., S. 241.
22 Ebd. An einer anderen Stelle (a.a.O., S. 246) unterschied Hegel sogar mit Blick auf »das mathematische Unendliche« das »wahrhafte« von dem »soeben genannte[n]«, welches nur ein weiteres Mal die schlechte Unendlichkeit des unendlichen Progressus' exemplifiziere.
23 Ebd. Vgl. a.a.O., S. 237: »In philosophischer Rücksicht [...] ist das mathematische Unendliche darum wichtig, weil ihm in der Tat der Begriff des wahrhaft Unendlichen *zugrunde liegt*«; ferner a.a.O., S. 238 f.: »Die Betrachtung dieser [...] Bestimmungen des mathematischen Unendlichen [...] wird zugleich [...] Licht auf die Natur des wahren Begriffs selbst werfen und zeigen, wie er ihnen [...] *zugrunde gelegen hat*.«

schnitt über »Das Quantum« daraufhin untersucht, welche Anhaltspunkte ihre begrifflichen Strukturen für die umschriebenen Entsprechungen bereitstellen.

Dieses Interesse leitet den interpretatorischen Durchgang durch den Text der *Logik* in den ersten fünf Kapiteln, ehe im sechsten Kapitel die Anmerkungen selbst betrachtet werden. Ein Ausblick auf Hegels Überlegungen im Verhältniskapitel der *Logik* schließt die Untersuchung über den Stellenwert der drei Anmerkungen zur Mathematik im Rahmen der *Logik* ab.

Hegels methodisches Muster der Begriffsentfaltung

Bevor der interpretatorische Durchgang begonnen wird, soll ein Muster, dem die Interpretation folgt, wo es sich anbietet, vorgestellt werden.[24] In Hegels *Logik* geht es durchgängig um zweierlei: Erstens hat sie die Form des spekulativen Begriffs selbst zum Gegenstand. Zweitens will sie gerade dadurch aus der Tradition bekannte Begriffspaare in ihrem eigentlichen Gehalt allererst bestimmen. Zugleich werden aber auch die Methode und mit ihr die logischen Formen, welche diese Begriffspaare bestimmen, selbst bestimmt. Um das zu skizzieren, soll kurz auf den Anfang der *Wissenschaft der Logik* eingegangen werden.

Dort formuliert Hegel das Sein als die anfänglich nicht entfaltete Struktur der Kopula zwischen Subjekt und Prädikat eines Satzes. Durch die rückgängige methodische Bewegung der *Logik* kommt es spekulativ zur Entfaltung und holt in der Lehre vom Urteil seine entfaltete Struktur ein. Das Sein am Anfang der *Logik* ist für Hegel noch kein bestimmter Gegenstand des Denkens, sondern etwas bloß Intendiertes, als Zeichen Gedachtes. Erst nachdem der Prozess des Denkens begonnen hat, stellt es sich dem denkenden Bewusstsein als etwas von diesem Bewusstsein Unterschiedenes dar. Zuvor aber, am Anfang der *Logik*, als »pures Denken« ist das Sein nur das unbestimmte Unmittelbare.[25] Dessen

---

24 Das Wort *Muster* soll nicht den Eindruck zu erwecken, die Hegelschen Überlegungen ließen sich auf diese Weise lückenlos rekonstruieren. Zu den grundsätzlichen Schwierigkeiten, die eine solche Rekonstruktion zu überwinden hätte, vgl. D. Henrich, »Verständigung über Hegel«, Einl. zu: ders. (Hrsg.), Hegels *Wissenschaft der Logik*. Formation und Rekonstruktion (Veröffentlichungen der Internationalen Hegel-Vereinigung, Bd. 16), Stuttgart 1986, S. 9 f.
25 Vgl. a. a. O., S. 68.

Entfaltung wird bedingt durch die Formen des Spekulativen, d.h. durch das Begreifen bzw. Bestimmen. In diesem Sinne ist im Sein und seiner Ausdrucksform das Wesen des Begreifens enthalten: als negative Identität zwischen dem Zeichen – denn das Sein bestimmt sich zum Prädikat – und der allgemeinen Bedeutung, die im Prädikat liegt, welches sich zum Subjekt bestimmt.[26] Aus diesem Grund ist das Sein am Anfang der *Logik* eigentlich voraussetzungslos.[27]

Ein Ganzes wird in seiner allgemeinen Abstraktheit vorgestellt und sozusagen vorweggenommen, aber erst in seiner Gegenläufigkeit konkretisiert. Dabei ergeben sich neue Unmittelbarkeiten: Es wird erneut eine Trennung zwischen den schon gewonnenen Bestimmungen und den noch zu bestimmenden Begriffspaaren hervorgebracht.[28]

Bezogen auf den Anfang der *Logik* heißt das, dass das Sein einerseits die unbestimmte Vorwegnahme des Ganzen als Unmittelbarkeit ist, andererseits aber auch der Anfang der an sich seienden Totalität. Im Fortgang wird dann die Unbestimmtheit des Anfangs konkretisiert und die Vorwegnahme im Rückgang eingeholt. Folglich zeigt sich, dass die unbestimmte Unmittelbarkeit sich jeweils *aufhebt* und die Vorwegnahme des Ganzen sich dadurch schrittweise konkretisiert.

Dieses Aufheben folgt meines Erachtens, wenn nicht in allen, zumindest aber in einer hinreichend großen Anzahl von Fällen, einem Muster, das sich im Rückgriff auf eine bestimmte Anordnung elementarer Gedankenverknüpfungen, die inzwischen der Aussagenlogik zuzurechnen sind, beschreiben

---

26 Vgl. dazu Hegel, *Glauben und Wissen*, WA II, S. 304.

27 Vgl. dazu auch H.-G. Gadamer, »Die Idee der Hegelschen Logik«, in: ders., *Hegels Dialektik*, Tübingen 1971, S. 61 f. Die Philosophie dürfe nicht mit einem Satz anfangen, vielmehr müsse sie die Form des Satzes mitdenken, wenn sie als wahre Philosophie den Anspruch einer wahrhaft voraussetzungslosen Wissenschaft erhebe, heißt es bei Hegel, *Differenz des Fichte'schen und Schelling'schen Systems der Philosophie*, WA II, S. 36 f. (= GW IV, S. 23 f.); vgl. auch Hegel, *Enzyklopädie der philosophischen Wissenschaften im Grundrisse* (1830), WA VIII, S. 97 f. (= GW XX, S. 71 f.), u. Hegel, *Phänomenologie des Geistes*, GW IX, S. 31.

28 Vgl. dazu auch M. Wolff, »Über Hegels Lehre vom Widerspruch«, in: D. Henrich (Hrsg.), *Hegels Wissenschaft der Logik. Formation und Rekonstruktion* (Veröffentlichungen der Internationalen Hegel-Vereinigung, Bd. 16), Stuttgart 1986, S. 116 f.

lässt: Gemeint sind die Junktoren ›*entweder/oder*‹, ›*sowohl/als auch*‹ und ›*weder/noch*‹.²⁹

Die erste Form der Verknüpfung enthält eine alternative Bestimmung und entspricht dem ›*entweder/oder*‹. Hierdurch wird eine gegebene Unmittelbarkeit in zwei mögliche Bedeutungsinhalte geteilt. Die zweite Form der Verknüpfung, ausgedrückt durch ›*sowohl/als auch*‹, bezieht die so unterschiedenen Inhalte zum Zwecke ihrer Bestimmung auf ein und dieselbe Hinsicht. Sie erweisen sich derart als wegen ihrer Entgegensetzung aufeinander angewiesen. Unbeschadet dessen besteht die Differenz zwischen den so einander stützenden Inhalten, die vermittels der dritten Form der Verknüpfung, ausgedrückt durch das tilgende oder aufhebende ›*weder/noch*‹, eine neue Unmittelbarkeit verlangt.

In dieser Konfiguration ist erst das dritte Element das eigentlich begründende,³⁰ weil es das Ganze repräsentiert, von dem die anderen die Momente sind. Das darin artikulierte Spannungsverhältnis zwischen Einheit und Unterschiedenheit kehrt immer wieder in demselben Takt letztlich als Einheit von Einheit und Unterschiedenheit zurück.

Neben diesem Muster von Verknüpfungen bieten auch die Modi der »setzenden« beziehungsweise »voraussetzenden«, der »äußeren« (oder »äußerlichen«) und endlich der »bestimmenden Reflexion«, die Hegel freilich erst am Anfang der *Wesenslogik* ausdrücklich darlegt,³¹ *relevante* Anhaltspunkte für eine Gliederung des Hegelschen Gedankenganges; insbesondere dann, wenn es um ein Verständnis der »Negation der Negation« geht. Darum sei auch auf sie in dieser Einleitung zumindest hingewiesen, zumal sie in dem folgenden interpretatorischen Durchgang gelegentlich wieder zur Anwendung kommen wird.

Die setzende Reflexion ist die beziehende Negativität als das Negieren ihrer selbst. Das ist nichts anderes als die aufgehobene Negativität. Somit wird durch diese Beziehung auf sich, als ein Negieren einer Negativität, die Negation der Negation etabliert.³²

---

29 Vgl. dazu Hegel, *Vorlesungen über die Geschichte der Philosophie*, WA XIX, S. 399.
30 Vgl. M. Wolff, »Über Hegels Lehre vom Widerspruch«, a. a. O., S. 122 f.
31 Hegel, *Wissenschaft der Logik* (1812/13), GW XI, S. 249 ff.
32 Zum Folgenden vgl. auch D. Henrich, »Hegels Logik der Reflexion. Neue Fassung«, in: ders. (Hrsg.), *Die Wissenschaft der Logik und die Logik der Reflexion*, Hegel-Tage Chantilly 1971, Hegel-Studien, Beiheft 18, Bonn 1978, S. 203–324; vgl. i. b. S. 248 ff.

Eine *erste* Negation negiert ein Unmittelbares U_1, das beschreibbar ist als »Zusammengehen mit sich« oder als »einfache Gleichheit mit sich«.[33] Diese Beschreibung einer Unmittelbarkeit (U_1) erfüllt die Reflexion zunächst, weil sie eine »Bewegung von Nichts zu Nichts« und darum »mit sich selbst zusammengehende Negation« ist.[34] Da bei dieser Bewegung *terminus a quo* und *terminus ad quem* offensichtlich zusammenfallen, ist sie nicht ohne Weiteres gar nicht als ein *Übergehen* zu fassen, insbesondere nicht als ein »Uebergehen der Negation in die Gleichheit mit sich als in ihr Anderssseyn«.[35] Wenn hier überhaupt noch von einem Übergehen gesprochen werden kann, dann nur als »*Aufheben* des Uebergehens«.[36]

Die Reflexion ist aber nicht Übergehen von X zu X, sondern »von Nichts zu Nichts«, das Zusammenfallen oder die Gleichheit mit sich der *termini* der Bewegung, also nichts Beliebiges, sondern selbst schon Negatives. Darum ist das Übergehen, das die Reflexion als Aufheben des Übergehens ist, ein wiederum »unmittelbares Zusammenfallen des Negativen mit sich selbst«.[37] Diese neue Unmittelbarkeit (U_2) ist nicht nur Gleichheit mit sich, sondern Gleichheit des Negativen mit sich, was für Hegel heißt: Sie ist »sich selbst negierende Gleichheit«, oder

»die Unmittelbarkeit, die an sich das Negative, das Negative ihrer selbst ist, diß zu seyn was sie nicht ist.«[38]

Als unmittelbar erweist sich eine »Beziehung des Negativen auf sich selbst« in Gestalt eines »Aufheben[s] des Negativen«, das aber eine »Rückkehr« des Negativen in sich ist; aber auf einer neuen Stufe, was Hegel dadurch zum Ausdruck bringt, dass die hier angesprochene Unmittelbarkeit ausschließlich als diese Beziehung anzusehen ist: »als Rückkehr aus einem«, wie er sich ausdrückt, und d. h., nur als Rückkehr ohne ein bestimmtes Woher und Wohin.[39] Sobald man dies berücksichtigt, erweist diese Unmittelbarkeit sich als »sich

---

33 Hegel, Wissenschaft der Logik (1812-3), GW XI, S. 250.
34 Ebd.
35 Ebd.
36 Ebd.
37 Ebd.
38 A. a. O., S. 251.
39 Ebd.

selbst aufhebende Unmittelbarkeit«. Das Aufheben, die bloße Rückkehr, fasst Hegel als »Setzen«. Die durch diese Bewegung beschriebene Reflexion, die erst in der Rückkehr anfängt, ist setzende Reflexion.

Bloße Rückkehr bedeutet aber auch: Es gibt »weder ein solches, aus dem sie, noch in das sie zurückkehrte«.[40] Daher ist die Unmittelbarkeit der setzenden Reflexion auch »nur das Negative ihrer selbst, nur diß, nicht Unmittelbarkeit zu seyn.«[41] Als Rückkehren war sie Zusammengehen des Negativen mit sich; als bloßes Rückkehren, ohne Woher und Wohin, und damit als das Negative ihrer selbst ist sie auch »Negation des Negativen als des Negativen«.[42] Damit hebt die Reflexion das auf, was sie als setzende Reflexion tat: ihr Setzen; da sie dies aber in ihrem Setzen tut, ist sie insofern Voraussetzen.[43] Voraussetzen ist auch ein Setzen, wie umgekehrt das ›Voraus‹ im Voraussetzen auf ein Setzen geht.

Demnach sind setzende und voraussetzende Reflexion zwei wohl unterschiedene, weil in einem Prozess erreichte Seiten einer Einheit, die in einer weiteren Bewegung wieder aufgefächert wird. Diese Gegenbewegung ist die »äußere« (oder »äußerliche«) Reflexion, die nun »von dem Unmittelbaren als ihrem Anderen anfängt«, das nach dem vorangegangenen Prozess die Reflexion als Voraussetzung gesetzt hat.

Als Antrieb einer Art Gegenbewegung war bereits bei der Entwicklung der voraussetzenden aus der setzenden Reflexion die relative Verselbstständigung von Negation und Unmittelbarkeit gegeneinander zu erkennen gewesen. In der äußeren Reflexion wird sich die Negation wieder durchsetzen, sodass sie sich als eigentliche Vollendung dieser Gegenbewegung ansprechen lässt. Erst wenn die (voraus)setzende und die äußere Reflexion als zwei einander bedingende Reflexionsmodi entwickelt sind, ist mit der bestimmenden Reflexion der Gedankengang geschlossen.

---

40 Ebd.
41 Ebd.
42 Ebd.
43 Vgl. a. a. O., S. 251 f.

1. KAPITEL

Die Entwicklung des Fürsichsein und die Darstellung von Repulsion und Attraktion

Um Hegels Überlegungen des »Quantum«-Kapitels genauer zu untersuchen, ist es notwendig, sich zunächst dem Begriff des Fürsichseins zuzuwenden. Fürsichsein wurde im bisherigen seinslogischen Entwicklungsgang als die Negation der Negation definiert. Jene neue Entwicklungsphase der Logik wurde im vorhergegangenen Kapitel »Endlichkeit und Unendlichkeit« abgeschlossen, in der Sein und Dasein im Fürsichsein »ausgeglichen«[1] sind. Mit Bezug auf die Struktur des Fürsichseins lässt sich fragen: Wie, d. h. mittels welcher begrifflichen Mittel, gelangt das Fürsichsein in seinem Selbstverhältnis zu einem Beziehungscharakter bzw. zu einem anderen unmittelbaren Eins?

Auf der seinslogischen Ebene existiert die Negation als ein Bestimmen nicht mehr als ein bloßes Übergehen in eine Grenze oder in eine Beschaffenheit, die einen Unterschied nur zum Verschwinden brächte. Bildete gemäß der Daseinslogik das Sein die Grundlage der Kategorien und war die Negation integraler Bestandteil des Seins, so stellt auf der Ebene des Fürsichseins die Negation und die Beziehung der Negation auf sich die Grundlage der Kategorien dar; das Sein resultiert aus der Anwendung der Negation.

Das **Fürsichsein** hat in sich die Negation als Moment, das negiert wird. Die Aufhebung dieses Moments geschieht durch die Selbstbeziehung der Negation. Die Negation wiederum verdankt sich im Fürsichsein dem Umstand, dass das Endliche und Unendliche negiert wurden. Das Fürsichsein ist – als ein in sich absolutes Bestimmtsein – als bestimmend gegen seine interne Differenz bzw. seine daseiende Unmittelbarkeit negativ abgehoben.

Ausgehend von der Struktur des Fürsichseins ist darzulegen, wie sich das Moment im Fürsichsein, nämlich das *Sein-für-Eines*, mittels Anwendung der Negation verselbstständigt und zum Eins wird. Hegels Hauptgedanke hier ist die Selbstaufhebung der negierten Negation als Unmittelbarkeit (d. i. als

---

1 Hegel, *Wissenschaft der Logik*, GW XXI, S. 144.

das daseiende Moment) und zugleich die Aufhebung der Unmittelbarkeit als Negation (d. i. die Auflösung des Eins). Die Unmittelbarkeit stellt sich im Fürsichsein als Selbstbeziehung der Negation wieder her. Sie bedeutet in der Seinslogik Ununterschiedenheit: Das impliziert eine Reflexion des Für-Eines in sich. Diese Unmittelbarkeit ergab sich aufgrund der bisherigen Bewegung der Kategorien; sie passt auch zu der »Vorstellung [...], die wir mit dem Ausdruck Fürsichsein verbinden«. Denn für Hegel gilt, »dass etwas für sich ist, insofern als es das Anderssein, seine Beziehung und Gemeinschaft mit Anderem aufhebt, sie zurückgestoßen, davon abstrahiert hat.«[2] So soll das Andere in ihm nur noch als ein »Aufgehobenes« sein: in Hegels Terminologie als »sein Moment«.

Die negative Natur der zuvor entwickelten Unendlichkeit existiert, wie es Hegel formuliert, »*in der gesetzten Form der Unmittelbarkeit, nur als Negation*«.[3] Fürsichsein ist zunächst nur reine Negation. Das Fürsichsein ist negativ gegen das Sein der Qualität des Endlichen und Unendlichen. Diese Qualität wird negiert und – als Moment gesetzt – im Fürsichsein aufgehoben. Das Sein der vorhergehenden Stufe wird in der Form der Unmittelbarkeit negativ aufgehoben, die sich auf sich bezieht. Das Dasein im Fürsichsein ist eben jene Unmittelbarkeit als Moment (Sein-für-Eines) in der Bestimmtheit der Negation. Damit liegt kein unmittelbares Sein als Resultat der Dialektik des Endlichen und Unendlichen im Fürsichsein vor, sondern die Negation liegt in der Form der Unmittelbarkeit vor. So ist die Negation als Selbstbezug, als Insichsein und damit Fürsichsein aufgehoben. Die Negation in der Form der Unmittelbarkeit ist jedes Dasein im Fürsichsein, welches Moment ist. Die gemeinsame Grundlage – sowohl für das daseiende Moment (Sein-Für Eines) als auch für das Fürsichsein als in sich selbstbestimmend – ist die Negation. Methodisch herrscht damit die Kategorie der Negation vor.

Diese Unmittelbarkeit im Fürsichsein – als Sein-für-Eines – wird aufgehoben, und zwar wird sie durch das Selbstbeziehen der Negation aufgeho-

---

2 A. a. O., S. 145.
3 A. a. O., S. 146: »Das Fürsichsein ist [...] die in das einfache Sein zusammengesunkene Unendlichkeit; es ist Dasein, insofern die negative Natur der Unendlichkeit, welche Negation der Negation ist, in der nunmehr gesetzten Form der Unmittelbarkeit des Seins, nur als Negation [...] ist«.

ben.⁴ Im Anschluss an Hegels Ausführungen im Kapitel »Unendlichkeit«⁵ hat das Fürsichsein aufgrund des in ihm aufgehobenen Daseins eine negative Beziehung auf sich. Diese negative Beziehung bewirkt, dass das Fürsichsein vermöge der internen Differenz eine daseiende Unmittelbarkeit hat: Es ist negativ gegen seinen Selbstbezug. Aber um seiner Einheit willen müssen Momenthaftes und Endliches aufgehoben werden. Das Fürsichsein ist gegen das qualitative Sein, das in ihm aufgehoben ist, rein negativ. Das Dasein ist eben jenes Unmittelbare in der Bestimmtheit gegen das Fürsichsein (nämlich das Sein-für-Eines). Im Akt des Aufhebens dieses Momentes – dieses Daseienden – wirkt die Negation der Negation: d. h. die Beziehung des *Negativen auf sich*. Das Fürsichsein negiert so seine endliche Bestimmung innerhalb des Fürsichseins. Zugleich aber wird in demselben Akt dieses Sein-für-Eines als ein Negiertsein im Aufheben bestimmt⁶ und damit als ein Anderes gesetzt.

Anders gewendet, die Beziehung des Negativen auf sich wandelt das Fürsichsein in ein Bestimmen (Aufheben). Letzteres bedeutet ein Aufheben dieses Negats (Negiertsein); dieses Aufheben bewirkt eine Veräußerung bzw. eine Veränderung. Es entsteht ein Beziehen auf sich (dieses Negiertseins). Hegel identifiziert dies als Eins, als eine gegenläufige Bewegung zum Fürsichsein, d. h. als eine Rückkehr in die Unmittelbarkeit als ein Eins, aber ein fürsichseiendes Eins.

Im Selbstbeziehen der Negation kommt es zu einer Verdoppelung dieser Negation. Diese leitet sich ab aus der Selbstbeziehung und aus der Differenz in der Selbstbeziehung. Selbstbeziehen heißt Beziehen des Negativen auf sich und die das Negative ausschließende Beziehung zum Anderen.⁷ Damit gibt

---

4 Negierte Negation heißt hier Selbstaufhebung bzw. negative, ausschließende Beziehung zum Anderen. Selbstbeziehen heißt Beziehen des Negativen auf sich bzw. das Aufheben eines Negats, also ein Bestimmen.
5 A. a. O., S. 124 ff.
6 A. a. O., S. 137: »Als Aufheben der Endlichkeit, d. i. der Endlichkeit als solcher und ebensosehr der ihr nur gegenüberstehenden, nur negativen Unendlichkeit ist diese Rückkehr in sich, Beziehung auf sich selbst, Sein. Da in diesem Sein Negation ist, ist es Dasein; aber da sie ferner wesentlich Negation der Negation, die sich auf sich beziehende Negation ist, ist sie das Dasein, welches Fürsichsein genannt wird.«
7 S. o., S. 7.

es beides: zum einen Negativität, zum anderen Unmittelbarkeit und folglich Dasein in der Selbstbeziehung.

Die negative Bestimmung wird gegen das Fürsichsein aufgehoben. Dieses Negiertsein wird in die Unmittelbarkeit zurückgenommen, und zwar wird es zurückgenommen in eine neue Unmittelbarkeit, die nicht mehr ein Moment des Fürsichseins ist, sondern eine selbstständige Unmittelbarkeit, die ein Dasein als Eins führt. Dieses Eins ist nur als *Beziehung auf sich* bzw. als ein *Selbstbestimmen gegen das Fürsichsein* (das aber selbst Fürsichsein ist). Diese Beziehung auf sich fehlte bei der ersten Unmittelbarkeit noch: Hier war das Sein-für-Eines *nur* ein *Moment* des Fürsichseins.

Erst an dieser Stelle wird der Beziehungscharakter des Fürsichseins offenbar, indem sichtbar wird, wie die Momente des Fürsichseins im Akt des Aufhebens derselben auseinandertreten. Zunächst hat das Fürsichsein, obwohl mit einer internen Differenz behaftet, »die Negation nicht an ihm als eine Bestimmtheit oder Grenze und damit auch nicht als Beziehung auf ein von ihm [*sc.*, dem Fürsichsein] anderes Dasein«.[8] Der Beziehungscharakter ist erst ein Ergebnis des Unmittelbarwerdens des Eins. Auch die zweite Frage, wie das Eins entstehe, lässt sich nun beantworten: nach dem vorliegenden Entwicklungsansatz durch das Selbstbeziehen der Negation und durch das Unmittelbarwerden der Negation der Negation.

Das Fürsichsein ist die Negation der Negation. Es hat ein daseiendes Moment als Unmittelbares, als ein Sein-für-Eines, das in sich ununterschieden ist. Diese Unmittelbarkeit (U_1) als Eins ist negativ gegen die Negation im Fürsichsein: Es hat ein Dasein, d.h. ein Sein gegen eine Negation in der Bestimmtheit. Es wird negiert, aufgehoben und bestimmt als ein Anderes. So entsteht eine neue Unmittelbarkeit (U_2); eine Unmittelbarkeit aber, die nicht der Bestimmtheit der Negation des Fürsichseins untergeordnet ist, sondern der Selbstbestimmtheit in ihm selbst. U_2 ist also diejenige Unmittelbarkeit, die aus dem Zusammenfallen der Momente des Fürsichseins entstanden ist, und damit nicht mehr Moment an der Negation. Es handelt sich um eine Unmittelbarkeit, die das Eins als ein in sich Reflektiertes in sich selbst hat, um eine Subsumtion der Negation unter eine Unmittelbarkeit. Die Selbstbestimmtheit des Eins ist – unter Einbeziehung der Unmittelbarkeit – gegen

---

8 Hegel, a.a.O., S. 146.

die Selbstbestimmung der Negation bzw. gegen die Abstraktion der Negation und somit als Eins verselbstständigt. Aus einer ursprünglichen Einheit mit einer Unmittelbarkeit (U_1) bzw. einer Differenz zu ihr kommt es innerhalb des Fürsichseins zum Bestimmen des Eins. Damit kommt es auch zu einem Auseinandertreten der Momente mit dem Resultat einer erneuten Unmittelbarkeit (U_2) als Eins. Zum einen gibt es ein Fürsichsein, also eine erste Unmittelbarkeit, von der ausgegangen wurde, und zum anderen gibt es eine resultierende zweite Unmittelbarkeit, nämlich das hergeleitete Eins.

Die Negation der Negation hat ein doppeltes Resultat: Erstens die Negation als das Resultat der Selbstbestimmung des Negativen und zweitens die Unmittelbarkeit (U_2) als eine Bestimmtheit dagegen. Was negiert wird, ist nur Moment am Fürsichsein – Sein-für-Eines. Das Moment wird negiert und aufgehoben in eine Unmittelbarkeit (U_2) und dadurch – mittels des Selbstbeziehens der Negation – zum Eins bestimmt. An dieser Stelle tritt die innere Beziehung des Fürsichseins auseinander, zugleich aber tritt eine Gegenläufigkeit gegen das Fürsichsein ein. Das Eins ist nicht mehr momenthaft, sondern ein Selbstbestimmen – eine Beziehung auf sich. Durch Selbstbezüglichkeit bzw. durch das Selbst-beziehen der Negation wird Dasein induziert.

Wie bereits ausgeführt, herrscht beim Fürsichsein die Kategorie der Negation vor, bei dem entstandenen Eins die Kategorie der Unmittelbarkeit. Beide sind zunächst zu trennen. Festzuhalten ist, dass das Fürsichsein die Form der Unmittelbarkeit hat. Das Eins heißt das fürsichseiende Eins. Es ist nun bestimmt, für sich zu sein, auf sich bezogen, und zwar deshalb, weil es aus dem Fürsichsein – aus der Negation – resultiert. Das Fürsichsein selbst hat eine doppelte Position: Es ist im Eins enthalten, und es ist zugleich nur für sich.

Das Dasein bzw. das entstandene Eins ist gegen den weiteren Prozess (das Werden der Vielen) gleichgültig. Es ist nur für sich und hebt sich nicht mehr auf. Vorerst kann es sich deswegen nicht aufheben, weil es aus einer Unmittelbarkeit einerseits und aus dem Fürsichsein bzw. der Negation andererseits besteht. Das Eins ist unmittelbar und nur auf sich bezogen. Damit schließt es die Selbstnegation aus, sodass es auch Dasein ausschließt.[9] Es kommt zunächst zu einer Trennung beim Eins in seinem Selbstbezug: Als Fürsichsein

---

9 Das Ausschließen wird sich später als »Repellieren von sich«, als ein Abstoßen, erweisen.

(fürsichseiendes Eins) muss es seine Negation (Unmittelbarkeit) negieren. Als ein selbstständiges Beziehen-auf-Sich hat das Eins kein Dasein, aber da es unmittelbar (im Sinne von U_2) auftritt, kommt ihm selbstständiges Dasein zu.

Mit dem Auseinandertreten der Momente im Fürsichsein ergibt sich zum einen die daseiende Unmittelbarkeit auf das Fürsichsein, das auch bestimmungslos geworden ist: ein Leeres, das außerhalb der daseienden Unmittelbarkeit liegt. Dieses Leere ist die Veräußerlichung des Fürsichseins (ohne Dasein). Zum anderen ist das Eins eine daseiende Unmittelbarkeit, die zugleich negativ ist, die Selbstbestimmung als Negativität in Verbindung mit der Veräußerlichung des Fürsichseins. Diese Begriffsbestimmungen müssen nach Hegel ausreichen, um »das Andere« zu gewinnen.

Weiter ist die Frage, wie aus der obigen Konstellation des Eins und des Leeren das Werden der Vielen wird. Es lässt sich vermuten, dass die Voraussetzungen dafür in dem daseienden Unmittelbaren als Eins und in dem wiederkehrenden Moment des Fürsichseins liegen.

Für die Vielheit der einzelnen Vielen braucht es eine Voraussetzung, d. h. zunächst eine unbestimmte Mannigfaltigkeit. Sie ist – ohne das Fürsichsein im Sinne der Negation der Negation mitzudenken – nicht gegeben. Sonst gäbe es nur einen negatorischen Selbstbezug des Eins als Unmittelbarkeit. Diese Unmittelbarkeit aber reicht nicht aus, um die gesuchte Vielheit hervorzubringen. Sie bleibt eine Unmittelbarkeit, die sich nur immer wieder negiert. Um die Vielheit zu erreichen, muss die Unmittelbarkeit gegen die Selbstnegation gerichtet sein. Dadurch kommt eine Verdoppelung der Selbstnegation zustande. Das Eins ist strukturlos, ein Nichts. Daraus aber und weil es sich gegen die Selbstbestimmung des Fürsichseins negativ verhält, ergibt sich der nächste Schritt. Er besteht darin, dass die Negation durch die Unmittelbarkeit des Eins *äußerlich* wird. Durch dieses Zusammenwirken des Fürsichseins, als die Negation des Negativen, als ein Aufheben oder Bestimmen, mit der Trennung von Negation und Unmittelbarkeit soll der Übergang vom Eins zum Vielen bewerkstelligt werden.

Der Hauptgedanke beim **Eins**, der auf den Entwicklungsansatz des Vielen hinführen wird, ist derjenige, dass das Eins auf sich selbst bezogen ist: zwar bestimmungslos, aber gegen das Fürsichsein und die Negation in der Unmittelbarkeit gerichtet, weil es ein fürsichseiendes Eins ist. Dabei setzt es als daseiendes Unmittelbares jeweils ein Anderes voraus, und das wieder durch die Negation der Negation. Das Heraustreten eines Anderen aus dem Eins ergibt sich aus dem eigenen negativen Selbstbezug. Negativ ist dieser Selbstbezug aus dem Grund, weil es zwar noch ein *fürsich*seiendes Eins ist, aber es als ein solches – da es zugleich auch ein daseiendes Unmittelbares ist, welches stets einen Bezug zum Anderen impliziert – nicht bestehen kann. Der eigene Selbstbezug ist negativ gegen seine Unmittelbarkeit; diese Negativität gegen sich selbst ist ein Anderes, d. i. ein anderes Unmittelbares. Diese Negativität wird dann später wieder aufgehoben: Das Fürsichsein hebt, wie bereits gezeigt, alles Sein auf, weil es sich gegen Daseiendes stets negatorisch verhält. Da das Eins noch Fürsichsein ist, muss es darum alles Daseiende aufheben und hat infolgedessen als Negation mit Bezug auf *seine* Unmittelbarkeit einen rein negatorischen Selbstbezug.

Bei dem Eins vollzieht sich die eigene Selbstaufhebung in der Identifikation, d. h. das Eins bleibt trotz des Erzeugens anderer Einsen auf sich bezogen. Indem es seine Negation von sich stößt, bedeutet dies ein Abstoßen von sich. Die eigene daseiende Unmittelbarkeit ist *gegen* den Selbstbezug als fürsichseiendes Eins und damit ein Abstoßen. So kommt es zu einer Verdoppelung der Selbstnegation in der Unmittelbarkeit. Diese Form der Unmittelbarkeit erzeugt jeweils wieder die Spaltung, nämlich den Selbstbezug der Negation und des Eins.

Das negative Moment im Fürsichsein – das Sein-für-Eines – wandelt sich aufgrund des Selbstbeziehens der Negation in ein Eins; durch das Aufheben des Negativen entsteht eine neue Unmittelbarkeit, die U_2 genannt und als Eins identifiziert wurde. Dieses Eins ist zunächst in seinem Selbstbezug unmittelbar auf sich bezogen; gleichwohl ist auch das Fürsichsein – wie schon festgestellt – beziehungslos geworden.

Den Ausgangspunkt bildet eine daseiende Unmittelbarkeit als Eins und Leeres: die Veräußerlichung des Fürsichseins. Das Eins ist strukturlos und in sich leer; es ist ein Nichts, da alle Seienden in ihm aufgehoben sind:

»*In dieser einfachen Unmittelbarkeit ist die Vermittlung des Daseins und der Idealität selbst und damit alle Verschiedenheit und Mannigfaltigkeit verschwunden. Es ist nichts in ihm; dieses Nichts, die Abstraktion der Beziehung auf sich selbst, ist hier unterschieden von dem Insichsein selbst, es ist ein Gesetztes*«.[10]

---

10 A. a. O., S. 152.

Der Begriff »Gesetztes« zeigt bei Hegel eine bestimmte bzw. bestimmende Relation an, die aus der Struktur »des Eins« erst entwickelt werden muss. Die Relation charakterisiert aber zugleich die werdende Beziehung zwischen dem Eins und dem Leeren näher. Dieses »Gesetzte« liegt zwischen einem zunächst bestimmungslosen, aber später bestimmenden Eins und einem noch zu bestimmenden Anderen, dem Leeren. Es ist zu unterscheiden von dem lediglich abstrakten Zustand der »Beziehung auf sich« des Eins, von dem bisher die Rede war. »Gesetzt« ist etwas, das nicht allein eine Beziehung auf sich, sondern zugleich auch eine Beziehung zu einem Anderen hat.

Zunächst ist die Beziehung aber abstrakt zu begreifen; als solches ist das Gesetzte »zwar identisch mit Eins, aber verschieden von dessen Bestimmung.«[11] Es *ist* zwar dieses Eins und identisch damit, weil es von der Negation herrührt,[12] doch in seiner Bestimmung ist es verschieden, da es auch ein Nichts und in dieser Hinsicht ein *Leeres* ist.

Zugleich besteht im Eins die Negation des Nichts. Diese Negation ihrerseits ist zu unterscheiden von der absoluten Selbstbestimmung des Eins als Fürsichsein. Das Eins ist Unmittelbares und als solches gegen die Negation des Fürsichseins gerichtet. Da das Eins jedoch auch Beziehung *auf sich* ist, ist es gleichzeitig Fürsichsein, da der Selbstbezug des Negativen auf sich Fürsichsein ist. Diese Unmittelbarkeit des Eins hat dreierlei zur Folge: *erstens* das Eins selbst, *zweitens* das Nichts als seine Bestimmung des Eins und *drittens* die davon (also von dem daseienden Bezug des Eins) getrennte Selbstbeziehung des Negativen, die wieder ein Eins ergeben sollte.

Das Leere, von dem die Rede war, ist damit verschwunden, da es ein Dasein und als solches dem Eins äußerlich und ohne Selbstbezug ist. Außerhalb des Selbstbezugs ist es im Werden des Eins. Im Folgenden entwickelt Hegel die Beziehung zwischen dem entstandenen Eins und dem Werden der Vielen unter der Überschrift »Repulsion der ersten und der zweiten Phase« weiter, ehe er in einer weiteren Abteilung dann schließlich den Begriff der »Attraktion« entwickelt.

---

11 Ebd.
12 Ebd.: »So dieses Nichts gesetzt, als in Einem ist das Nichts als Leeres. Das Leere ist so die Qualität des Eins in seiner Unmittelbarkeit.«

Repulsion und Attraktion

Die erste Phase der Repulsion

Nachdem zuvor das Eins dargestellt wurde, ist der nun folgende Hauptgedanke, von einer unbestimmten Mannigfaltigkeit ausgehend ein festes Kontinuum zu erzeugen. Aus dem Ansatz des Fürsichseins als Negation der Negation ergab sich das erste Glied dieser Mannigfaltigkeit, nämlich durch das unmittelbar daseiende Eins, das aufgrund seines negativen Selbstbezuges ein anderes Unmittelbares induziert. Das Fürsichsein als produktive Kraft wird auch bei der zweiten Phase der Repulsion wirksam: Das Fürsichsein kommt durch eine Art Veräußerlichung in das Dasein des Eins hinein. Einerseits geschieht das dadurch, dass jedes Eins wegen eines vorauszusetzenden Bezugscharakters für sich besteht; andererseits, indem zufolge dieser *Zersplitterung*[13] der einzelnen Eins, wie Hegel dies nennt, jedes in seinem Dasein als ein Fürsichsein idealisiert und von den anderen Eins abgehalten wird. Die Repulsion ist zunächst nichts anderes als eine nähere Betrachtung dessen, was bereits aus der Struktur des Eins gewonnen war. Die Repulsion wird sich als die Reproduktion von Mannigfaltigkeiten erweisen, d.h. als »das Setzen der vielen Eins«[14] überhaupt, während der Attraktion eine integrative Funktion zukommen wird.

Die nächste Konkretisierung des Daseins des Fürsichseins waren das Eins und das Leere. In der Bestimmung des Seins verhält sich das Eins – später auch die vielen Eins – negativ. Die Beziehung der Vielen zueinander – die zu einem späteren Zeitpunkt weiterentwickelt wird – ist zunächst die der immanenten Selbstbeziehung. Sofern sie aber negativ geworden sind – und dieser Umstand wurde bereits von der Struktur des Eins her entwickelt – führt Hegel aus, dass sie sich *von sich abstoßen*:

»Statt des Werdens ist also erstens die eigene immanente Beziehung des Eins vorhanden; und zweitens, insofern sie negativ und das Eins Seiendes zugleich ist, so stößt das Eins sich selbst von sich ab. Die negative Beziehung des Eins auf sich ist Repulsion.«[15]

---

13 Von »Selbstzersplitterung« spricht Hegel, a.a.O., S. 161.
14 Hegel, a.a.O., S. 156.
15 A.a.O., S. 155 f.

Das ist kurz umrissen der Stand der Argumentation zu Beginn des Kapitels.

Im Folgenden stehen Hegels Überlegungen zur Repulsion im Mittelpunkt der Betrachtung, um die für die weitere Entwicklung dieses Abschnittes wesentlichen Begriffselemente zu klären. Ausgang nehmen soll die Untersuchung von diesem Gedanken Hegels:

»das Eins ist die Negation in der Bestimmung des Seins«.[16]

Damit will Hegel erstens ausdrücken, dass die Reflexion der Negation in sich Sein bedeutet, und zweitens sagt er, dass »das Leere die Negation in der Bestimmung des Nichtsseins«[17] ist; letztere Überlegung meint die Negation als solche. Beide Überlegungen werden dem weiteren Prozess der Entwicklung eines Kontinuums zugrunde gelegt, da die Selbstbeziehung des Negativen, jener Prozess, den das Fürsichsein durchläuft, beibehalten wird. Beide werden als affirmatives Dasein angesehen, weil sie als Andere gegeneinander sind. Das Eins meint zunächst das Fürsichsein als solches. Das ist begründet dadurch, dass es sich auf sich bezieht, wohingegen das Andere ein unbestimmtes Dasein ist, nämlich das Leere; aber dieses hat keinen Selbstbezug und verschwindet. Das bringt Hegel folgendermaßen zum Ausdruck:

»Beide sind aber auch gesetzt als ein affirmatives Dasein, das eine als das Fürsichsein als solches, das andere als unbestimmtes Dasein überhaupt, und sich aufeinander als auf ein anderes Dasein beziehend.«[18]

Der Gedanke des negativen Selbstbezuges, wie in der Entwicklung des Fürsichseins dargelegt, wird hier nochmals geltend gemacht. Das erste Eins, das sich aus der Unmittelbarkeit (U_2) ergab, ist aufgrund der Definition des Fürsichseins, d. h., gerade weil es noch fürsichseiend ist, negativ auf sich bezogen und affirmativ. Dagegen ist das Andere noch ein unbestimmtes Dasein und wird sich erst in dem Kapitel über die Attraktion als affirmativ erweisen. Das

---

16 A.a.O., S. 155.
17 Ebd.
18 Ebd.

Andere wird auch zu einem Seienden, indem es seinerseits mittels Negation zu einem Anderen des ersten Eins entsteht.

Das Eins hat eine Beziehung zu seiner Negation, nämlich zum Leeren, d. h. das Eins ist die Negation des Anderen, weil es Fürsichsein ist:

> »*Nach jener [Bestimmung] ist das Eins und das Leere die Beziehung der Negation auf die Negation als auf sein Anderes*«.[19]

Im Entstehungsprozess ist das Eins die Negation des Leeren, weil die Leere die Bestimmtheit des Eins ausmacht, die Beziehung des je Negativen als Negatives und somit die Negation des je Negativen:

> »*Aber das Eins ist wesentlich nur Beziehung auf sich als beziehende Negation, d. h. ist selbst dasjenige, was das Leere außer ihm sein soll.*«[20]

Was hier überhaupt vorhanden ist, ist der negative Selbstbezug des Eins; als ein unmittelbar Daseiendes muss es sich nach außen konkretisieren. Ein Dasein hat für Hegel immer einen Beziehungscharakter nach außen. Andererseits aber ist das unmittelbar Daseiende auch ein fürsichseiendes Eins, das Beziehungen und Bestimmungen nach außen negiert. Aus dem daraus resultierenden Spannungsverhältnis schafft Hegel nun den Entstehungsprozess der anderen Eins im Sinne der Repulsion in ihrer ersten Begriffsbestimmung:

> »*Diese Repulsion, so als das Setzen der vielen Eins, aber durch Eins selbst, ist das eigene Außersichkommen des Eins, aber zu solchen außer ihm, die selbst nur Eins sind. Es ist dies die Repulsion dem Begriff nach, die an sich seiende.*«[21]

---

19 Ebd.
20 Ebd. Es ist die Beziehung zum Anderen in ihm selbst (»außer ihm« drückte das Dasein des Eins aus!), und dieser negatorische Selbstbezug macht das Eins aus, wie dargelegt wurde.
21 A. a. O., S. 156.

Die zweite Phase der Repulsion

Dieses »Außersichkommen« bedeutet, dass das Eins zunächst nur für sich besteht. Das reine Selbstverhältnis besteht darin, dass jedes nur auf sich bezogen ist. So ist die zweite Phase der Repulsion nicht etwa durch das Nichterzeugen der vielen Eins charakterisiert, sondern vielmehr durch das Abstoßen bzw. Abhalten voneinander:

> »Die zweite Repulsion ist davon unterschieden, und ist die der Vorstellung der äußeren Reflexion zunächst vorschwebende als nicht das Erzeugen der Eins, sondern nur als gegenseitiges Abhalten vorausgesetzter, schon vorhandener Eins.«[22]

Bei der ersten Phase bzw. Begriffsbildung der Repulsion lässt sich der Grund für die Voraussetzung der anderen Eins gewinnen. Diese Voraussetzung liegt in der einen Seite des Eins, und zwar in seiner daseienden Unmittelbarkeit bzw. in seinem Beziehungscharakter im Gegensatz zu seinem fürsichseienden Bezug. Hier ist ein negativer Selbstbezug konstruiert, da das, worauf es sich bezieht, das Leere als sein Negat ist, das es in ihm selbst hat. Dies geschieht analog zur Struktur des Fürsichseins im Übergang von dem affirmativen Unendlichen ins Fürsichsein. Das Leere ist in diesem fürsichseienden Eins enthalten, d.h. dieses Eins hat eine Bestimmung aufgrund der Negation erhalten. Man kann daher sagen, dass das Eins sich zu sich selbst negativ verhält, indem es sich negativ zum Anderen verhält; so gesehen, ist das Eins immanent negativ. Im weiteren Verlauf negiert nun das Eins dieses Negat und bestimmt es als ein Anderes. Das geschieht, indem dieses Andere nicht ein Anderes für das Eins ist, sondern bloß ein Eins für sich: und zwar dergestalt, dass sie beide nur ununterschieden und äußerlich einander abstoßend und nicht Andere füreinander sind.

Es gibt aber vorerst kein Fürsichsein des Leeren im Dasein gemäß der Negation der Negation als eine Rückbeziehung des Leeren auf sich, sondern es existiert ein Fürsichsein des Eins. Hier geht es ausschließlich um die Explikation des Fürsichseins des Eins und sein Bestimmungsmoment, das im Eins

---

22 Ebd.

als dessen Negat – durch selbstbezügliche Negation[23] – als ein Anderes des ersten fürsichseienden Eins bestimmt wurde. Dieses Andere wiederum wird nun – durch Ausschluss vom Eins – auf das Fürsichsein übertragen, das in der Veräußerlichung des Fürsichseins – beim Auseinandertreten seiner Momente – zum Ausdruck kam.

Infolgedessen sind beide Seiende, indem sie nun Getrennte sind, zwar geschieden, aber *äußerlich* voneinander ununterschieden. Aufgrund ihres Getrenntseins verhalten sie sich negativ zueinander als ein Dasein zu einem Anderen.[24] Insofern das Eins des Fürsichseins das Leere als sein Negat negiert und als eine fremde Bestimmung ausschließt, gibt es ein Fürsichsein des Leeren; mithin kein abstraktes Leeres mehr, sondern ein dem fürsichseienden Eins gegenüber anderes Eins.

Es gibt zwei Momente des Fürsichseins; diese Momente befinden sich in einer »Idealität«[25]. Diese Idealität wird mittels der Operation der selbstbezüglichen Negation dadurch aufgelöst, dass jedes Moment sich auf sich selbst bezieht und somit jedes ein Seiendes und beide gegeneinander negativ werden. Das eine Eins hat ein Fürsichsein, indem es entsteht und das Andere – das Leere – (nunmehr als das andere Eins) ausschließt. Das andere Eins (das Leere) wiederum hat ebenfalls ein Fürsichsein, indem es das erste Eins seinerseits ausschließt, negiert, und eben dadurch positiv wird und entsteht. Insofern das Eins entsteht, vergeht das andere Eins, und dies gilt auch umgekehrt. Daher ist jedes immanent auf sich bezogen; sowohl das Eine, das repelliert, als auch dasjenige, was repelliert wird. Keines bezieht sich auf das Andere, das es von sich abstößt.

Dieses Eins ist im Anderen erzeugt, dennoch ist es für sich und auf sich zurückbezogen. Andererseits ist es von sich abgestoßen, hebt sich auf und

---

23 A.a.O., S. 155: »Indem aber das Fürsichsein als Eins, als für sich Seiendes, als unmittelbar Vorhandenes fixiert ist, ist seine negative Beziehung auf sich zugleich Beziehung auf ein Seiendes; und da sie ebensosehr negativ ist, bleibt das, worauf es sich bezieht, als ein Dasein und ein Anderes bestimmt«.
24 Vgl. a.a.O., S. 153. Das Eins und das Leere werden zunächst ihren Bestimmungen nach als verschieden angesehen.
25 A.a.O., S. 151 f.

ist damit ein Sein-für-Anderes (dieses Sein für Eines ist eigentlich für-ein-Anderes-Sein).

Die **vielen Eins** sind in ihrem Sein und in ihrer Beziehung gar nicht unterschieden, denn sie bestehen aufgrund des gegenseitigen Repulsierens – und bei dem jetzigen Entwicklungsstand der Argumentation ist dies so hinzunehmen – sowohl in ihrem Sein als auch in ihrer Beziehung zum Anderen. Sie sind von einer repulsierenden Beziehung geleitet und so in ihrem Sein und in ihrem Setzen verschieden.

An dieser Stelle werden Hegels zuvor ausgeführte Gedanken mittels seines methodischen Begriffes der Negation weiter ausgearbeitet. Das Ergebnis dieser Überlegungen war, dass die Beziehung der Eins zueinander ihr Sein vermittelt, d.h. sie haben dasselbe Sein und insofern unterscheiden sie sich nicht. Nun soll näher betrachtet werden, was die bisherigen Überlegungen ergeben haben.

In diesem Zusammenhang denkt Hegel den Negationsvorgang in der weiteren Entwicklung des Verhältnisses zwischen den Eins untereinander. Die Eins sind nur, insofern sie sich negieren; aber zugleich – gerade indem sie sich voneinander abhalten – negieren sie sich »und sind nicht«[26]. Sie negieren jedoch wiederum dieses Negieren aus dem Grund, weil sie die Anderen zur Voraussetzung haben. Diejenigen, die sie negieren, halten sie von sich ab. Gerade in diesem Selbstbezug des Anderen negieren sie das Negieren. Das Sein der Eins ist also durch das Abstoßen der anderen angelegt. Wenn nun abermals das Abstoßen negiert würde – d.h. das, was ausgeklammert wird, wovon man sich abstößt –, so wäre nichts mehr da.

Der Gedanke des Eins als Fürsichsein kommt erneut zur Geltung. Die vielen Eins sind für Eines (und als solche sind sie immer negativ); aber wenn die Vielen nicht negativ sind, lösen sie sich auf, und es entsteht ein Eins bzw. ein einheitliches Kontinuum. Dies nimmt in gewisser Weise den Begriff der Attraktion vorweg.

Die Vielen sind in der ersten Phase der Repulsion nicht stabil, was schon in der Darlegung der Repulsion näher erörtert wurde. Als nur »für-Eines« haben sie keine Selbstständigkeit. Wenn sie keine Selbstständigkeit haben,

---

26 A.a.O., S. 160.

haben sie auch kein Bestehen; wenn sie kein Bestehen haben, sind sie (die Eins) als ein einziges Kontinuum zu verstehen.

Hegel möchte die Voraussetzungen für ein Kontinuum ausarbeiten. Die **einzelnen Eins** stellen allerdings kein Kontinuum dar, sondern nur eine **Vielheit** mit einer Beziehung zu anderen, die sich alle in eine übergeordnete Einheit auflösen. Hegel möchte dann in der *zweiten Phase der Repulsion* und bei dem Begriff der Attraktion zeigen, dass die einzelnen Vielen zu Momenten werden. Dies macht seine Mannigfaltigkeit aus. Bei einer Menge sind die Elemente Moment einer Menge: Sie haben Selbstständigkeit. Dies ist bei einer Menge offensichtlich. Die Elemente haben alle einen Für-Eines-Charakter innerhalb der Menge, d. h., wenn man einen Punkt als Moment der Menge in einer Ebene nimmt, dann ist dies ein Punkt für die Ebene, ein Moment der Ebene und nicht ein Punkt oder Moment für sich selbst. Das sagt Hegel auf der Ebene der bisherigen Argumentation.

Hier werden Punkte – die vielen Eins – gesetzt, als Momente einer übergeordneten Einheit, da sie in der Attraktion alle zusammengefasst werden. Hat man zehn Punkte und bricht das Kontinuum beim zehnten Punkt ab, erhält man Zehn als Moment am Kontinuum:

»*Hiermit findet nun die Repulsion das unmittelbar vor, was von ihr repelliert ist. Sie ist in dieser Bestimmung Ausschließen*«.[27]

Wenn das erste Eins die anderen Eins setzt, muss es sie wieder ausschließen, da sie zunächst Nichtbeziehung sind. Es zeigt sich aber, dass alle anderen auf dieselbe Weise einander ausschließen: Gerade dies verrät Beziehung. Hegel nimmt an, dass sie alle – als nur auf sich bezogene – Fürsichseiende sind. Gleichwohl erweist sich, dass sie alle Daseiende sind. Letzteres stellt eine Beziehung nach außen dar: Eben diese negative Selbstbeziehung muss aufgelöst werden.[28]

Die Ausgangsposition ist die: Wenn sich das Eins in der ganzen Abstraktheit seines Bezogenseins auf sich bezieht, stößt das Eins sein Negatives von sich. Wenn ferner das Abgestoßene (Repellierte), also das nunmehr Negative,

---

27 A. a. O., S. 158.
28 A. a. O., S. 161.

als ein (weiteres) Eins bestimmt worden ist, verhält es sich so, dass es andere ausschließt. Das **Ausschließen** wird auf alle weiteren Einsen übertragen: Diese »gegenseitige Repulsion ist das gesetzte D a s e i n der vielen Eins«. Diese Eins repellieren einander, da es sich um eine Art Wechselwirkung handelt, sie unterliegen einem gegenseitigen Repellieren und Repelliertwerden. Hegel beschreibt dieses Verhältnis folgendermaßen:

> »*sie negieren sich gegenseitig, setzen einander als solche, die nur für-Eines sind.*«[29]

Der Grund dafür war das Fürsichsein; es verhält sich negativ gegen Daseiendes.

> »*Aber sie negieren ebensosehr zugleich dies, nur für-Eines zu sein; sie repellieren diese ihre Idealität und sind*«.[30]

Das heißt, die Idealität weist auf das Insichsein des Eins hin. Es wird sich zeigen, dass sie sich aufgrund der voraussetzenden Reflexion negieren müssen, um schließlich zu bestehen.

Durch einen Sprung gelangt Hegel nun an die Stelle, an der sich die erste mit der zweiten Repulsion verbindet, wo »zu sehen« ist, »wie jene an sich seiende Repulsion« – das ist die erste Repulsion – »zur zweiten, der äußerlichen, sich bestimmt«[31]. Das Eins ist ein Anderes geworden aufgrund der Unterscheidung zwischen dem Fürsichsein und dem Eins als ein immer wiederkehrendes Dasein, d.h. als ein Bestehen gegen ein Anderes.

Bei der ersten Repulsion als dem ersten Takt wird methodisch die setzende Reflexion operativ ins Spiel gebracht, die im zweiten Takt zu äußerer Reflexion wird. Das Eins ist als ein Fürsichsein nur für sich. Nach dieser Seite des Eins wird die ganze Sphäre des Daseins negiert. Im ersten Takt werden die Vielen als Fürsichseiende nur je und je für sich bestimmt. Hingegen er-

---

29 A.a.O., S. 159.
30 Ebd.
31 A.a.O., S. 156.

weist sich im zweiten Takt auch, dass dieses Für-Eines-Sein negiert wird. Das Fürsichsein behält seine äußere Realität.

Damit sind auch »die Momente getrennt, die in der Idealität schlechthin vereinigt sind.«[32] Hegel sagt dadurch, dass jedes ein Dasein hat (Eins gegen Eins). Durch das Dasein der Vielen wird das Eins-Sein zu einem Sein für Anderes. Letzterer Gedanke hängt mit dem Gedanken des Ausschließens zusammen.

»Aber in der Vielheit hat das unterschiedene Eins ein Sein; das Sein-für-Eines, wie es in dem Ausschließen bestimmt ist, ist daher ein Sein-für-Anderes.«[33]

Das Eins bedarf der Vielen, da es sich nur durch die Negation der Vielen bestimmen kann. Das Negieren der Anderen vollzieht sich durch den negativen Selbstbezug des Eins (aber in der Negation ist das Eins ein Sein-für-Anderes); durch die Form des Ausschließens (der Negation) der anderen Einsen. Doch abermals kommt es zu einem »Für-Eins«:

»Jedes wird so von einem Anderen repelliert, aufgehoben und zu einem gemacht, das nicht für sich, sondern für-Eines, und zwar [für] ein anderes Eins ist.«[34]

Die Selbsterhaltung aber bleibt bestehen:

»Das Fürsichsein der vielen Eins zeigt sich hiernach als ihre Selbsterhaltung durch die Vermittlung ihrer Repulsion gegeneinander, in der sie sich gegenseitig aufheben und die anderen als ein bloßes Sein-für-Anderes setzen; aber zugleich besteht sie darin, diese Idealität zu repellieren und die Eins zu setzen, nicht für-ein-Anderes zu sein.«[35]

Die Selbsterhaltung der Eins geschieht durch die negative Beziehung aufeinander; sie negieren einander, aber sie stellen sich eben dadurch wieder her.

---

32 A.a.O., S. 159.
33 Ebd.
34 Ebd.
35 Ebd.

»Diese Selbsterhaltung der Eins durch die negative Beziehung aufeinander ist aber vielmehr ihre Auflösung.«[36]

Hier ist die Attraktion angekündigt: Die vielen Eins bestehen nur in der Negation der Anderen. Das Negieren der Anderen ergibt das Eins, aber dergestalt zielt es auf Auflösung und Form der Attraktion. Das Eins behält seinen Selbstbezug, d.h. eine *Für*-Struktur, bei. Jedes hat ein Sein-für-Anderes in sich, eine Negation des reinen Selbstbezuges; zum anderen aber ist das Eins weiterhin selbstständig und quasi gelöst vom Sein-für-Anderes. Dies macht das Verhältnis vom Einen zum Anderen aus.

Neben dem Moment des reinen Selbstbezuges kommt dem Eins als Sein-für-Anderes auch ein Beziehungsmoment zu. Es zeigt sich, dass das eine Eins – obwohl relativ selbstständig – dennoch Moment einer Einheit mit den anderen Eins ist. Eine unbestimmte Vielheit erweist sich als ihre Selbsterhaltung; vermittelt sind sie dennoch alle durch die anderen Eins.

Indem die vielen Einsen *sind*, bereiten sie sich auf ihre Negation vor; indem sie aber *nicht* sind, auf ihr Sein. Indem sie *nicht* sind, ergibt das Eins die Anderen, und indem sie *sind*, ergeben sie sich gerade nicht, da sie sich tilgen müssen. Das Eins ist nur, indem es sich negativ verhält; die Vielen sind nur, indem sie sich negieren, d.h., sie existieren nur im Verhalten zu anderen, und zwar durch Negation. Negieren sie sich also nicht, dann kehren sie auch nicht in sich zurück und »erhalten sich nicht und sind nicht«.[37]

Die Negativität des Fürsichseins, deren Entwicklung die vielen Eins bzw. eine Mannigfaltigkeit bedingte und bestimmte, ergab, dass die vielen Eins qua ihres negativen Verhaltens zueinander alle auf dieselbe Weise beschaf-

---

36 Ebd.
37 A.a.O., S. 160: »Zwar, indem sie sind, würden sie durch dieses Negieren nicht negiert, es ist nur ein äußerliches für sie: dieses Negieren des Anderen prallt an ihnen ab und trifft nur berührend ihre Oberfläche. Allein nur durch das Negieren der Anderen kehren sie in sich selbst zurück; sie sind nun als diese Vermittlung, diese ihre Rückkehr ist ihre Selbsterhaltung und ihr Fürsichsein. Indem ihr Negieren nichts effektuiert durch den Widerstand, den die Seienden als solche oder als negierend leisten, so kehren sie nicht in sich zurück, erhalten sich nicht und sind nicht.«

fen sind. Diese ist ihre Identität[38]: In ihr ist die Verschiedenheit von je Eins und Eins aufgehoben. Diesen Umstand bezeichnet Hegel als das »Mit-sich-Zusammengehen«.

Die Attraktion wird aus der Negativität des Fürsichseins gewonnen, und zwar unter der Voraussetzung der Vielheit, d. h. dem Werden zu Vielen.

Attraktion: Das eine Eins der Attraktion

In diesem Kapitel geht es Hegel um die explizite Ausarbeitung des Begriffs Attraktion – der im vorhergehenden Kapitel mittels des Begriffs der Repulsion andeutungsweise entwickelt worden war – sowie um die weitere Ausdifferenzierung der zweiten Phase der Repulsion. Die erste Phase hat mit einer absoluten setzenden Repulsion zu tun, denn die Einsen waren je für sich, also fürsichseinde Einsen, und negierten jede daseiende Beziehung. In der zweiten Phase zeigt sich, welche Bedeutung die voraussetzende relative Repulsion in Bezug zur Attraktion hat.

Im Zuge einer metakritischen Ortsbestimmung soll im nächsten Schritt gezeigt werden, wie die Repulsion und Attraktion derart zusammengedacht werden, dass durch sie die einzelnen Einsen miteinander verknüpft sind. Eine Einheit mit vielen unbestimmten Einsen erscheint als eine Art Punktmannigfaltigkeit. Letztere ist nur möglich, wenn das eine Eins andere Eins voraussetzt (wie auch umgekehrt).

Die Entwicklung bis zu dieser Stelle lässt sich folgendermaßen zusammenfassen: In der ersten Phase der Repulsion handelt es sich um eine setzende Repulsion, in der jedes Eins nur für sich besteht, ohne eine gesetzte Beziehung zu einem anderen Eins. Jedes ist nur für sich als dieses Einzelne und verhält sich negativ zum anderen. *Es gibt eine Form des Gesetztseins wie im Fürsichsein: Der Selbstbezug der Einzelnen veräußert sich, in dieser Veräußerlichung setzt er dies als ein anderes Eins. Dadurch aber entsteht kein Sein, sondern nur eine erste Form der Repulsion (setzende), die die Einsen voneinander abhält.* Diese negative Form des Bestehens charakterisiert die erste Phase

---

38 Ebd.: »Das negative Verhalten der Eins zueinander ist somit nur ein Mit-sich-Zusammengehen. Diese Identität, in welche ihr Repellieren übergeht, ist das Aufheben ihrer Verschiedenheit und Äußerlichkeit, die sie vielmehr gegeneinander als Ausschließende behaupten sollten.«

der Repulsion: Hier ist nur ein Bestehen sich gleichgültig negativ verhaltender Eins als Seiende gegeneinander, aber eben kein Bestehen des Einzelnen im Sinne einer Beziehung zu einem anderen Einzelnen, die erst durch das Aufheben zustande käme. Damit wird in der zweiten Phase der Voraussetzungscharakter der Eins betont. Nicht nur erweist sich, dass zum Bestehen des einen Eins ein Anderes zu seiner Voraussetzung nötig ist, es zeigt sich auch, dass in der Attraktion das Eins im Anderen schon aufgehoben ist:

»Die Repulsion ist die Selbstzersplitterung des Eins zunächst in Viele, deren negatives Verhalten unmächtig ist, weil sie einander als Seiende voraussetzen; sie ist nur das Sollen der Idealität; diese wird aber realisiert in der Attraktion.«[39]

Es geht aber, wie zuvor erwähnt, um ein negatives Verhalten, das Hegel als »unmächtig« bezeichnet. Die Seienden – die Vielen – verhalten sich nur jedes für sich gegen das Andere; sie verhalten sich negativ, da das »Aufgehobensein« des Einen im Anderen noch nicht vollzogen ist. In diesem Sinne sagt Hegel, dass dieses negative Verhalten nicht in ein Vermitteltsein aller umschlägt, dergestalt, dass sie ihr Bestehen (ihr Sein) einer gesetzten Beziehung (nämlich einer gesetzten Negation zueinander) zu verdanken haben. Ihre Konstituierung in der ersten Phase der Repulsion bleibt vorerst ein »Sollen der Idealität«, d. h. es verschwinden die lediglich seienden Einzelnen zugunsten einer Vermitteltheit aller in einer Einheit.

Zur Verwirklichung der Repulsion bedarf es aber der Voraussetzung der Attraktion.[40] Es zeigt sich, dass die Vielen jeweils Andere aufgrund der Negation (der »Für«-Struktur) bzw. des Aufhebens ihrer Andersheiten zueinander sind, was in derselben Weise geschieht, in der sie Eins sind. Es liegt hier eine gesetzte Ununterschiedenheit vor; gesetzt meint Unabhängigkeit des Eins von der Vielheit, also *Attraktion*. Dennoch besteht aufgrund der bestimmenden bzw. voraussetzenden Reflexion, die sich bei der Attraktion geltend macht, eine Abhängigkeit aller voneinander; das negative Verhalten aller realisiert

---

39 A.a.O., S. 161.
40 A.a.O., S. 162: »Die in der Attraktion daseiende Idealität hat auch noch die Bestimmung der Negation ihrer selbst, die vielen Eins, auf die sie die Beziehung ist, an ihr, und die Attraktion ist untrennbar von der Repulsion.«

sich – im positiven Sinne in der Attraktion –, indem alle Einsen miteinander vermittelt und so zur Einheit gebracht werden. Das Eins in der Form der Repulsion war ursprünglich als ein unmittelbares Daseiendes gedacht, aber auch als ein Fürsichsein. Letzteres kommt wegen des daseienden Bezuges der Eins einem Aufheben gleich. Vor diesem Hintergrund kommt die Negation im Rahmen der Attraktion zustande. Ein gesetztes Vermitteltsein des einen Eins wird durch sich selbst anvisiert, da Hegel das Eine im Anderen bzw. das Andere im Einen schon als aufgehoben denkt. Zuvor – in der Entwicklung der relativen Repulsion[41] – bestand jedes zuerst für sich, jedes hatte ein Sein für sich. Relativ beinhaltete dies gegenseitige Sein. In der nächsten Phase entsteht die Entwicklung des Zahlenkontinuums – bei dem einen Eins der Attraktion (unter den Voraussetzungen, die die Attraktion beinhaltete) – eine gesetzte Idealität, d. h. jede hat das Potenzial, selbstbezüglich zu sein und die Anderen aufzuheben. Ideal heißt hier, dass das Eins alle Anderen als Sein aufhebt.

Der Begriff der Menge

Die weitere Entwicklung wird ergeben, dass jedes Element mittels seiner selbstbezüglichen Negation bestimmt bzw. durch sich selbst vermittelt wird. Damit eine Vielheit und somit eine Menge entstehen kann, ist die Repulsion notwendig. Ansonsten würden mit der Attraktion allein alle Punkte zu einem einzigen Punkt zusammengezogen werden. Die Attraktion hat auch die Eigenschaft, wie ein Punkt ein Fürsichsein zu behaupten, mithin verschieden von anderen zu sein. Die Attraktion als eine reine Abstraktion wäre nur ein Punkt, aber sie setzt die Repulsion – die Vielen – voraus. Auch eine Menge lässt sich als Element betrachten, da ein Element ein Fürsichsein hat; aber die Menge wird erst zur Menge, wenn sie selbst eine Extension hat. *Man muss daher von einer Punkthaftigkeit auf eine Momenthaftigkeit schließen.* Dies bedeutet eine Erweiterung der bisherigen Betrachtungs- bzw. Begriffsebene. Durch das Ineinanderwirken von Repulsion und Attraktion gewinnt Hegel

---

41 Der Verlust des Reproduzierens beinhaltet gerade die Relativität.

einen Umfang des Zahlenkontinuums.[42] *Hierin liegt ein Hinweis, dass das Viele eine Art Intervall darstellt, das Hegel als Eins auffasst. Zugleich wird der Begriff der Menge als Summe anvisiert.* Mit der Einführung der Beziehung zwischen Attraktion und Repulsion geht Hegel nicht mehr von einzelnen Punkten aus, mit dem Ergebnis einer Menge aus lauter Punkten (Eins), vielmehr verschiebt er die Aufmerksamkeit *von der Punkthaftigkeit auf eine Momenthaftigkeit, die sich als Summe erweist.* Die Attraktion wird sich später als die Einheit der Summe (Menge) zeigen. Um eine Menge hervorzubringen, braucht es also nicht nur eine Vielheit (Letztere hat man in der Repulsion gewonnen), sondern auch eine Attraktion: ein Zusammenfassen der Vielen in eine Einheit. Daher ist im nächsten Schritt die Beziehung der beiden Begriffe Repulsion und Attraktion näher darzustellen und zu entwickeln.

Die Beziehung von Repulsion und Attraktion

Blickt man auf den Gang der bisherigen Überlegungen zurück, so hat sich das Fürsichsein zum Eins entwickelt und das Eins sich dann aufgrund der setzenden bzw. voraussetzenden Reflexion zu Vielen entäußert. Diese Vielen, die aber nur voraussetzende Vorhandene waren, die einander nichts angingen, waren bestimmt als Andere gegeneinander; jedes für sich als Anderes und nicht vermittelt durch einander. Jedes besteht nur für sich und hat ein Sein für sich: Dies machte die relative Repulsion aus. Das Resultat dieser relativen Repulsion – als erste Phase der Repulsion – war, dass sie alle auf dieselbe Weise beschaffen sind. Es zeigte sich, dass sie alle eine »Für-Struktur« haben; aufgrund dieser Bestimmung gingen sie alle zusammen.

Dieses »Mit-sich-Zusammen« bedeutet als eine Vorform der Attraktion, dass sie nun in einer einzigen Einheit aufgehoben werden. Sie sind negativ und heben sich auf, weil sie gegen sich selbst sind und sich folglich in der Ein-

---

42 A.a.O., S. 162: »Das Eine Eins aber ist die realisierte, an dem Eins gesetzte Idealität; es ist attrahierend durch die Vermittlung der Repulsion; es enthält diese Vermittlung in sich selbst als seine Bestimmung. Es verschlingt so die attrahierten Eins nicht in sich als in einen Punkt, d.h. es hebt sie nicht abstrakt auf. Indem es die Repulsion in seiner Bestimmung enthält, erhält diese die Eins als Viele zugleich in ihm; es bringt sozusagen durch sein Attrahieren etwas vor sich, gewinnt einen Umfang oder (eine) Erfüllung. Es ist so in ihm Einheit der Repulsion und Attraktion überhaupt.«

heit aufheben müssen. Wie im letzten Kapitel das Eins die Anderen voraussetzte, aber gegen das Bestehen der Anderen gleichgültig bzw. äußerlich war, so setzt Repulsion hier die Attraktion voraus. Diese markiert den Anschluss an die weitere Entwicklung, innerhalb derer das Quantum herausgearbeitet wird. Die Äußerlichkeit aber bleibt zum Beginn dieses Kapitels für die weiteren Überlegungen bestimmend. Sie ist der Ausgangspunkt bei der Beziehung zwischen der Repulsion und der Attraktion.

Bei der Attraktion handelt es sich nicht – wie bei der Repulsion – um eine Beziehung von einem Einen zu einem anderen Eins, sondern um die Beziehung von einem Eins zu allen anderen Eins. Dass das andere Eins nur Eins in einer Einheit ist, drückt der Begriff der Attraktion aus. Er enthielt, dass alle Eins ununterschieden voneinander sind. Keines unterscheidet sich von dem Anderen; nur die Begriffe der Repulsion und Attraktion haben verschiedene Bestimmungen im Bezug auf die Einsen. **Es sind Einsen, die zwar einander voraussetzen, aber noch nicht als Momente an einem Kontinuum gesetzt sind;** sie sind zwar alle nach wie vor selbstständig, auf sich selbst bezogen, verdanken diese Selbstständigkeit des Begriffes aber der voraussetzenden Reflexion der Anderen. Bei der Attraktion gewinnt man eine Ununterschiedenheit aufgrund des negativen Selbstbezuges: Jedes Eins bildet für sich eine eigene Einheit, aber da sie alle so sind, bilden sie eine gesamte Einheit. Hier liegt kein vorausgesetztes oder erzeugtes Eins vor. Jedes ist an ihm selbst gesetzt durch die innere Beziehung zum Anderen; die Attraktion ist eine negative Beziehung auf sich.[43]

Auf der Ebene der setzenden Repulsion lässt sich festhalten, dass – insofern das Eins unmittelbar für sich ist – es eben keine Beziehung hat, aber insofern es vom Anderen – durch die selbstbezügliche Negation – gesetzt wird, tritt es in Beziehung zu diesem Anderen. Hier ist eine Negation angesprochen, die in der Repulsion nicht vorhanden war. In dieser Phase handelt es sich um

---

43 A.a.O., S. 163: »*Dagegen wird die Attraktion nicht von der Repulsion vorausgesetzt, so daß an deren Setzen und Sein jene keinen Anteil haben soll, d.i. daß die Repulsion nicht an ihr schon die Negation ihrer selbst, die Eins nicht schon an ihnen Negierte wären. Auf solche Weise haben wir die Repulsion abstrakt für sich.*«

die Voraussetzung des Einen vor dem jeweiligen anderen Einen; bei der Attraktion ist das Eine schon im Anderen aufgehoben (wie auch umgekehrt).[44]

Beide – die Repulsion wie die Attraktion – sind noch nicht vermittelt. In diesem Stadium gibt es lediglich eine Repulsion durch die Selbstbeziehung der Eins und eine Attraktion nur durch die Selbstbestimmung der Eins. Darin liegt der Unterschied der beiden begründet.

In der ersten Phase der Beziehung der Repulsion und Attraktion befinden sich die Einsen zwar in einer Einheit und sind untrennbar, dennoch verhalten sie sich in dieser Untrennbarkeit auch äußerlich zueinander. Beide setzen einander voraus und beide sind damit Vorausgesetzte. Die Bestimmung der Repulsion schließt Attraktion ein. *Äußerlich* aber sind beide gegeneinander bestimmt.[45]

Diese Bestimmung scheint ein Einwand zu sein, denn gegen dieses Äußerliche spricht, dass sie sich gegenseitig voraussetzen. Jede hat eine Bestimmung und diese trägt zur Vermittlung der Einheit bei; die Vermittlung der beiden wird aber durch ihre **relative Selbstständigkeit** vorerst verhindert.

Zunächst setzt jede sich selbst voraus, in dieser Voraussetzung bezieht sich jede nur auf sich – das drückt die Relativität der beiden aus –, zugleich aber sind sie als selbstständige Potenzen gegeneinander untrennbar. Hegel gibt mit der Bemerkung, »die Voraussetzung, die sie hätte, ist nur ihr eigenes

---

44 Ebd.: »Indem aber von der Repulsion der daseienden Eins ausgegangen worden, hiermit auch die Attraktion als äußerlich an sie tretend gesetzt ist, so sind bei ihrer Untrennbarkeit beide noch als verschiedene Bestimmungen auseinander gehalten. [...] Ihr Sollen ist ihre abstrakte Bestimmtheit als an sich seiender, die aber damit schlechthin über sich hinausgewiesen ist und auf die andere sich bezieht, und so jede vermittelst der anderen als anderen ist; ihre Selbständigkeit besteht darin, dass sie in dieser Vermittlung als ein anderes Bestimmen füreinander gesetzt sind.«

45 Hier liegt ein doppeltes Verhältnis vor: Sie sind ineinander vermittelt, aber gegenseitig äußerlich. Anders ausgedrückt: Wenn die Attraktion äußerlich an die Repulsion herantritt, dann sind sie äußerlich zueinander, dennoch setzen sie sich gegenseitig voraus. Nach dieser Bestimmung des gegenseitigen Voraussetzens sind sie untrennbar. Das gegenseitige Voraussetzen sagt ja immer aus, dass das Eine immer vom Anderen abhängt, und insofern sind sie untrennbar, aber indem sie äußerlich sind, sind sie trennbar.

Setzen«,⁴⁶ einen entscheidenden Hinweis auf die Unhaltbarkeit der Trennung der beiden. Würden sie ihr eigenes Setzen voraussetzen, gäbe es keine Fortentwicklung der Folge, da gerade diese Entwicklung in der gegenseitigen Voraussetzung der beiden liegt. Sie sind nur selbstständig, indem jede im selben Prozess mitwirkt. Somit ist für sie Bestehen nur zu denken als *Bezogensein aufeinander*: Darin besteht die Voraussetzung, die Hegel macht. Das Eine kann sein eigenes Moment sein, wenn das Andere in ihm wirkt. Dies liegt *im Begriff des Gesetztseins*.

Jedes bezieht sich auf sich selbst. Indem es sich aber – dies ist die Voraussetzung – auf ein Anderes bezieht, ist dies Andere schon als Moment enthalten. Beide setzen sich voraus; jedes bezieht sich auf sich selbst, indem sie sich gegenseitig voraussetzen. Im Sich-Voraussetzen⁴⁷ bezieht sich jedes negativ auf sich, d. h. die jeweilige Selbstbestimmung ist wieder negativ, da in diesem Selbstbestimmen ein Ausschließen begründet ist. Das Negative, das jeweils gesetzt wird, ist ein Anderes. Dieses ist schon aus der Repulsion kommend vorhanden und ist ähnlich wie im Übergang in das Fürsichsein geartet – jedes Für-sich ist in seinem Anderen aufgehoben.

Das Ausschließen eines Negativen aus einem einzigen Eins ist der Grund für das Selbstbestimmen; zugleich stellt sich dadurch die Möglichkeit der Beziehung auf sich selbst her. Anders ausgedrückt, ist also das Eins – aufgrund des negativen Selbstbezugs – wieder als ein ausschließendes Eins anzusehen.

---

46 A. a. O., S. 164.
47 Hegel bestimmt a. a. O., S. 163, die »Repulsion als das Setzen der Vielen, die Attraktion als das Setzen des Eins, diese zugleich als Negation der Vielen und jene als Negation der Idealität derselben im Eins, daß auch die Attraktion nur vermittelst der Repulsion Attraktion wie die Repulsion vermittels der Attraktion Repulsion ist. Daß aber darin die Vermittlung durch Anderes mit sich in der Tat vielmehr negiert und jede dieser Bestimmungen Vermittlung ihrer mit sich selbst ist, dies ergibt sich aus deren näherer Betrachtung und führt sie zu der Einheit ihres Begriffes zurück.« A. a. O., S. 164: »Dieses Sich-selbst-Voraussetzen der beiden Bestimmungen, jede für sich, *ist ferner dies, daß jede die andere als Moment in sich enthält*. Das Sich-Voraussetzen überhaupt ist in Einem sich als das Negative seiner setzen, – Repulsion; und was darin vorausgesetzt wird, ist dasselbe als das Voraussetzende, – Attraktion. Daß jede an sich nur Moment ist, ist das Übergehen jeder aus sich selbst in die andere, sich an ihr selbst zu negieren und sich als das Andere selbst zu setzen.«

Der Selbstbezug des Negativen bleibt erhalten, obwohl die vielen Eins im Selbstbezug aufgehoben sind. Das Viele besteht als Negatives, das sich von sich abstößt. In der Negation der Negation ist es nicht als Seiendes gesetzt, sondern als **Moment**. Dazu bemerkt Hegel:

> »*Die Attraktion daseiender Eins ist die Idealität derselben, und das Setzen des Eins, worin sie somit als Negieren und Hervorbringen des Eins sich selbst aufhebt, als Setzen des Eins das Negative ihrer selbst an ihr, Repulsion ist.*«[48]

Hegels Überlegung lässt sich wie folgt zusammenfassen: In diesem Kapitel will er – im Gegensatz zu den vorhergehenden – zeigen, dass man nicht bezüglich der Bildung eines Zahlenkontinuums bei bloßen Punkten ansetzen kann. Es muss stattdessen in einer Einheit zusammengefasst und gedacht werden. Punkte für sich allein haben nur ein Dasein, insofern viele einzelne von ihnen immer zu einer Einheit gezählt werden müssen: Man kann nicht bei einem unmittelbar Seienden stehen bleiben, sondern muss hinsichtlich der Entwicklung einer Folge zu einem Gesetztsein kommen. Man erhält ein Sein nicht schlechthin als Seiendes, sondern nur bedingt durch ein Anderes.

Obwohl die Attraktion bei der Begriffsbildung der Repulsion mitgedacht wurde, tritt sie besonders klar an dieser Stelle zutage:

> »*und Eins ist nur dieses Werden, in welchem die Bestimmung, daß es anfängt, d. i. als Unmittelbares, Seiendes gesetzt [wird] und [daß es] gleichfalls als Resultat sich zum Eins, d. i. zum ebenso unmittelbaren ausschließenden Eins wiederhergestellt hätte, verschwunden [ist]*«.[49]

---

48 A.a.O., S. 165.
49 Ebd. Die Attraktion ist sowohl eine Art Integration als auch die Negation der Vielen als Idealität, d.h. selbstständig bestehend. Die Repulsion ist eigentlich die Selbsterhaltung der Eins durch das Abhalten der Anderen (ebd.): »Die Repulsion daseiender Eins ist die Selbsterhaltung des Eins durch die gegenseitige Abhaltung der anderen«. Dies ist die Seite des Daseins als eine der anfänglichen Seiten des Eins (bzw. Sein-für Anderes), und die andere Seite ist das Eins als solches, also die Attraktion als die Idealität des Eins.

Vordeutung des Begriffs der Quantität: Übergang zur »Haltungslosigkeit«

Nach Hegel geht das Eins in die Attraktion über. Das punktuell daseiende Eins wird aufgehoben: »Der Prozess, der es ist, setzt und enthält es allenthalben nur als ein Aufgehobenes.«[50] Dieser Prozess ist die Attraktion, welche die vielen Einsen enthält, aufhebt und wieder in Eins setzt: In Vier ist Eins viermal enthalten. Das ist eine unbestimmte Protomenge. Es handelt sich nicht um Viele im Sinne einzelner Einsen, für diesen Fall wäre kein Kontinuum möglich, sondern um Viele, die in einer übergeordneten Einheit aufgehoben sind: Dies ist bereits die Quantität.

In der Attraktion wird die äußerliche Beziehung der Eins mit dem Resultat negiert, dass alle aufgehoben und somit durch ein erneutes Setzen in die Idealität Werdende sind. Dieses Werden aber ist haltungslos, d. h. die daseiende Beziehung wird in eine Einheit aufgehoben; damit sind alle Einsen haltungslos geworden.

Anknüpfend an diese »Haltungslosigkeit«,[51] zeigt sich, dass der Begriff des Quantums sein Dasein durch die inhaltlichen Bestimmungen der diskreten und kontinuierlichen Größe gewinnt, obgleich das Dasein dieses Begriffes und der Begriff selbst nicht vermittelt werden.

Im Begriff (zu) sein, meint den Prozess des Unendlichen. In dieser Hinsicht ist das Dasein identisch mit seinem reinen Begriff bzw. mit der erweiterten intensiven Größe.

Hegels Vorstellung von einer Art gesetzter Folge besagt, dass das Eins das Andere (seinen Nachfolger) aus sich heraus als ein anderes Eins setzt. Das Andere ist Nachfolger und wirkt seinerseits auf das erste Eins zurück. Nach Hegel meint, indem das Andere Eins ist, das Erste dasselbe Eins. Das eine Eins ist zunächst auf sich bezogen, indem es das andere Eins zwar voraussetzt, dieses aber dann aber wieder von sich abstößt. Über den eigenen Selbstbezug wird damit mittels Negation ein Unmittelbares als ein Anderes gesetzt.

---

50 Ebd.
51 A.a.O., S. 165.

2. KAPITEL
Von der Quantität zum Quantum

Zur Einführung des Begriffes Quantität fasst Hegel zunächst die vorangegangenen Kapitel zusammen: Zum einen ist der Begriff des Fürsichseins durch die Repulsion in die Attraktion übergegangen. Zum anderen ist die »absolute Sprödigkeit des repellierenden Eins« in eine Einheit zerflossen, nämlich in die Attraktion. Diese lässt sich begreifen als das Enthaltensein der Eins ineinander, das aber aufgehoben ist.[1] Die Attraktion wurde durch die äußerliche Beziehung der Eins zunächst in einer Art übergeordneten Einheit aufgehoben, was die daseiende Beziehung aller Punkte zueinander hinfällig machte. So ergab sich ein erneutes Setzen dieser Punkte in der Idealität. Diesen Umstand bezeichnet Hegel als »Haltungslosigkeit«. In der Zahl Vier ist z. B. Eins schon enthalten. Hegel drückt diesen Umstand folgendermaßen aus: »Es ist darin das Außereinander der Vielheit noch enthalten«.[2]

Kontinuierliche und diskrete Größe

Die beiden Momente der Kontinuität und der Diskretion enthält die Quantität aufgrund der vorangegangenen »Dialektik des Fürsichseins«[3]; vor allem durch den Zusammenhang von Repulsion und Attraktion. Diese machte – nach der hier dargelegten Interpretation – das Entstehen von Punkten (der vielen Eins) an einem Kontinuum möglich. Hegel bestimmt zwar die Quantität ausdrücklich als »die Einheit dieser Momente der Kontinuität und Diskretion«, doch bemerkt er zugleich, sie sei »dies zunächst in der Form [...] der

---

1 Hegel, *Wissenschaft der Logik*, GW XXI, S. 176: »Die absolute Sprödigkeit des repellierenden Eins ist in dieser Einheit zerflossen, welche aber, als dieses Eins enthaltend [...] ist.«
2 Ebd.
3 A. a. O., S. 177. Die Momente gehören als Ganzes zur Quantität, sind aber selbstständig und wieder gesetzt; allein für sich betrachtet, wäre die Quantität als konstante Größe nur unmittelbar.

Kontinuität«.⁴ Die Quantität tritt zunächst als *Kontinuität* auf, deren Begriff *Nachfolger* des Begriffs der *Attraktion* ist,⁵ während der Begriff der *Diskretion* wiederum *Nachfolger* des Begriffs der *Repulsion* ist.⁶

Die Quantität ist folglich als »Außereinandersein an sich« und nicht etwa als ein Quantum zu verstehen. Raum und Zeit sind als Ausdehnungen – Vielheiten – ein Außersichgehen. Als solches gehen sie nicht in die Qualität bzw. in das Eins (und damit in ihr Entgegengesetztes) über. Als Außersichkommen sind Raum und Zeit ein perennierendes Selbst-Produzieren ihrer Einheit. Wenn man z. B. sagt, die Zeit gehe auseinander, bedeutet das, dass jeder Punkt vereinzelt und von den übrigen getrennt ist. Das Zeitkontinuum aber hält wesentlich zusammen.⁷ Dadurch ist die Quantität

*»Außereinandersein an sich, und die kontinuierliche Größe ist dies Außereinandersein als sich ohne Negation fortsetzend, als ein in sich selbst gleicher Zusammenhang.«*⁸

Die Kontinuität ist das Tilgen des Unterschiedes zwischen Elementen: Ein Tilgen, das die Fortführung des Kontinuums ins Unendliche gewährleistet.⁹ Dagegen erlaubt es die diskrete Größe, einen Unterschied an dem Zahlenkontinuum auszumachen; diese Diskretion ist der Schritt, in dem das eine Element sich vom anderen trennt, sie ist der daseiende Unterschied. Aufgrund dieser Diskretion können sich dann auch, wie später beschrieben, Teil-

---

4 Ebd.
5 A. a. O., S. 176: »Die Attraktion ist [...] als das Moment der Kontinuität in der Quantität.«
6 A. a. O., S. 177: »[D]ie Größe [hat] in der Kontinuität das Moment der Diskretion, die Repulsion, wie sie nur Moment in der Quantität ist.«
7 Wenn man von zehn Sekunden spricht, denkt man diese insgesamt als Einheit, obwohl jede Sekunde von ihrem Vorgänger verschieden bzw. getrennt ist. Dieser Gedanke gibt die Idee der Quantität wieder: Sie ist diskret repulsierend: Jede Sekunde stößt sich von der vorigen ab und trotzdem sind sie in einer Einheit zu fassen.
8 A. a. O., S. 190.
9 A. a. O., S. 209: »Die kontinuierliche Größe ist die sich fortsetzende Quantität ohne Rücksicht auf eine Grenze«.

mengen herausbilden. Im Gegensatz zur Diskretion ist die Attraktion gerade durch Unterschiedslosigkeit gekennzeichnet.

Im letzten Kapitel induzierte die Repulsion als Erzeugung des »Gleichen« sowohl Gleichheit als auch Verschiedenheit. Im Gleichen steckt zweierlei: Es ist in sich geschieden, aber es ist auch sich selbst gleich. Daher ist es stetig. Das Gleiche ist sich selbst gleich und doch von sich geschieden; es gehört wie die Zahlen vier und fünf einer und derselben Einheit an. Die Eins sind alle gleich[10] und können durch die Attraktion zusammengefasst werden.

Nun tragen beide Momente, jeweils für sich betrachtet, noch nicht zur begrifflichen Einheit der Quantität bei. Die zwei Momente sind zwar selbstständig, aber sie stellen auch Teile eines Ganzen dar. Sie werden gesetzt, aber zugleich geht ihr Gesetztsein in ein Äußerliches über, sodass im weiteren Verlauf der Begriffsbewegung das Quantum als die bestimmte Quantität zurückbleibt.

In der ersten Phase der kontinuierlichen Größe ist jede Grenze überschreitbar; diese Größe wird von Hegel als Nachfolgebegriff der Attraktion gedacht. Bei jeder begrenzten Zahl werden diese negiert und überschritten, wodurch die kontinuierliche Größe für Hegel »ohne Negation [sich] fortsetzend, als ein in sich selbst gleicher Zusammenhang«[11] ist.

Die Begrenzung der Quantität

Durch die diskrete Größe als Einheit kommt das Moment des Übergeordneten zum Ausdruck; in ihr sind die Momente aufgehoben. Dieser Umstand zeichnet den ersten Übergang zum Begriff der Zahl aus.

Zunächst handelt es sich hier nicht um Quanta im Sinne einer bestimmten Einheit bzw. Anzahl: Die diskrete Größe erlaubt allein die Möglichkeit

---

10   A.a.O., S. 177: »Aber das Abgestoßene ist es selbst; die Repulsion ist daher das erzeugende Fortfließen seiner selbst.« Das heißt, was das Andere setzt, ist es selbst, aber als ein Anderes gesetzt. Es erlangt einen Umfang dadurch, dass es sich kontinuiert und ein Anderes erzeugt und zugleich abstößt bzw. außer sich setzt. Es erzeugt etwas Anderes, aber bleibt bei sich. So ist zunächst kein Unterschied vorhanden. Wenn man überhaupt von einem Unterschied sprechen kann, dann später im Sinn einer inneren Grenze.

11   A.a.O., S. 190.

des Differenzierens. Gesetzt werden dennoch Differenzen von Elementen bzw. Abgrenzungen im Sinne des Fortfließens, d. h. ein Verband der Einsen, die sich zwar aufheben, aber auch kontinuieren, wodurch reelle Zahlen zustande kommen. Was ist z. B. eine reelle Zahl Fünf? Sie ist eine Einheit, aber auch eine Vielheit von gesetzten Einsen, und sie ist zugleich stetig, d. h. sie ist ohne Unterbrechung.[12]

Hegel bemerkt zu diesen eben gemachten Bestimmungen: Eine Mannigfaltigkeit von »Jetzen« reicht zur Konstituierung der Zeit nicht aus, da dazu Einheiten notwendig sind. Hegels Interesse gilt nicht einem Ensemble von Sekunden oder einem Milliardstel einer Sekunde, das die Zeit ausmacht, sondern den Einheiten, derer es hierfür bedarf. Eine Sekunde ist eine solche Einheit: Sie ist derart strukturiert, dass die Punkte bzw. Momente, die eine Sekunde braucht, um eine solche genannt zu werden, schon unter der Sekunde gesammelt sind. Dieser Gedanke macht die Größe aus: Eine Einheit, die als Vielheit definiert ist, die auch Teilmengen bilden kann (also Elemente, die selbst Mengencharakter haben). Die kontinuierliche Größe ist ein reiner Zeitverlauf, sie besteht aus nicht zusammengefassten Punkten. Mit der Diskretion zusammen aber ist das Viele als Intervall, also ununterbrochen als Diskretion, aufzufassen. Mit diskreten Größen sind bereits Mengenbildungen gegeben: Eine Stunde besteht aus sechzig Minuten. Demgemäß sind die kontinuierlichen und diskreten Größen noch keine Quanta; sie sind nur die Quantität selbst in einer ihrer beiden Formen.

Zu Beginn der Überlegungen wurden Elemente – Grenzintervalle – angesetzt, denen eine Eins ohne Strukturen zugrunde lag. Es handelte sich um Elemente, die sich lediglich negativ zueinander verhielten, aber aufgrund des Fürsichseins gewissermaßen in Beziehung zueinander standen (d. h. sie wa-

---

12 A. a. O., S. 191: »Die diskrete Größe hat erstlich das Eins zum Prinzip (also Einheit) und ist zweitens Vielheit der Eins, drittens ist sie wesentlich stetig; sie ist das Eins zugleich als Aufgehobenes, als Einheit, das Sich-Kontinuieren als solches in der Diskretion der Eins. Sie ist daher als eine Größe gesetzt, und die Bestimmtheit derselben ist das Eins, das an diesem Gesetztsein und Dasein ausschließendes Eins, Grenze an der Einheit ist.« Es gibt zwei Ausformungen der diskreten Größe in der Mathematik: 1. als ein bestimmtes Intervall, 2. als Zahl (die natürlichen Zahlen sind diskrete Größen). Ein bestimmtes Intervall grenzt immer etwas aus, d. h. eine diskrete Größe, und ein Intervall kann als Einheit aufgefasst werden.

ren fürsichseiende Eins geworden). Nur im Anschluss an das Andere waren sie als eigenständig anzusehen (d. h. das Negative), nur aufgrund ihres negativen Selbstbezuges. Ein Eins bezieht sich in seinem Selbstbezug derart auf sich, dass es schon ein Anderes – ein ihm Negatives – zuvor ausgeschlossen hat, um die Voraussetzung seines Selbstbezuges zu sichern.

Zum einen kann man die Mengen betrachten, die in die Kontinuität eingebettet sind; zum anderen kann man die Mengen anvisieren, die sich voneinander abheben. Zwei Aspekte desselben Gegenstandes werden hier sichtbar. Beide sind die gesamte Quantität, nur die Richtungen sind verschieden, wie Hegel ausführt.[13]

Sie sind unterscheidbare Momente. Die Grundlage bildet eine Menge, innerhalb derer eine Veräußerlichung der Elemente, ihre Unterscheidbarkeit, möglich wird. Bei der Diskretion ist dagegen umgekehrt zu verfahren, da hier das kontinuierliche Moment der diskreten Größe untergeordnet ist. So betrachtet, bilden sich Mengen, eine Vielheit von Einheiten. Diese Einheiten aber sind Mengen, die dieses Kontinuierliche quasi als Elemente haben, z. B. ein Intervall von Null bis Eins. Das Viele ist diese Einheit mit ihrem jeweiligen Bestimmtsein. Die Übergeordnetheit ist in diesen Fällen jeweils umgekehrt zu denken.

So liegt z. B. in einem bestimmten Raum ein Punkt, der zu lokalisieren ist. Er ist nicht identisch mit einem anderen Punkt, da sich jeder Punkt von einem anderen Punkt trennen lässt. Diesen Umstand nennt man Diskretion,

---

13 A. a. O., S. 177: »Die Stetigkeit ist Sichselbstgleichheit aber des Vielen«, d. h. das Moment der Kontinuität des Auseinanderseins, wo dieses Spröde außer sich aufgehoben ist. Die Kontinuität weist immer auf ein Aufgehobensein hin; auf Hegels Grundthese des Aufhebens, d. h. der Idealität, dass etwas zum Moment, überschritten und wieder aufgehoben wird, indem es negiert wird. Die »Repulsion dehnt erst die Sichselbstgleichheit zur Kontinuität aus. Die Diskretion ist daher ihrerseits zusammenfließende Diskretion, deren Eins nicht das Leere, das Negative, zu ihrer Beziehung haben, sondern ihre eigene Stetigkeit«. Und a. a. O., S. 190: »In gewöhnlichen Vorstellungen von kontinuierlicher und diskreter Größe wird es übersehen, daß jede dieser Größen beide Momente, sowohl die Kontinuität als die Diskretion, an ihr hat und ihr Unterschied nur dadurch konstituiert wird, welches von beiden Momenten die gesetzte Bestimmtheit und welche nur die an-sich-Seiende ist.«

die *eigentlich eine Form der sich abzeichnenden Grenze an dem Kontinuum* ist, das gesetzt werden kann, da das »An-sich« der Kontinuität aufgehoben ist.[14]

Im vorangegangenen Kapitel bezog sich die Entwicklung des Quantumbegriffs auf die diskrete und die kontinuierliche Größe, wobei jede Größe für sich behandelt wurde. Im Folgenden wird das Quantum selbst in seiner Eigenschaft thematisiert, *sowohl* kontinuierliche *als auch* diskrete Größe zu sein.

Die Größe zeigt sich als eine Quantität mit einer Grenze. Die Quantität hat aber noch keine Grenze oder ist noch nicht Quantum, weil es sich um eine Grundmenge handelt: Quantität wird das Quantum erst durch eine Grenze. *Die Größe ist nun eine Quantität mit einer Grenze.* Sie ist, wie Hegel sagt, »Grenze an der Kontinuität«.[15] Die selbstständige Größe der Quantität erweist sich als Moment des Quantums, gegen das aber das Quantum gleichgültig ist. Die Quantität kann unterschiedlichen Charakters sein. Hegel hält an dieser Stelle fest:

»Die Quantität ist Quantum oder hat eine Grenze, sowohl als kontinuierliche wie als diskrete Größe. Der Unterschied dieser Arten hat hier zunächst keine Bedeutung.«[16]

Die bestimmte Quantität: das Quantum

Der Begriff des Quantums ist im Kapitel über die diskreten und kontinuierlichen Größen nicht vollständig ausgearbeitet. In dieser Phase wird der Begriff rein subjektiv verwendet; das Quantum kommt dem wahren Ansichsein

---

14 Vgl. die bei Hegel unmittelbar sich anschließende Anmerkung, wo es a.a.O., S. 190, heißt: »Die diskrete Größe aber ist dieses Außereinander als nicht kontinuierlich, als unterbrochen. Mit dieser Menge von Eins ist jedoch nicht die Menge des Atomes und das Leere, die Repulsion überhaupt, wieder vorhanden. Weil die diskrete Größe Quantität ist, ist ihre Diskretion selbst kontinuierlich. Diese Kontinuität am Diskreten besteht darin, daß die Eins das einander Gleiche sind oder daß sie dieselbe E i n h e i t haben.«
15 A.a.O., S. 192.
16 A.a.O., S. 193.

nicht zu: Für das betrachtende Bewusstsein ist der Begriff des Quantums noch nicht vollständig. Ebenso haben die konstituierenden Momente der diskreten und kontinuierlichen Größe in der ersten Phase dieser neuen Begriffssequenz der reinen Quantität lediglich subjektiven Charakter. Der Begriff des Quantums ist – gemäß dem kontinuierlichen und diskreten Ansatz – noch nicht vollständig entwickelt: Er ist nur »an sich« und muss zuerst einem Prozess unterzogen werden. Er muss sich in der neu gewonnenen Mannigfaltigkeit erweisen, die er vorgeformt durch die gewonnenen neuen Begriffe tatsächlich enthält und die nun zur Entfaltung gebracht werden können. Hier liegt eine doppelte Subsumtion vor: Der Begriff enthält die Mannigfaltigkeit und die Mannigfaltigkeit enthält den Begriff. Durch diese Doppeltheit wird der Begriff weiterentwickelt. Nach Hegel liegt zu Beginn dieses Kapitels bereits der unvollständige Begriff vor, der jedoch noch des Entwicklungsprozesses bedarf.

Der Begriff der Quantität, aus dem der Begriff der Qualität hervorgegangen, ist zunächst im Sinne Hegels als eine überschreitbare Grenze zu verstehen, d.h. nicht als absolute Grenze. Bekanntlich kann man eine Größe erweitern oder verkleinern: Die Quantität beinhaltet somit ein freies Spiel an der Grenze. Es lassen sich Verschiebungen an der Grenze vornehmen, ohne das Quantum zu ändern; das Kontinuum schiebt sich vor und findet immer wieder ein neues Quantum (bzw. eine neue Qualität).

Der Begriff der Quantität hat – wie gesagt – zwei Momente: die diskrete und die kontinuierliche Größe. Die kontinuierliche Größe ist dadurch bestimmt, dass sie ohne erkennbaren Abschluss bzw. Übergang laufend fortschreitet, wohingegen die diskrete Größe eine Vielheit von Einsen ist, die gleichgültig gegen das Fortschreiten der kontinuierlichen Größe bleibt. Es handelt sich um zwei Eigenschaften eines Begriffs, die nicht vermittelt sind. Hegels Ansatz folgend hat man es mit einem unvollständigen Begriff als Maßstab bzw. Satzaussage aus der bisherigen Entwicklung zu tun, die als Vermittlung bzw. Verknüpfung von Eigenschaften anzusehen sind.

Aus der Quantität geht das Quantum durch eine relative Verselbstständigung der Momente der kontinuierlichen und der diskreten Größe als eine Grenze innerhalb eines Intervalls hervor. Zu Beginn dieses Kapitels wurden ein Begriff der reinen Quantität und ein Dasein dieser Quantität eingeführt. Durch die Vermittlung der zuvor entwickelten Momente der Quantität kommt es zu einem Ausgleich beider, aus dem das Quantum hervorgehen soll. Es muss Hegel möglich sein, zu zeigen, wie die Momente der Einheit und Anzahl aus der Vermittlung des Daseins der Quantität entstanden sind. An späterer Stelle werden daher diese Momente des Quantums näher erläutert und es wird gezeigt, wie die diskrete Größe zur Einheit und die kontinuierliche Größe zur Anzahl werden.

Die Art der Begriffsbildung bei Hegel schafft einen Ausgleich zwischen einem unvollständigen Begriff, der noch weiterentwickelt werden soll, und seiner Erscheinung. Was im Begriff da oder gesetzt ist, muss im Dasein erscheinen. In Hegels *Phänomenologie* des Geistes ist z.B. die Bewegung des Geistes in der Tat ein Ausgleich des Begriffs des Geistes mit sich selbst. Das Dasein fängt mit der Unmittelbarkeit an: Aus ihr wird erst das Dasein des Begriffs sichtbar. Die Unmittelbarkeit wird weiterentwickelt und erweist sich dann als das Dasein des Begriffes, das zuvor nicht manifest war. Dieses von Kant übernommene Muster von An-sich und Erscheinung behält Hegel bei. Die Erscheinung ist immer ein Unmittelbares, das der Begriff zum Ausdruck bringt.

Der Begriff des Quantums

Um zu verstehen, wie Hegel in diesem Abschnitt den Begriff des Quantums sieht, ist es ratsam, sich zunächst dem Ergebnis der ersten drei Abschnitte des »Quantum«-Kapitels zuzuwenden. Zu erinnern ist an den Widerspruch, der nach Hegels spekulativer Exposition beispielhaft aufgetreten und scheinbar in einer neuen Einheit aufgelöst worden war.

> *»Im unendlichen Progreß aber ist dieser Widerspruch explizite vorhanden und damit das, was die Natur des Quantums ist, das als intensive Größe seine Realität erreicht hat und in seinem Dasein nun gesetzt (ist), wie es in seinem Begriff ist.«*[17]

An dieser Stelle kommt eine methodische Entwicklung zum Abschluss. Vorausgegangen war der Zustand der Untersuchung, in welchem der Widerspruch auftritt und scheinbar in einer neuen Einheit aufgelöst wurde. Das Ergebnis muss sich an dieser Stelle als tatsächlich aus dem bisherigen Ent-

---

17 A.a.O., S. 233.

wicklungsgang nachvollziehbar erweisen, will man Hegels Vorstellung vom Quantum verstehen.

Die oben benannte Konklusion soll durch den gesamten Abschnitt hindurch verfolgt werden. Ob durch die Begriffsbestimmung des Unendlichen das wahrhafte Unendliche, wie in der *Einleitung* erwähnt, als dem mathematischen Unendlichen zugrunde liegend erwiesen wird, sei vorerst dahingestellt. Um sich den Hegelschen Text zu erschließen, ist an dieser Stelle zu verstehen, wieso ein Unterschied zwischen dem in seinem Dasein gesetzten Begriff (d. h. dem Dasein des Begriffs) und dem Begriff des Quantums als reiner Qualität besteht.[18]

An der zuvor zitierten Stelle hieß es, das Quantum habe ein Dasein, das dem Begriff jetzt angemessen sei. Wie aber sah das Quantum aus, ehe es in *seinem* Begriffe war? Beantworten lässt sich diese Frage durch einen Vergleich mit dem Entwicklungsansatz vor dem »Quantum«-Kapitel. Im Rückgriff auf den Begriff der reinen Qualität zeigt sich, ob wirklich feststeht, dass dasjenige, was nun gesetzt ist, dem Begriff auch angemessen ist. Ebenfalls beantwortet das die Frage, inwieweit der Nachweis der Identität von Begriff und Dasein des Quantums geliefert worden ist.

Um in groben Zügen das Kapitel zu rekonstruieren, das dem eigentlichen »Quantum«-Kapitel vorausgegangen war, soll folgende Frage dienen: Worin liegt die Unangemessenheit des Begriffs im Hinblick auf den Begriff der reinen Quantität und die Bestimmungen der kontinuierlichen und diskreten Größen? Hegel schreibt in diesem Zusammenhang:

»Die Diskretion ist, wie die Kontinuität, Moment der Quantität, aber ist selbst auch die ganze Quantität, eben weil sie Moment in ihr, dem Ganzen, ist, also als unterschieden nicht aus demselben, nicht aus ihrer Einheit mit dem anderen Momente heraustritt.«[19]

---

18 Der ganze Ermittlungsgang des »Quantum«-Begriffs schafft einen Ausgleich zwischen dem Dasein und dem Begriff, sodass am Ende des Kapitels der Begriff des Daseins im Begriff des Quantums integriert sein soll.

19 A. a. O., S. 190.

Beide – sowohl die kontinuierliche als auch die diskrete Größe – sind nur als Arten (Aspekte) aufzufassen und damit als unterschieden voneinander, nicht aber als Einheit. Dazu Hegel weiter:

> »Oder die Kontinuität ist zwar eins der Momente der Quantität, die erst mit dem anderen, der Diskretion, vollendet ist.«[20]

Im nächsten Satz aber formuliert Hegel die Forderung, die im Weiteren zu erfüllen sein wird:

> »die Quantität ist konkrete Einheit nur, insofern sie die Einheit *unterschiedener Momente* ist [...] nach ihrer Wahrheit jede in ihrer Einheit mit der anderen, d. h. *das Ganze* bleibend.«[21]

Die Forderung ist, Einheit zwischen den Momenten bzw. Begriffsbestimmungen zu stiften. Wenn die Quantität konkrete Einheit sein soll, dann nur derart, dass die diskrete Größe mit der kontinuierlichen Größe sowie die kontinuierlichen mit den diskreten Größen zusammengedacht werden kann.

Vorerst aber bilden sie jede für sich das Ganze. Das Resultat der gesamten Bewegung der Qualität ist die Kategorie der Quantität, d. h. der reine Begriff der Quantität. Dieser Begriff enthält eine Forderung an das Dasein – ein Bild, wie es werden *soll*.

Hegel gewinnt den Begriff des Quantums über den Begriff der Quantität, die sowohl diskrete als auch kontinuierliche Größe ist. Zunächst ist der Begriff des Quantums nicht einfach gleichzusetzen mit dem Begriff der Quantität: Er wird durch die Idee der Begrenzung der Quantität gewonnen; diese Begrenzung ergibt sich aus der Problematik der beiden Bestimmungen der reinen Quantität: aus den beiden Seiten dieses Begriffes, der kontinuierlichen und der diskreten Größe. Das führt zunächst zu einer Explikation des »Quantums überhaupt« als einer Quantität mit einer Bestimmtheit oder Grenze überhaupt und soll zunächst das Quantum als solches charakterisieren.

---

20 A. a. O., S. 189.
21 Ebd.

Die Quantität ist vorerst reine Quantität, insofern ihr keine Bestimmtheit zukommt. Dazu bemerkt Hegel:

»Zunächst ist die reine Quantität von ihr als bestimmter Quantität, vom Quantum zu unterscheiden. Als jene ist sie erstens das in sich zurückgekehrte, reale Fürsichsein, das noch keine Bestimmtheit an ihm hat, als gediegene, sich in sich kontinuierende unendliche Einheit.«[22]

Dies wäre der Begriff der reinen Quantität; die Bestimmtheit ist ein schlechthin Äußerliches.

Ihre weitere Entwicklung zeigt, dass sie sich als Einheit und Vielheit bestimmt. Die Einheit wird sich als ein Zusammenfassen von Vielen erweisen, die weitere Bestimmtheit als Momente der Quantität wird das Quantum (als Größe und Ausdehnung) ergeben. Die Vielheit ist zum einen als Vielheit voneinander geschiedener oder diskreter Teile diskontinuierliche Quantität, die ihren spezifischen Ausdruck in der Zahl findet. Zum anderen ist die Vielheit als eine Vielheit nicht voneinander getrennter Teile eine ununterbrochene kontinuierliche Quantität, in der die Geometrie nach der traditionellen Auffassung begründet war.

Die **Forderung**, die der Begriff der Quantität enthält, ist als Scheingedanke der bloßen Verselbstständigung der Momente (der reinen Quantität) zu entlarven. Beide, sowohl die Zahl als auch das Quantum, sind gedacht, um diesen Scheingedanken zu beseitigen. Das reine Quantum ist unmittelbar »dieses im Anderen Sein«. Ziel ist aber nicht bloß das Vermitteltsein sowohl des Einen als des Anderen jeweils durch das Andere, sondern das Vermitteltsein des Einen und des Anderen jeweils durch sich selbst. Damit sollen sie zur Einheit des Begriffs beitragen. Das ist das Postulat der Einheit des Begriffs: Diese Einheit darf nicht unmittelbar bleiben, sondern sie muss begrifflich vollzogen werden. Der Begriff fordert das Aufheben des Scheingedankens. Die Vermittlung der scheinbar getrennten Momente muss sich am Begriff

---

22 A. a. O., S. 173. Die Zahl als Einzelnes bzw. das Quantum ist nur »bei sich«. Sie ist nicht »in sich« mittels eines Anderen reflektiert. Die kontinuierliche Zahl ist auch so geartet, dass sie über sich hinausgeht, aber in der Weise, dass sie nicht – im »Hinausgehen« – die Bestimmtheit durch das Andere, sondern durch sich selbst gesetzt hat.

orientieren; die daseiende Vermittlung gilt der inhaltlichen Bestimmung. Der Vermittlungsakt konstituiert das Dasein dieses Begriffs, indem sich der Begriff ausführt. Zahl und Quantum sind dazu da, um den Scheingedanken zu beseitigen.

Die vordringliche Forderung ist, in seinem Anderen bei sich zu sein,[23] und dies muss – im Gegensatz zur Quantität, die ja in sich ist, aber nicht mittels des Anderen »bei sich« – durch einen Ausgleich zwischen Einheit und Übergehen ins Andere geschaffen werden. Das kann im quantitativen unendlichen Progressus erst geschehen, nachdem die operationalen Anweisungen der extensiven und intensiven Größe vorbereitet wurden. Die Formel »mittels seines Anderen bei sich selbst« meint den Begriff des Quantums in seinem gewordenen Gesetztsein, auf den Hegel zielt. Dieser Begriff soll dann im »affirmativen Unendlichen« erfüllt sein. Hegel führt weiter aus:

»Sie [die Zahl] enthält die vielen Eins, die ihr Dasein ausmachen, enthält sie aber nicht auf unbestimmte Weise, sondern die Bestimmtheit der Grenze fällt in sie; die Grenze schließt anderes Dasein, d. i. andere Viele aus, und die von ihr umschlossenen Eins sind eine bestimmte Menge, die Anzahl, zu welcher als der Diskretion, wie sie in der Zahl ist, das andere die Einheit, die Kontinuität derselben, ist.«[24]

Zusammenfassung

1. Hegel sieht den Begriff der »reinen Quantität« zunächst als unvollendet an.
2. Der Begriff gewinnt zunehmend sein Dasein durch die inhaltlichen Bestimmungen der diskreten und kontinuierlichen Größen; das Dasein des Begriffes (ein Moment, das noch unentfaltet ist) und der Begriff selbst aber sind nicht vermittelt.

---

23 A.a.O., S. 174: »Das Quantum geht nur überhaupt über sich hinaus; im Verhältnis aber geht es so über sich in sein Anderssein hinaus, daß dieses, in welchem es seine Bestimmung hat, zugleich gesetzt, ein anderes Quantum ist, somit sein In-sich-Zurückgekehrtsein und *die Beziehung auf sich als in seinem Anderssein vorhanden ist.*«
24 A.a.O., S. 194.

3. Die Argumentation dieses Abschnittes lief über ein Unmittelbares, nämlich ein Kontinuum; durch dieses kommt Hegel »zum Eins« als Begriff der Zahl. Erst zu einem späteren Zeitpunkt werden das Eins und der Begriff des Quantums näher bestimmt.
4. Die anfängliche Differenz, die der Quantität innewohnt, ist die Differenz zwischen reiner Quantität, die den Begriff zuerst ausmacht, und der bestimmten Quantität (Quantum).
5. Dasein ist nur Dasein im Akt der Vermittlung. Dasein ist eine innere Form, insofern gegensätzliche Momente vereinigt werden könnten. Daher ist im bisherigen Gang der Entwicklung des Begriffes kein Dasein zu erwarten. Dem Dasein des Begriffes geht immer ein Subsumptionsprozess voraus. Die Vermittlung muss sich am Maßstab des Begriffes orientieren; für die daseiende Vermittlung gilt die inhaltliche Bestimmung, dass die Bewegung des Begriffs sich nach diesem Maßstab vollzieht. Der Vermittlungsakt macht das Dasein des Begriffs aus, dergestalt, dass sich der Begriff ausführt. In der vollendeten Gestalt der Vermittlung wird das Quantum an Begriffsumfang gewinnen.

Die Kategorie der Quantität ist für die mathematische Formulierbarkeit der Zahlen unentbehrlich. Ob nur die genannten Qualitätsvorstellungen im Folgenden für die Beschreibung der reellen Analysis maßgebend sein werden, bleibt zunächst dahingestellt.

Die Quantität ist gegen ihre Grenze, die jeweils die diskrete und die kontinuierliche Größe ausmachen, gleichgültig. Oder, wie Hegel formuliert:

»Indem das Eins, welches Grenze ist, die vielen Eins der diskreten Quantität in sich befaßt, setzt sie dieselben ebensowohl als in ihm aufgehoben; sie ist [sc., aufgrund der Attraktion bzw. Kontinuität] Grenze an der Kontinuität überhaupt als solcher, und damit ist hier der Unterschied von kontinuierlicher und diskreter Größe gleichgültig; oder richtiger, sie ist Grenze an der Kontinuität, der einen so sehr als der anderen; beide gehen darein über, Quanta zu sein.«[25]

---

25 A.a.O., S. 192.

Übergang in das Quantum und die Zahl

Die Quantität ist Quantum.[26] Sie hat, wie Hegel sagt, eine Grenze sowohl als kontinuierliche wie auch als diskrete Größe. Wie gezeigt, ist der Unterschied zwischen beiden gleichgültig. Es gelingt Hegel, diese Gleichgültigkeit zu beseitigen, indem er eine Grenze etabliert. Weiterhin gilt, dass das Eins zum Prinzip des Quantums erhoben wurde, aber als das Eins der Quantität. Dadurch ist es erstlich kontinuierlich, d. h. es ist Einheit. Das eine Eins gleicht dem anderen, doch sind sie voneinander verschieden: Die Identität zwischen ihnen besteht allein darin, dass sie Einheiten bilden.

Erstens werden zu beliebigen Elementen gewissermaßen Umgebungen gebildet, beliebige Größen, die überschritten werden können und durch eben dieses Überschreiten bestimmt werden. *Zweitens* sind die Elemente diskret, an sich seiende Größen, ähnlich der Struktur, die bereits bei der Ausarbeitung der kontinuierlichen Größe erörtert wurde. *Drittens* ist dies Eins auch die Negation der vielen Eins als einfache Grenze und bedeutet ein Ausschließen seines Andersseins aus sich.

Die Zahl bezieht sich auf sich als Kontinuität, d. h. sie ist diskret, umschlossen von einer Mannigfaltigkeit (d. h. einer Vielheit diskreter Eins) und hat eine Anderes ausschließende Grenze. Dies sind die Konstituenten einer Zahl. Zuvor waren die Momente der reinen Quantität nur an sich, nun werden sie gesetzt – »gesetzt«, insofern die Grenze selbst eine Einheit werden sollte.[27]

Hegels Vorstellung vom Dasein der Grenze als Vielheit lässt sich an folgendem Beispiel demonstrieren: Zwei als Zahl ist von Eins unterschieden, jedoch liegt Eins ja in Zwei. Dies ist die Grenze, die als Extensive anzusehen ist.[28] Die Vielheit von Größen ist bei Hegel derart gesetzt, dass sie sich

---

26 Der leitende Gedanke in diesem Kapitel über das Quantum ist die Bestimmung der Größen. Die Bestimmtheit eines Quantums ist hier die Leitfigur. Dieses Bestimmtwerden kommt nicht aus einem Abstoßen, wie es bei einem Begriff des Selbstbezuges der Fall ist. Diese Passagen scheinen die bisherige Interpretation zu bestätigen.

27 A. a. O., S. 194: »Sie [sc., die Zahl] ist darum auch das Quantum in vollkommener Bestimmtheit; indem in ihr die Grenze als bestimmte Vielheit (ist), die das Eins, das schlechthin Bestimmte, zu seinem Prinzip hat.«

28 Ebd.: »Die Zahl erscheint deswegen als diskrete Größe, aber sie hat an der Einheit ebenso die Kontinuität.«

gegenseitig bestimmen. Zwei ist eine diskrete Größe als Quantum. Zugleich entsteht Zwei durch zwei diskrete Größen, die wieder kontinuierlich sind; jedes Eins ist für sich wieder – in sich betrachtet – kontinuierlich. Zusammen betrachtet, ergeben sich diskrete Größen.

Diskret bedeutet bei Hegel immer den Ausschluss von anderen Zahlen, während Kontinuität den Einschluss von Zahlenpaaren umfasst. Was zuvor nur an sich war, ist nun ein Gesetztes als Momente. Beide (kontinuierliche und diskrete Größen) werden vermittelt (gesetzt und zugleich herausgesetzt). In ihrer Vermittlung werden sie selbstständig, d. h. was an sich ist, wird selbstständig, so auch die Grenze an einer Zahl.

Die in der Mathematik gebräuchliche Bezugnahme auf Obermengen, von denen andere Mengen nur Einschränkungen sind, lässt sich zum Vergleich heranziehen. Die Einschränkung ist – einem Kerngedanken Hegels entsprechend – etwas grundlegend Neues. Es handelt sich um das Quantum (bzw. das Quantum wird es ausdrücken), während die Quantität reine *Potenzialität* der Grenze ist, da in der reinen Quantität nur *mögliche* Übergänge zum nächsten Glied bestehen, sich aber keine *wirkliche* Grenze ausmachen lässt.

Da die beiden Momente der Quantität nur in einer formellen unmittelbaren Einheit verbunden sind, reichen ihre Bestimmungsinhalte nicht aus, um den vollständigen Begriff des Quantums zu explizieren.[29] Der Begriff des Quantums als Quantität ist ohne die Zahl unvollständig. Auch der Begriff des, noch näher auszuarbeitenden, Quantums hat in der reinen Quantität nur Forderungscharakter. Der Begriff ist der Maßstab, an dem die weitere Entwicklung sich messen muss: Es gilt, den Scheincharakter der unmittelbaren Einheit der diskreten und der kontinuierlichen Größe aufzudecken und ins konkrete Dasein zu kommen. Der Begriff als Maßstab markiert lediglich den Übergang, während die Zahl selbst – sie wird im Abschnitt »Quantum« eingeführt – dem Begriff zu seinem Dasein verhelfen wird.

---

29 Die diskrete und die kontinuierliche Größe werden beide im Laufe des weiteren Prozesses durch die Einführung von Nachfolgebegriffen vermittelt und dadurch die bloße ansichseiende Einheit des Begriffes aufgehoben.

»Das Quantum, in diesen Bestimmungen vollständig gesetzt, ist die Zahl. Das vollständige Gesetztsein liegt in dem Dasein der Grenze als Vielheit und damit ihrem Unterschiedensein von der Einheit.«[30]

Zwar erscheint die Zahl als diskrete Größe, zur Einheit aber bedarf sie ebenso der Kontinuität. Die Zahl verkörpert das Quantum in vollkommener Bestimmtheit, indem in ihr die Grenze bestimmte Vielheit ist, die das Eins, das schlechthin Bestimmte, zum Prinzip hat.

»Die Kontinuität, als in der das Eins nur an sich, als Aufgehobenes ist – gesetzt als Einheit –, ist die Form der Unbestimmtheit.«[31]

In der Zahl hat die Grenze – deren Bestimmung Hegel nicht näher ausführt – eine bestimmte Vielheit; die Kontinuität dieser Vielheit aber ist nur »an sich Aufgehobenes«: Ihr kommt die Form der Unbestimmtheit zu, die ihrerseits keine Grenze ausmachen kann. Wie viel Bestimmtheit der Grenze zukommt, ist noch völlig ungewiss:

»Das Quantum nur als solches ist begrenzt überhaupt, seine Grenze ist abstrakte, einfache Bestimmtheit desselben.«[32]

Hegel hebt ganz auf die Momente der Zahl ab: Diese Momente sind die Anzahl und die Einheit. Beide erfahren bei der Einführung der extensiven und intensiven Größe eine inhaltliche Bestimmung. Dazu muss die Unbestimmtheit, d. h. die unmittelbare Einheit der beiden Momente der Quantität, beseitigt werden, was einer Erweiterung des Begriffsapparates und eines erneuten Subsumtionsprozesses bedarf. Sinn von Anzahl und Einheit mittels zweier weiterer Größen sowie deren letztliche Entfaltung werden im quantitativen unendlichen Progress näher ausgeführt.

Es gibt eine Vielheit, die je und je von der Einheit unterschieden ist; die diskrete Größe wird sich als Einheit der Vielen erweisen, zunächst ist sie aber getrennt davon.

---

30 A.a.O., S. 194.
31 Ebd.
32 Ebd.

> *»Von der Anzahl ist noch näher zu sehen, wie die vielen Eins, aus denen sie besteht, in der Grenze sind; von der Anzahl ist der Ausdruck richtig, daß sie aus den Vielen besteht, denn die Eins sind in ihr nicht als aufgehoben, sondern sind in ihr, nur mit der ausschließenden Grenze gesetzt, gegen welche sie gleichgültig sind. Aber diese ist es nicht gegen sie.«*[33]

Die Einsen gehen nicht in einer solchen Mannigfaltigkeit auf, sie sind in ihr gesetzt. Dennoch handelt es sich um eine Mannigfaltigkeit, »gegen welche sie gleichgültig sind«. Diese Mannigfaltigkeit ist gegen eine Zahl, z. B. die Zahl Fünf, gleichgültig. Es liegt ein Gesetztsein vor, nämlich eine Grenze (z. B. als y), die als Vielheit gesetzt ist. Die Unbestimmtheit kommt aus der Kontinuität. Bei der Unbestimmtheit, die keine Grenze hat, verhält es sich wie bei der Attraktion, die keine Mannigfaltigkeit kannte. Nur durch die Repulsion und Diskretion erhält das Kontinuum einen zahlenmäßigen Umfang.

> *»Das Quantum nur als solches ist begrenzt überhaupt«.*[34]

Damit ist folgender Gedanke angedeutet: Es besteht ein Verhältnis von Einheit zu Einheit, nämlich ein Verhältnis von einer oberen Einheit zu einer unteren. Dies ist eine Grenze, die schon auf eine extensive Größe mit einer Vielheit außer sich deutet. So hat z. B. eine Länge eine Vielheit in sich, ist aber zugleich davon getrennt. Die extensive Größe ist als Einheit mit einer Vielheit aufzufassen, bei der aber nicht – wie bei der intensiven Größe – alle Vielen (bzw. Einsen) zusammenfallen, sondern getrennte Einheiten sind. Bei der Ausarbeitung der extensiven und intensiven Größen lässt sich erkennen, dass im Gegensatz zur extensiven Größe die intensive Größe immer in eine Unmittelbarkeit fällt und anderer Größen bedarf, um sich zu bestimmen.

> *»So stellt man im Quantitativen der Zahl etwa Hundert so vor, daß das hundertste Eins allein die Vielen so begrenzt, daß sie Hundert seien.«*[35]

---

33 Ebd.
34 Ebd.
35 A. a. O., S. 195.

Das heißt, dass sie eingeschlossen sind und anderes ausgeschlossen ist.

> *»Einerseits ist dies richtig; andererseits aber hat unter den hundert Eins keines einen Vorzug, da sie nur gleich sind; jedes ist ebenso das Hundertste.«*[36]

Nimmt man z. B. die Zahl 100, d. h. die hundertste Zahl einer Größe, so wird klar, dass alle 100 Einsen das Hundertste ausmachen: Sie sind alle gleich und die ganze Grenze bzw. Folge macht das Hundertste aus. Ein Hundertstel macht nicht die hundertsten einzelnen Teile aus, sondern ihre Einheit, d. h. ihre Gesamtheit in der Einheit. Nur in der Einheit machen sie das Hundertste aus. Wenn man Eins davon wegnimmt, ist es kein Hundertstes mehr. Jedes ist zugleich das Hundertste, da es eine obere und eine untere Einheit gibt; sie sind alle kontinuierlich. Das Quantum ist noch eine unbestimmte Vielheit einer Mannigfaltigkeit, weil Fünf nicht gleich Eins oder Sechs sein kann; nach Hegel besteht die Bestimmtheit der Fünf in der Grenze. Ihr Vielfaches (etwa ihr Hundertstes) machen sie nicht als Elemente aus, sondern von ihrer Gesamtheit her betrachtet. Jedes Einzelne von ihnen gleicht dem anderen Einzelnen, da jedes Andere bis zum Hundertsten die Grenze ausmacht, d. h. das bestimmte Quantum. Die Anzahl ist nicht eine Vielheit gegen das umschließende, begrenzende Eins, sondern sie selbst macht diese Begrenzung aus, die ein bestimmtes Quantum ist; »die Vielen machen eine Zahl, Ein Zwei, Ein Zehn, Ein Hundert u. s. f. aus.«[37] Bei Einhundert ist hundertmal ein und dieselbe Einheit angesetzt, aber ein Hundert unterscheidet sich vom nächsten.

> *»Das begrenzende Eins ist nun das Bestimmtsein gegen Anderes, Unterscheidung der Zahl von anderen. Aber diese Unterscheidung wird nicht qualitative Bestimmtheit, sondern bleibt quantitativ«.*[38]

Hier hat man die Einheit und Anzahl: Die hundertste Einheit bleibt aber äußerlich gegen die Anzahl (das Umschließende). Trotzdem sind die Vielen wesentlich ihr Bestimmtsein (das Hundertste); oder vielmehr die Einzelnen

---

36 Ebd.
37 Ebd.
38 Ebd.

sind gegenüber dem Hundertsten gleichgültig. Wie bei den Einsen die Anzahl gleichgültig gegen die Einheit Eins bleibt, so verhalten sich auch alle anderen Zahlen gleichgültig gegeneinander; d. h. die 35 unterscheidet sich von der 43 als Zahl überhaupt nicht, aber jede bestimmt die andere äußerlich.

> *»Sie ist so ein numerisches Eins als das absolut Bestimmte, das zugleich die Form der einfachen Unmittelbarkeit hat und dem daher die Beziehung auf Anderes völlig äußerlich ist. Als Eins, das Zahl ist, hat es ferner die Bestimmtheit, insofern sie Beziehung auf anderes ist, als seine Momente in ihm selbst, in seinem Unterschied der Einheit und der Anzahl, und die Anzahl ist selbst Vielheit der Eins, d. i. es ist ihm selbst diese absolute Äußerlichkeit.«*[39]

Die Zahlen untereinander sind absolut äußerlich. Die Entwicklung in das Quantum kommt dann aus einem doppelten Inhalt: Einerseits kommt sie aus dem Begriff und andererseits vom getrennten Dasein. Durch einen Vermittlungsakt, der dem Dasein in dieser Funktion zukommt, entsteht als Resultat der bestimmte Begriff, im vorliegenden Fall die Vereinigung der kontinuierlichen und diskreten Größen. Daraus ergibt sich das bestimmte Quantum: Dieses wiederum hat bestimmte Eigenschaften, nämlich Einheit und Anzahl.

---

39 Ebd.

3. KAPITEL
Extensive und intensive Größen

Das Quantum hat ein Bestehen – ein »Sein« – als ein diskretes Vieles an seiner Grenze. Als solches ist es als ein Vieles an ihm selbst extensiv, was im Folgenden näher erläutert wird. Die Frage ist: Wie verhält sich die Anzahl der vielen Eins, aus denen sie besteht, in der Grenze?

Insofern die extensive Größe durch den Begriff der intensiven Größe – wie auch umgekehrt – bestimmt wird, wodurch sie ein Vieles erhält (Enthaltensein an einer Grenze), hat sie das Moment der Kontinuität an ihr selbst bzw. in ihrer Grenze. Die Grenze als Negation wird zur Begrenzung des Vielen gegenüber dem Restkontinuum; diese Begrenzung ist eine Funktion der intensiven Größe.[1]

Das extensive und das intensive Quantum bilden die erweiterte Begriffsbasis. Beide erweisen sich schließlich als Bestimmtheit der quantitativen Grenze. Wie dargelegt, war die kontinuierliche Größe in sich fortgesetzte Quantität und beachtete die Grenze im obigen Sinne nicht. Sie war nur in einer äußerlichen Einheit mit der diskreten Größe verbunden, nur Begrenzung überhaupt. Gleichwohl war die diskrete Größe ihrerseits mit der kontinuierlichen Größe dergestalt in ein Verhältnis gesetzt, dass sie nur ein »unbestimmtes Begrenztes« war:

> »*Das Quantum nur als kontinuierliche Größe ist noch nicht wahrhaft für sich bestimmt, weil sie des Eins, worin das Für-sich-Bestimmtsein liegt, und der Zahl entbehrt. Ebenso ist die diskrete Größe unmittelbar nur unterschiedenes Vieles überhaupt, das, insofern es als solches eine Grenze haben sollte, nur eine Menge, d. h. ein unbestimmt Begrenztes wäre; dass es als bestimmtes Quantum sei, dazu gehört das Zusammenfassen der Vielen in Eins, wodurch sie mit der Grenze identisch gesetzt werden.*«[2]

---

1 Zwar gab es schon zuvor eine Begrenzung, aber keine schlechthinnige Grenze.
2 Hegel, *Wissenschaft der Logik*, GW XXI, S. 209.

»Das Quantum so mit seiner Grenze, die ein Vielfaches an ihr selbst ist, ist extensive Größe.«[3]

Das Vielfache bezieht sich auf die Drei Mal Eins, bzw. Vier Mal Eins. Bei Hundert sind es hundert Einsen und das Hundertste (die Anzahl) macht die Grenze aus. Die Anzahl ist die Vermittlung von kleineren zu immer größer werdenden Einheiten, die Anzahl macht eine Vielheit aus. Bei der extensiven Größe gibt es zwei Einheiten: eine kleinere und eine größere Einheit, dazwischen steht die Anzahl. Nimmt man z. B. eine Stunde, so ist die Minute eine Einheit der nächsten Minute; oder aber die Stunde ist eine Einheit und dazwischen ist eine Anzahl.

Fünf hat einen Inhalt. Die extensive Größe muss eine Grenze in der Anzahl enthalten: Das bedeutet sowohl Enthaltensein als auch eine Rangordnung, was einen weiteren Schritt in der Entfaltung des Begriffs des Quantums darstellt.

»Die extensive Größe ist von der kontinuierlichen zu unterscheiden; jener steht direkt nicht die diskrete, sondern die intensive gegenüber.«[4]

Extensive und intensive Größe sind Bestimmtheiten der quantitativen Grenze selbst. Das Quantum aber ist identisch mit einer Grenze; d. h. es ist die Bestimmtheit an der Grenze.

In einem früheren Stadium gab es nur Größen an sich, d. h. Größen der Quantität, die miteinander vermittelt waren. Bei den kontinuierlichen und diskreten Größen gab es keine Grenze; der Begriff der Grenze tritt erst bei den Größen extensiv und intensiv auf.

»Die Bestimmtheit der Größe (ist) überhaupt für-sich-bestimmte, gleichgültige, einfach auf sich bezogene Grenze [...]; und in der Zahl ist sie gesetzt als eingeschlossen [NB., dies weist auf eine extensive Größe: sie ist gesetzt als eine eingeschlossene Zahl] in das für sich seiende Eins und hat die Äußerlichkeit, die Beziehung-auf-Anderes innerhalb ihrer selbst.«[5]

---

3 A.a.O., S. 208.
4 Ebd.
5 A.a.O., S. 209.

3. Kapitel: Extensive und intensive Größen | 69

Hegel hebt hier auf die extensive Größe ab; sie ist vorerst innerlich bestimmt und bedarf nicht des Verhältnisses zu anderen Größen. So hat z. B. die Vier eine innere Mannigfaltigkeit und ist nicht von der äußeren Fünf, sondern allein von dieser inneren Mannigfaltigkeit abhängig, nämlich 1, 2, 3, (4) zu 1, 1, 1, 1.

Was die »Bestimmtheit in der Vielheit« bedeutet, wird im Anschluss ausgeführt:

»Dieses Viele der Grenze selbst ferner ist wie das Viele überhaupt nicht ein in sich Ungleiches, sondern ein Kontinuierliches; jedes der Vielen ist, was das andere ist [sc., jedes hat dieselbe Struktur, nämlich es sind Mengen mit Einheiten]; es als vieles Außereinanderseiendes oder Diskretes macht daher die Bestimmtheit als solche nicht aus.«[6]

Die Einheit ist als kontinuierlich zu denken, da der Übergang in dieser Phase der Argumentation noch nicht vollzogen wurde. Sie ist zunächst als eine innere Mannigfaltigkeit von einzelnen Einheiten aufzufassen. Diese Einheiten sind nur Einheiten zum Übergeordneten: Die diskrete Kraft der extensiven Größe legt ihre Grenze fest, wobei die Gesamtgrenze beliebig ist, da man sie permutieren kann. Bei den Einheiten (Zahlen) ist nicht zu bemerken, dass die Anzahl Repräsentant der übergeordneten Einheiten ist; das Eins des Hundertsten zur gesamten Einheit macht bereits den Inhalt aus. Es gibt Elemente, die das Hundertste umfassen und alle gleich, aber in einer Einheit beschlossen sind. Die Vielheit dieser Einheiten in der großen Einheit macht das Hundertste aus; sie stellt damit eine extensive Größe dar. Die Elemente haben folglich keine innere Bestimmtheit, da die gesamte Grenze beliebig ist. Die Elemente erhalten eine Bestimmtheit nur durch die äußere Ordnung, nämlich die intensive Größe.

Daraus ergibt sich die Folgerung: »Dieses Viele fällt also für sich selbst in seiner Kontinuität zusammen und wird einfache Einheit.«[7] An dieser Stelle kommt es zu einer Änderung in der Begriffsbewegung, da die Vielen, wie Hegel sagte, alle gleich sind. Erstens ist der Ausdruck »für sich in seiner Kontinu-

---

6 A.a.O., S. 209 f.
7 A.a.O., S. 210.

ität« ein Hinweis auf die extensive Größe. Es kam zur Begriffsänderung, weil die extensive Größe, die die innere Mannigfaltigkeit enthält, allein nicht ausreicht, um die Zahl zu bestimmen. Das ist darin begründet, dass die extensive Größe keine Unterschiede induziert; dazu ist die intensive Größe notwendig.

Da Hegel davon sprach, dass die Einheit aller Größen dieselbe ist, ist dies eine Art Attraktion: Sie unterscheiden sich nicht und sind alle gleich. Von dieser Gleichheit der Momente fährt Hegel fort, um den Begriff sich weiterentwickeln zu lassen. Während im selben Satz der Begriff »einfache Einheit« eine Anspielung auf die intensive Größe ist, war zuvor davon die Rede, dass das Ganze nur »dieses Eins als gleichgültige, sich äußerliche Zahl« ist.

Der Übergang findet sich bereits in den vorausgehenden Paragraphen angedeutet, indem die extensive Größe in eine einfache Grenze bzw. eine Bestimmung übergegangen und intensiv geworden ist.

»Die Grenze des Quantums, das als extensives seine daseiende Bestimmtheit als die sich selbst äußerliche Anzahl [scil., in sich die Mannigfaltigkeit] hatte, geht also in einfache Bestimmtheit über.«[8]

Es wird eine Kontinuität reklamiert.

»In dieser einfachen Bestimmung der Grenze ist es intensive Größe; und die Grenze oder Bestimmtheit, die mit dem Quantum identisch ist, ist nun auch so als Einfaches gesetzt – der Grad«.[9]

Hieraus geht die intensive Größe hervor. Insofern sich die daseiende Grenze des Quantums als extensiv erwiesen hat und nachdem diese innerliche Mannigfaltigkeit bzw. Anzahl in die einfache Bestimmtheit übergegangen ist, ist die extensive Größe in einer Einheit gegeben, die kraft der inneren Dynamik der Dialektik von Bestimmtheit und Unbestimmtheit zur intensiven Größe geworden ist. Die Bestimmtheit erhält die extensive Größe vom Anderen her, nämlich von der intensiven Größe. Das Zahlenkontinuum bildet sich dergestalt fort, dass es lauter Gestimmtheiten bzw. Grade (Intensitäten) enthält,

---

8 Ebd.
9 Ebd.

d. h. dass die Vielen in die Qualität (Grade) und in das Fürsichsein der Zahl übergegangen sind.

Die intensive Größe ist ihrer Definition nach eine unbestimmte Größe, die bestimmt werden muss. Daher muss jede neue unmittelbare Einheit als Grenze bzw. neue einfache Bestimmtheit festgelegt werden. Diese Bestimmtheit ist aber gemäß der intensiven Größe wiederum äußerlich, d. h. die intensive Größe muss immer über sich hinausgehen. Sie muss gleichwohl innerlich werden, weil sie ihre Bestimmtheit nicht verliert, sondern sich verändert, insofern die innere Bestimmtheit äußerliche Bestimmtheit wird: Dies macht die intensive Größe aus. Letztere Veränderung in der Bestimmtheit wurde durch die extensive Größe bewirkt. Die extensive Größe ist übergegangen und hat eine Bestimmtheit nicht mehr aus ihr, sondern nur durch Anderes.

Wenn die extensive Größe in die intensive Größe übergegangen ist, erweist sich die extensive Größe als Bestimmtheit in sich; aber nur als Moment und weil sie keine dauernde Struktur hat. Die Struktur der extensiven Größe ist nicht aus sich heraus bestimmbar. Die innere Bestimmtheit erweist sich als Moment; insofern ist die Größe wiederum eine einfache Bestimmtheit, d. h. die Vielheit als Anzahl fällt in der Einheit zusammen. Danach ist sie Moment, sofern sie übergegangen ist. Zugleich im Übergehen ist sie aber bzw. erhält sie eine neue Bestimmtheit.

Hier zeigt sich, wie eine Mannigfaltigkeit an einer Grenze gesetzt werden kann. Dadurch wird das Quantum bestimmt; nunmehr ist das Quantum eine Einheit. Diese verweist auf eine Kontinuität, in der aber eine Mannigfaltigkeit gesetzt ist: Dies ist die extensive Größe. Die extensive Größe verweist nicht auf andere, sondern nur auf sich selbst. Die Zahl ist auf dieser Ebene

»*unmittelbar extensives Quantum, – die einfache Bestimmtheit, die wesentlich als Anzahl, jedoch als Anzahl einer und derselben Einheit ist; es ist von der Zahl nur dadurch unterschieden, daß ausdrücklich die Bestimmtheit als Vielheit in dieser gesetzt ist.*«[10]

In der weiteren Definition der Zahl wird diese von dem extensiven Quantum dadurch unterschieden, dass die Vielheit in ihr gesetzt ist. Das aber scheint

---

10 A. a. O., S. 209.

eine Forderung zu sein, deren Realisierung erst mit dem Ansatz der intensiven Größe möglich wird: Zunächst ist nur von der Vielheit als Anzahl die Rede. Dies macht die innere Mannigfaltigkeit der extensiven Größe aus. Insofern ist die Größe in einer einfachen Bestimmtheit aufzufassen.

Die Aufhebung der Äußerlichkeit bzw. das Verschwinden der Äußerlichkeit der Eins ist zugleich »*die Beziehung der Zahl auf sich selbst*«:

> »*Die Anzahl ist nur Moment der Zahl; aber macht nicht als eine Menge von numerischen Eins die Bestimmtheit der Zahl aus, sondern diese Eins als Gleichgültige, sich Äußerliche sind im Zurückgekehrtsein der Zahl in sich aufgehoben; die Äußerlichkeit, welche die Eins der Vielheit ausmachte, verschwindet in der Eins als Beziehung der Zahl auf sich selbst.*«[11]

Dieses »Zurückgekehrtsein« verweist auf den Übergang in die intensive Größe, d. h. die Zahl ist nunmehr aufgehoben.

Mit dem Ausdruck der »Äußerlichkeit der Vielheit« ist die innere Mannigfaltigkeit gemeint. Die Zahl wird innerlich, indem sie äußerlich wird. Sie »verschwindet in der Eins als Beziehung der Zahl auf sich selbst«. Das ist ein weiterer Hinweis auf die intensive Größe.

Hier wird im Übergang von der extensiven zur intensiven Größe die innere Mannigfaltigkeit getilgt. Es gibt ein Diskretes, das ein Moment ist, aber als Moment auf sein Kontinuierliches hinweist. Erstens hat es als Diskretes eine Anzahl, zweitens aber fällt die Anzahl der numerischen Größen in ein Kontinuierliches zusammen und gründet so eine Einheit.

> »*Der Grad ist also bestimmte Größe, Quantum, aber nicht zugleich Menge oder Mehreres innerhalb seiner selbst; er ist nur eine Mehrheit; die Mehrheit ist das Mehrere in die einfache Bestimmung zusammengenommen, das Dasein in das Fürsichsein zurückgegangen.*«[12]

Die bestimmte Größe ist nicht »Mehreres innerhalb seiner selbst«; für diesen Fall hätte man es nur mit der extensiven Größe zu tun.

---

11 A. a. O., S. 210.
12 Ebd.

3. Kapitel: Extensive und intensive Größen | 73

Der leitende Gedanke, der dem momentanen Stand der Argumentation zugrunde liegt, setzt bei der »aufgehobenen Anzahl« als »einfache Bestimmtheit« an. Um von der bloßen »Anzahl« bzw. »Summe« der extensiven Größe zu unterscheiden, bemerkt Hegel über die Zahl:

> *»als intensives Quantum aber als in ihrem Fürsichsein ist es gesetzt, wie es seinem Begriff nach oder an sich ist. Die Form nämlich der Beziehung auf sich, welche es im Grade hat, ist zugleich das sich-Äußerlichsein desselben.«*[13]

Hier wird der Begriff des einen Dichotomischen der beiden Größenarten bestimmt, jener der intensiven Größe, von der schon die Rede war. Diese Größe ist gegen das Extensive abgehoben; Letzteres meint die sich tilgende innere Mannigfaltigkeit und somit das »Sich-Äußerlichsein«. An dieser Stelle ist das Intensive über einen Gegensatz bestimmt, nämlich ein ›entweder/oder‹.

Von hier aus leitet Hegel zum Begriff der Identität beider Größen über. Wenn Hegel von »Beziehung auf sich« spricht, weist das auf eine Nicht-Kontinuität hin. Eine Beziehung geht verloren, wenn der Begriff des Übergangs Vorrang hat. Der Ausdruck »Beziehung auf sich« deutet auf die intensive Größe, insofern ein Tupel in ihr getilgt ist. Der oben angesprochene Gegensatz tritt noch an einer weiteren Stelle zutage:

> *»Die Zahl ist als extensives Quantum numerische Vielheit und hat so die Äußerlichkeit innerhalb ihrer. Diese, als Vieles überhaupt, fällt in die Ununterschiedenheit zusammen und hebt sich auf in dem Eins der Zahl, ihrer Beziehung auf sich selbst.«*[14]

»Diese, als Vieles überhaupt, fällt in die Ununterschiedenheit zusammen« meint, dass die Zahl ganz auf sich reflektiert ist. Sie verliert durch dieses »Auf-sich-Reflektiertsein« ihre Unterschiedenheit. Sie muss sich, da sie ein Maß hat, auf Anderes beziehen, das außer ihr ist. Darin liegt ein Hinweis auf das ›sowohl/als auch‹. Es zeigt bereits den Übergang in die Identität der beiden Formen der Größen an. Die intensive Größe ist, wie zuvor erwähnt, auch

---

13 A.a.O., S. 210 f.
14 A.a.O., S. 211.

in sich bestimmt. Sie ist nicht durch Anderes, sondern an sich bestimmt: Das bedeutet in dem Verknüpfungsurteil ›sowohl/als auch‹ die Reformulierung der extensiven Größe.

Diese »Beziehung-auf-sich«, die auf die intensive Größe hinweist, folgt aus der Tilgung; die äußere Mehrheit, der innerhalb Mannigfaltigkeit entspricht, wurde getilgt. Eine erste Form der dynamischen Negation setzt an, wo die intensive Größe sich zu entfalten beginnt, wo die intensive Größe um ihrer Bestimmtheit willen sich auf Anderes bezieht und dabei eine Art Multiplizierung ihrer Vervielfältigung erzeugt:

»*Das Quantum hat aber seine Bestimmtheit als Anzahl; es enthält, wie vorhin gezeigt worden, sie, ob sie gleich nicht mehr an ihm gesetzt ist. Der Grad also, der als in sich selbst einfach dieses äußerliche Anderssein nicht mehr in ihm hat, hat es außer ihm und bezieht sich darauf als auf seine Bestimmtheit. Eine ihm äußerliche Vielheit macht die Bestimmtheit der einfachen Grenze, welche er für sich ist, aus.*«[15]

Die Formulierung »bezieht sich darauf als auf seine Bestimmtheit« besagt, dass die extensive Größe äußerlich ist. Das ergibt zugleich eine neue Figur. Der Grad ist einfach und bezieht sich auf sein äußerliches Anderssein. Das bedeutet, dass er sie als Einfaches nicht mehr in sich hat, sondern in einem Anderen. Die intensive Größe hat jeweils einen negativen Selbstbezug. Es handelt sich zwar immer wieder um eine bestimmte einzelne Zahl, aber diese hat das Mannigfaltige außer sich (ihre Bestimmtheit).[16]

Anhand zweier Stellen dieses Kapitels lassen sich die weiteren Argumente darlegen. Es heißt:

»*Daß die Anzahl, insofern sie sich innerhalb der Zahl im extensiven Quantum befinden sollte, sich darin aufhob, bestimmt sich somit dahin, daß sie außerhalb derselben gesetzt ist.*«[17]

---

15 Ebd.
16 Zum besseren Verständnis der beiden Zahlentypen sei auf das Beispiel (s. u., in diesem *Kap.*, S. 125 f.) von den Glockenschlägen verwiesen.
17 Hegel, A.a.O., S. 211.

Während einerseits der Ausdruck »sich darin aufhob« meint, dass sich die innere Mannigfaltigkeit bzw. die innere Anzahl selbst aufhob, besagt der Ausdruck »daß sie außerhalb derselben gesetzt ist«, dass die Anzahl außerhalb der Vielen ist.

Die Wende in der Argumentation liegt in folgendem Satz:

»Indem die Zahl als Eins, [als] in sich reflektierte Beziehung auf sich selbst gesetzt ist, schließt sie die Gleichgültigkeit und Äußerlichkeit der Anzahl aus sich aus und ist Beziehung auf sich als Beziehung durch sich selbst auf ein Äußerliches.«[18]

Der Satz »die Zahl [ist] als Eins, in sich reflektierte Beziehung auf sich selbst, gesetzt« deutet zunächst auf die extensive Größe hin; darauf, dass sie intensive Zahl geworden ist. Die intensive Größe ist bestimmungslos und gleichgültig, auf sich bezogen und unbestimmt. Dennoch kehrt die Qualität (der Zahl) immer wieder zurück, nämlich dann, wenn ein Selbstbezug der intensiven Zahl auf sich vorliegt. Demgegenüber ist aber die intensive Zahl nicht gleichgültig, insofern sie auf Anderes bezogen ist.

Die extensive Größe ist bestimmt als innere Mannigfaltigkeit; sie verliert diese Bestimmtheit und damit ihr inneres gleichgültiges Äußeres, sofern ihre Mannigfaltigkeit in eine Einheit mit der intensiven Größe vereinigt gedacht werden kann. Bei der extensiven Größe scheint es eine zweifache Bedeutung des Äußerlichen zu geben. Zum einen gibt es eine Äußerlichkeit in ihr als eine gleichgültige Anzahl von Zahlen und zum anderen gibt es eine Äußerlichkeit außerhalb ihrer, indem sie sich auf Äußerliches außer sich bezieht. Allerdings ist sie nur auf diese Weise als »Beziehung durch sich selbst auf ein Äußerliches«. Das bedeutet, dass sie das Äußerliche in sich tilgt, indem sie als Selbstbezug auf sich zurückkommt, sich selbst vergewissert und ihre relative Selbstständigkeit beibehält.

»Hierin hat das Quantum die seinem Begriffe gemäße Realität.«[19]

---

18 Ebd.
19 Ebd.

Die Realität des Begriffes liegt in der Bewegungsform der Zahlen, in der Form der Bestimmtheit bzw. Unbestimmtheit und ihrer wechselnden Weise zwischen den Zahlen, die die Qualität erzeugt. Entscheidend ist, was der Begriff oder das Dasein des Quantums bzw. der Maßstab und des zu Messenden enthält.

> *»Die Gleichgültigkeit der Bestimmtheit macht seine [sc., des Begriffs] Qualität aus, d. h. die Bestimmtheit, die an ihr selbst als die sich äußerliche Bestimmtheit ist.«*[20]

Der Ausdruck »seine Qualität« deutet auf den Selbstbezug hin. Hier wird die logische Konjunktion mitgedacht, nämlich ›sowohl/als auch‹. Es geht beim Übergang in die Identität sowohl um die Auflösung der inneren Mannigfaltigkeit (extensive Größe) als auch um die Veränderung der intensiven Größe zur extensiven Größe und dadurch um das unbestimmte Bestimmte.

> *»Sonach ist der Grad einfache Größenbestimmtheit unter einer Mehrheit solcher Intensitäten, die verschieden, jede nur einfache Beziehung auf sich selbst, zugleich aber in wesentlicher Beziehung aufeinander sind, so daß jede in dieser Kontinuität mit den anderen ihre Bestimmtheit hat.«*[21]

Mit dem Ausdruck »jede einfache Beziehung auf sich selbst« ist ein weiterer Hinweis auf ›sowohl/als auch‹ gegeben; die beiden haben ihre Bestimmtheit nur durch Anderes.

> *»Diese Beziehung des Grades durch sich selbst auf sein Anderes macht das Auf- und Absteigen an der Skala der Grade zu einem stetigen Fortgang, einem Fließen, das eine ununterbrochene, unteilbare Veränderung ist; jedes der Mehreren, die darin unterschieden werden, ist nicht getrennt von den anderen, sondern hat sein Bestimmtsein nur in diesen.«*[22]

Der Übergang in die Identität ist damit vorbereitet.

---

20 Ebd.
21 Ebd.
22 A. a. O., S. 211 f.

Identität der extensiven und intensiven Größen

Hegel bemerkt dazu:

> »Als sich auf sich beziehende Größebestimmung ist jeder der Grade gleichgültig gegen die anderen; aber er ist ebensosehr an sich auf diese Äußerlichkeit bezogen, er ist nur vermittelst derselben, was er ist; seine Beziehung auf sich ist in einem die nicht gleichgültige Beziehung auf das Äußerliche, hat in dieser seine Qualität.«[23]

Die Bewegung bzw. die Kontinuität dieser Folge würde aufhören, wenn ›das Bestimmtsein‹ nicht gewährleistet wäre, da die Zahlen bzw. die Größenbestimmungen auf die von ihnen verschiedenen Zahlen angewiesen sind, um sich zu bestimmen.

Der Ausdruck »die nicht gleichgültige Beziehung auf das Äußerliche« deutet darauf hin, dass jeder der Grade eine Qualität dadurch hat, dass er sich auf sich bezieht und die Anzahl als Anzahl »seiner« betrachtet werden kann. Das Quantum ist sowohl eine innere Mannigfaltigkeit, die sich stabilisiert, als auch eine einfache Bestimmung bzw. eine einfache Zahl; insofern die intensive Größe auf sich bezogen unbestimmt war, sich aber selbst zu bestimmen hat. Daher rührt die Verwandlung in eine Mannigfaltigkeit, d. h. konkret: Die innere Mannigfaltigkeit (extensive Größe) ist in der intensiven Größe aufgehoben.[24]

Gemäß diesem Widerspruchsgedanken entwickelt sich das Zahlen-Kontinuum bzw. die -folge, und zwar einmal als intensiv, da die Größe als intensive unbestimmt ist und sich bestimmen muss, und zum Zweiten als extensiv. Die extensive Größe aber kommt einem anderen Widerspruchsverhältnis zu, denn sie ist an sich zunächst bestimmt, wird aber in Ansatz mit der intensiven Zahl gebracht, verliert dadurch ihre Bestimmung bzw. Mannigfaltigkeit und wird unbestimmt.

---

23 A.a.O., S. 212.
24 Gemessen an der durch ›sowohl/als auch‹ ausgedrückten Konjunktion, die bisher leitend war, geht es jetzt um die ›entweder/oder‹-Alternative. Ihr liegt die folgende Hegelsche Denkfigur zugrunde: Etwas ist nur bestimmt, sofern es auf anderes bezogen ist, und indem etwas durch Beziehung auf sich selbst, durch Einholen seines Bestimmtseins sich verändert bzw. aufhebt, verweist es erneut auf ein von sich Verschiedenes, um sich abermals zu bestimmen. Darin liegt das Prozessuelle.

Das Quantum ist in dieser Phase der Argumentation sowohl intensiv, sofern es gegen Anderes abgegrenzt ist, als auch extensiv, sofern es Anderes in sich enthält; im Zusammenspiel von beidem liegt seine eigentliche Identität. Allerdings ist in dieser Einheit die Differenz vorhanden; beim Übergang in die Identität aber ist die Einheit in der Differenz zu betonen.

»Wie Zwanzig als extensive Größe die zwanzig Eins als Diskrete in sich enthält, so enthält der bestimmte Grad sie als Kontinuität, welche diese bestimmte Mehrheit einfach ist; er ist der zwanzigste Grad, und ist der zwanzigste Grad nur vermittelst dieser Anzahl, die als solche außer ihm ist.«[25]

Der Ausdruck »so erhält der bestimmte Grad sie als Kontinuität« deutet auf eine *Grenzbestimmung*. Daraus zieht Hegel folgenden Schluss:

»Die Bestimmtheit der intensiven Größe ist daher von doppelter Seite zu betrachten. Sie ist bestimmt durch andere intensive Quanta, und ist in Kontinuität mit ihrem Anderssein, so daß in dieser Beziehung auf dasselbe ihre Bestimmtheit besteht.«[26]

Der Gedanke »in Kontinuität mit ihrem Anderen« lässt sich auch folgendermaßen ausdrücken: Die intensive Größe hat, was sie ausschließt, in sich und ist damit bestimmt. Das gibt aber zugleich einen Hinweis auf eine neue intensive Größe, nämlich von Eins aus gezählt die Nummer Zwei: Mit Zwei ist die Nummer Eins schon getilgt, sodass sie ihre Bestimmtheit hat, aber nur für sich selbst. Die Bestimmtheit ist zum einen gewährleistet durch Hegels Begriff des »Hinausgehens« entlang des Zahlenkontinuums, zum anderen durch das »Ausschließen«. So ist z. B. die intensive Größe Zwanzig durch Ausschluss der Neunzehn geworden.

»Insofern sie nun erstens die einfache Bestimmtheit ist, ist sie bestimmt gegen andere Grade; sie schließt dieselben aus sich aus und hat ihre Bestimmtheit in diesem Ausschließen.«[27]

---

25 Ebd.
26 Ebd.
27 A.a.O., S. 212 f.

Es ist festzuhalten, dass die intensiven Größen, um sich zu bestimmen, über sich hinausgehen, aber zugleich durch ihr »Zurückgekehrtsein« in sich extensiv werden.

> *»Der zwanzigste Grad enthält die Zwanzig an ihm selbst; er ist nicht nur bestimmt als unterschieden vom neunzehnten, einundzwanzigsten u. s. f., sondern seine Bestimmtheit ist seine Anzahl.«*[28]

Es ist die Anzahl an ihr im Grad gemeint, nicht mehr die fremde Anzahl. Hier liegt nicht nur eine Kontinuität im Sinne eines bloßen »Übersichhinaus«-Gehens vor bzw. eine Kontinuität, die eine gewisse neue Zahl einfach in sich einschließt. Hier ist vielmehr eine Kontinuität gegeben, die seitens der intensiven Größe definiert ist. Sie ist dergestalt definiert, dass sie sich durch andere bestimmen lässt, wobei sie diese ausschließt (d.h. sie ist 20, indem sie 19 ausschließt). Das In-sich-Bestimmtsein einer Größe kommt im Ausschließen des Anderen zum Ausdruck. Dieses In-sich-Bestimmtsein des Mannigfaltigen wird durch das Ausschließen des Anderen als intensive Größe erreicht. Damit ist die extensive Größe Bestimmtsein an sich selbst. Die Zahl Zwanzig ist bestimmt an sich selbst und nicht nur 20 Grad gegen 19 (den Neunzehnten); in diesem Fall wäre sie nur intensiv, sie wäre an sich unbestimmt und enthielte Zwanzig in sich. Gegen die Neunzehn ist der Grad 20 eine herabgesetzte Zahl und enthält nur die zwanzigste Zahl. Die zwanzigste Zahl ist extensiv. Extensiv ist eine Zahl bzw. eine Größe, die sich selbst angehört, d. h. sie wird durch sich selbst bestimmt.

Zwanzig ist einerseits als Zwanzig intensiv: Der Verweis in dieser Kontinuität ist auf andere Äußerliche bestimmt, indem sie (die Zwanzig) von anderen abgetrennt ist. Andererseits aber ist es zugleich dieses Weggetrennte, weil das Zwanzigste ihm gehört; d. h. es ist zugleich auch extensiv bestimmt. Das lässt sich in einer kurzen Formel zusammenfassen: Als Weggetrenntes ist es der extensiven Größe gleich, aber als Nichtweggetrenntes – im Verweis auf Anderes – ist es der intensiven Größe gleich.

In diesen Passagen lässt sich eine Reformulierung der extensiven Größe ausmachen, die aber nicht mit der ursprünglichen zu verwechseln ist, von der

---

28 A. a. O., S. 213.

im ersten Schritt ausgegangen wurde: Hier wird die extensive Größe mit der intensiven vermittelt.

> »*Extensive und intensive Größe sind also eine und dieselbe Bestimmtheit des Quantums; sie sind nur dadurch unterschieden, daß die eine die Anzahl als innerhalb ihrer, die andere dasselbe, die Anzahl als außer ihr hat. Die extensive Größe geht in intensive Größe über, weil ihr Vieles an und für sich in die Einheit zusammenfällt, außer welcher das Viele tritt. Aber umgekehrt hat dieses Einfache seine Bestimmtheit nur an der Anzahl, und zwar als seiner; als gleichgültig gegen die anders bestimmten Intensitäten hat es die Äußerlichkeit der Anzahl an ihm selbst; so ist die intensive Größe ebenso wesentlich extensive Größe.*«[29]

Wenn die beiden ineinander übergehen, ist die intensive Größe Gegenspiel. Sie ist aber Spiel an einem Dritten, dem Etwas, das erhalten bleibt und eine neue Qualität erhält. Es lässt sich eine Symmetrie zwischen den beiden vermuten. Symmetrie setzt die Identität von Bestimmtheit und Unbestimmtheit voraus. Der Unterschied besteht in der qualitätsmäßigen Differenz zwischen einer Zahl und einer nächsten. Da extensive und intensive Größe miteinander prozessieren konnten, ist in beiden eine Einheit erzielt worden:[30] Die extensive Größe erreichte das, als sie im Übergang gegen die intensive Größe abgegrenzt und intensiv wurde; die intensive Größe, indem sie sich, aufgrund von Unbestimmtheit an sich selbst, durch Umschlagen in die Extensivität bestimmen konnte. Eine mathematische Auslegung dieses Sachverhalts ergäbe, dass die Reformulierung der extensiven Größe nichts anderes ist als die zusammengefasste Benennung der bereits vorliegenden einzelnen Termini, weil es bestimmt ist als seiner selbst. Die Aufgabe der intensiven Größe ist es, im Fortschreiten der Folge die Extensivität so zu vereinnahmen, dass das in-

---

29 Ebd.
30 Hier kommt der in dieser Studie eingeführte Methodenbegriff der Konjunktion des ›sowohl/als auch‹ zum Tragen: Insofern die extensive Größe gegen Anderes abgegrenzt ist und zugleich die intensive Größe eine Anzahl in sich enthält, ist das Quantum bestimmt und die Identität erreicht. In der Begriffsbewegung der *Logik* löst sich diese dann in der Unterschiedenheit, d. h. im ›weder/noch‹ auf. Hier kündigt sich das qualitative Etwas an; dieser Begriff des »Etwas« kommt ins Spiel, wenn extensive und intensive Größen koexistieren.

sich-ruhende »Etwas« sich neu bestimmen kann. So wäre die intensive Größe das Gegebensein irgendeiner impliziten Größe von etwas, z. B. Dichte oder Feldstärke.

Zwischenergebnisse

Die Kardinalzahl wird in der Mathematik definiert bzw. charakterisiert dadurch, dass sie durch ihre Abzählbarkeit in sich selbst bestimmt ist. Sie ist nur durch sich selbst in der Reihe, nicht in Bezug auf Anderes bestimmt, sodass man nur äquivalente Verhältnisse erhält. Man schafft eine paarweise Zuordnung zwischen (verschiedenen) Dingen bzw. Elementen, die aufgehen kann oder nicht und die in diesem Sinne immer gleich mächtig ist. Ähnlich ist die extensive Größe strukturiert.

Wie dargelegt, versteht Hegel unter einer extensiven Größe zunächst eine Anzahl von Zahlen in einer inneren Ordnung mit einer inneren Bestimmung. Diese extensive Größe ist in sich durch ihren Selbstbezug bestimmt, d. h. durch innere Mannigfaltigkeit. Darauf bezieht Hegel die bereits zitierte Bemerkung: »Die Zahl ist als extensives Quantum numerische Vielheit und hat so die Äußerlichkeit innerhalb ihrer.«[31] Sie verliert ihre Bestimmtheit, indem ihre Mannigfaltigkeit oder ihre Unterschiedenheit durch Aufhebung der einzelnen Elemente intensiv geworden ist und in einer Einheit aufgeht. Es gibt einmal eine Bestimmtheit als Anzahl innerhalb eines Kontinuums und zum anderen gibt es die Bestimmtheit in einem Anderen als intensive Bestimmung.

Unter einer intensiven Größe versteht Hegel eine Zahl, die sich aus mehreren einzelnen für sich bestehenden Einheiten zusammensetzt, die ihre Bestimmung außer sich haben. Die intensive Größe ist unbestimmt, insofern sie nur auf sich bezogen ist; sie ist bestimmt, sofern eine Beziehung zum Anderen besteht: Daher bedarf sie einer Bestimmung durch Anderes, durch die Extensivität, um sich zu bestimmen. Extensivität wird hier im übergeordneten Sinn, vom Kontinuum aus gesehen, verstanden. Der Fortgang der Folge bzw. die Erzeugung der weiteren Glieder der Folge kommt dann durch den Verlust der inneren Mannigfaltigkeit zustande, indem die intensive Größe

---

31 A. a. O., S. 211.

durch ihren Bezug zur extensiven die innere Mannigfaltigkeit bzw. die innere Bestimmung tilgt. Die intensive Größe ist durch ihre Beziehung zu einer anderen Zahl bzw. zu ihrem Außersichsein oder aber in der Identität des Eins mit der Mehrheit bestimmt. Sofern sie ihre Beziehung zum Anderen nicht aufrecht erhält, verliert sie auch ihre Selbstständigkeit, da sie als momenthaft nicht bestehen kann.

Der spekulative Satz hängt an der Fassung der extensiven und intensiven Größen, in dem Nachweis der zuvor erwähnten Tilgung der inneren Mannigfaltigkeit, d. h. wieder Bestimmungslosigkeit. Die Aufgabe der intensiven Größe ist es, zu zeigen, dass die Zahl unbestimmt ist, solange sie sich keiner bestimmten Ordnung mittels der extensiven Größe fügt. Indem sie eine extensive Zahl enthält, fügt sie sich in eine Ordnung. Dies wiederum liegt in der Unfähigkeit der intensiven Größe, sich aus sich selbst heraus zu bestimmen. Die Mannigfaltigkeit in sich kommt bei der extensiven Größe dagegen aufgrund der Abzählung der einzelnen Einsen zustande.

Wenn zwischen zwei Zahlen a und b genau eine der drei Beziehungen, a < b, a = b oder a > b, besteht, so spricht man von einer geordneten Menge; diese Geordnetheit ist konstitutiv für Ordinalzahlen.

Einerseits ist das Quantum ein erstes Mannigfaltiges, das durch die Form der extensiven Größe charakterisiert ist. Dadurch erhält diese Größe ihren Seinsgrund und wird bestimmt; als intensive aber ist sie unbestimmt. Dann tritt die Negation hinzu: Die interne Mannigfaltigkeit negiert sich und erfährt Änderung durch die intensive Größe. Dieses Negieren (eine statische Negation) führt das Mannigfaltige der extensiven Größe in die intensive Größe über.

Andererseits hat die intensive Größe – vor dem Wechselspiel mit der extensiven Größe – keine Bestimmung in sich. Sie erfährt nun durch Anderes ein Extensives, eine Veränderung. Gleichwohl bestimmt sich diese intensive Größe äußerlich. Indem sie jetzt äußerlich als Seiendes auftritt, ist sie sowohl ein erweitertes, anders gewordenes Intensives, als auch zugleich ein Extensives. Letzteres lässt sich als äußerliche intensive Größe bezeichnen. Die Bewegung fängt erstens mit der inneren Mannigfaltigkeit an (d. h. mit der extensiven Größe, die eine innere Ordnung hat und Enthaltensein bedeutet) und zweitens mit einer intensiven Größe, die vorausgesetzt wird und selbst bestimmungslos ist, aber durch eben die extensive Größe zur Bestimmtheit gelangt. Außerdem befinden sich beide in einer Einheit, allerdings noch unterschieden voneinander. Demnach ist eine erste Zahl gegeben. In diesem Schritt fällt lediglich die innere Mannigfaltigkeit in eine instabile Einheit zusammen. Dann entwickelt sich eine veränderte Größe, indem diese die erste nunmehr »daseiende«[32] extensive Größe – ihre quasi äußere Mannigfaltigkeit – tilgt.

Das Quantum mit einer unbestimmten Grenze, die ein Vielfaches ihrer selbst ist, wurde zu Beginn des eben behandelten Abschnittes von Hegel extensive Größe genannt. Die extensive Größe kam aus der Bestimmung der diskreten Größe; die extensive Größe ist eine negative Größe: Sie besteht aus einer Vielheit der Einheit und dieses äußerliche Viele innerhalb ihrer selbst bedarf einer anderen Größe bzw. Bestimmung, um sie zusammenzufassen. Gleichwohl ist die intensive Größe (als das Allgemeine, die Prädikatseite des spekulativen Satzes) eine bestimmte Größe, als Zahl bzw. Anordnung (1, 1, 1, 1) einfach gesetzt als Grad, d. h. eine bestimmte Größe. Zunächst aber befindet sich diese Anordnung nicht in einer gesetzten Einheit mit der spezifischen Anzahl der extensiven Größe), denn ihre Bestimmung befindet sich immer außerhalb. Die intensive Größe als Zahl der allgemeinen Anordnung als das Wesen bzw. der Begriff des Zahlenkontinuums subsumiert sich unter das Subjekt bzw. unter die extensive Größe als die spezifische Anzahl der Folge. Sie befindet sich aufgrund der zuvor erwähnten voraussetzenden bzw. setzenden Reflexion in einer Einheit – von der sie aber immer unterschieden ist – mit der extensiven Größe. Der intensiven Größe ist jeweils eine Man-

---

32 Unter einem »daseienden Unterschied« versteht Hegel einen Unterschied, der mittels voraussetzender Reflexion etabliert wurde, d. h. einen solchen, der aus einer momentanen Reflexion eine Bestimmung vom Anderen gewinnt. Die voraussetzende Reflexion beschreibt den Umstand, dass eine Vermitteltheit vom Anderen vorliegt, zugleich aber im selben Akt eine Reflektiertheit in sich; die Vermitteltheit durch eine neue Bestimmung bewirkt in dem zu Bestimmenden bzw. Bestimmten einen Zustand des Reflektiertseins; dergestalt aber, dass das Bestimmende noch mit Unbestimmtheit behaftet ist. Voraussetzung dieser Reflexion ist ein von ihr Verschiedenes. Dieses vermittelt die Selbstbeziehung der Negation, d. h. das Aufheben der Selbstbeziehung in der Selbstbeziehung. Die Änderung der Reihe wird durch beide Momente wesentlich mitbestimmt, geschieht aber eigentlich durch die intensive Größe, weil sie als Unbestimmte sich bestimmen muss; anders verhält es sich bei der extensiven Größe, die sowohl des Enthaltenseins als auch der Rangordnung bedarf, um sich zu bestimmen.

nigfaltigkeit von Zahlen als Einheit enthalten, aber diese Mannigfaltigkeit ist jeweils durch das Zurückfallen der intensiven Größe in die Einheit verloren gegangen; es folgt ein Verlust der inneren Mannigfaltigkeit und damit eine neue Unbestimmtheit.

Zweitens heißt es bei der intensiven Größe: »Die Form nämlich der Beziehung auf sich, welche es im Grade hat, ist zugleich das Sich-Äußerlichsein desselben.«[33] Hier befinden sich beide Größen: Das eine Mal mit der Äußerlichkeit innerhalb der numerischen Einheit versehen als extensive Größe. Das andere Mal hat die intensive Größe ihre Äußerlichkeit durch andere Eins außerhalb ihrer. In die bestimmende Reflexion kommt eine Gegenläufigkeit hinein, die des »des Ineinanderfließens« der Subjekt- bzw. Prädikatseite des spekulativen Satzes. Dadurch verselbstständigt sich die Negation bzw. Bestimmtheit und Einheit der beiden Seiten, sodass sich die Folge vorerst auf diese Weise (im Sinne des schlechten Unendlichen) konstituiert, indem das Eine sich durch ein ihm nachfolgendes Anderes bestimmt. Die Nachfolgezahl bestimmt den Vorgänger; zugleich wird die Nachfolge durch den nächsten Nachfolger bestimmt. Die extensive Größe der Nachfolge wird bestimmt, weil die intensive Größe im Vorgänger getilgt war. Die extensive Größe des Vorgängers hat ihre Bestimmtheit im Anderen, da die intensive Größe auf ein Anderes verweist, das bestimmt ist (der Vorgänger aber hebt sich in der Nachfolge auf). Dies verliert seinerseits seine Bestimmtheit und verweist wieder auf ein Anderes. Die Motorik der konstituierenden Folge liegt in der Bestimmtheit im Anderen bzw. durch Anderes im Übergehen in fortgesetzter Folge. Hier ist aber keine schlechthinnige Grenze, in der das bestimmte Quantum sichtbar wird, wie Hegel zu Beginn der Erläuterung gefordert hat, sondern vorerst bloß ein »Übergehen«.

Wenn das Eins unbestimmt ist und seine Bestimmtheit von Anderen erhält, beide aber unbestimmt sind, geht die Bestimmtheit auf sich zurück. Was sich so bestimmt, rückt weiter. Dieser Vorgang wird sich als die Bestimmung des Quantums erweisen, da in der Einheit eine Trennung vorliegt. Dann ergibt sich eine Veränderung durch Negation (weil die vorher erwähnte Verselbstständigung der Momente zu einem Widerspruch führt, wo eine Differenz und Identität zusammen auftauchen).

---

33 Ebd.

Festgehalten wurde, dass die intensive Größe zunächst eine einfache Eins der Mehreren (ihre Anordnung) ist, bei der das Eins und die Mehreren nicht mehr an sich bestimmt sind, sondern nur in der Beziehung dieses Außersichseins oder in der Identität des Eins mit der Mehrheit wahrhaft bestimmt sind. Indem die intensive Größe sich auf andere Grade bezieht, schließt sie die anderen von sich aus und hat somit ihre Bestimmtheit erreicht. Mithin ist sie zugleich an sich in dieser Bestimmtheit die Anzahl (extensive Größe), aber eben ihre Anzahl. Hegel schreibt:

> »Aber insofern die Anzahl die seinige ist, und die Bestimmtheit ist zugleich wesentlich als Anzahl, so ist er extensives Quantum.«[34]

Damit sind die beiden Größen in einer und derselben Hinsicht Bestimmung des Quantums. Wie sich gezeigt hat, ist die extensive Größe in die intensive Größe übergegangen, weil ihr Vieles in eine Einheit mit dem Eins zusammenfiel und wiederum die Bestimmtheit der Einen nur in den Mehreren, d. h. in der Anzahl, Bestand hat. Die extensiven und intensiven Quanta fielen in eine Einheit, die sich zu einer Unmittelbarkeit, nämlich zum qualitativen Etwas, herausbildete.

Methodische Überlegungen

Wie bereits in der Einleitung beschrieben, finden sich bei Hegel bestimmte Denkmuster. Bei den operationalen Konjunktionen des spekulativen Satzes ist, den Übergang betreffend, Folgendes festzuhalten: Der einheitsstiftende Schritt in das ›sowohl/als auch‹ ist nicht derart zu verstehen, dass damit die alternative Bestimmung, die im ›entweder/oder‹ zum Ausdruck kam, endgültig getilgt wäre, als ob die beiden Größenformen einfach identisch wären. Die Tilgung geschieht einfach prozessuell durch die Vermannigfaltigung. Wären die Größenformen identisch, würde die Bewegung aufhören: Stattdessen muss aber gezeigt werden, dass das ›entweder/oder‹ sich wiederherstellt. In der Tat stellt es sich sowohl bei der intensiven als auch bei der extensiven Größe wieder her, da sich eine seinslogische Differenz schlechterdings nicht tilgen lässt. Diese Differenz besteht weiterhin; zugleich kommt eine

---

34 A. a. O., S. 213.

neue Identität zustande. In der jeweils erzielten Einheit ist die operationale Konjunktion des ›*sowohl/als auch*‹ mitwirkend. Die Einheit meint aber nicht die übergeordnete Einheit, die mit der letzten Verknüpfungsform des ›*weder/noch*‹ einsetzt, mit der eine Tilgung der Bestimmung vorgenommen wird,[35] da in dieser logischen Phase des Spekulativen das ›*entweder/oder*‹ noch überwiegt, sodass diese noch mit dem Gedanken des ›*sowohl/als auch*‹ in einer Einheit zusammengedacht werden muss. Der Schritt von Einem zum Anderen und der Schritt der beiden auf sich selbst zurück stellt freilich das Denken vor seine Grenzen; trotzdem bedient sich Hegel einer solchen Struktur.

Beide, sowohl die extensiven als auch die intensiven Größen, sind äußerlich zueinander. Sie sind es aber derart, dass sie aufgrund der voraussetzenden Reflexion zueinander in Beziehung stehen und daher gegeneinander bestimmt sind. Die voraussetzende Reflexion setzt Etwas als von ihr verschieden voraus, aber zugleich ist sie setzende Reflexion, gleich der Beziehung der Negation auf sich durch seine Rückkehr in sich. Aufgrund der Form des spekulativen Satzes geht die Gedankenbewegung der Begriffe vom Partikularen zum Allgemeinen, mittels dessen dann das Erstere auf sich zurückgeführt und in seinem Begriff noch allgemeiner bestimmt wird. Das Subjekt reflektiert sich im Sinne des spekulativen Satzes im Prädikat auf sich selbst, auf sein eigenes Wesen. Die Bestandteile des spekulativen Satzes setzen sich an dieser Stelle der Begriffsphase der *Logik* folgendermaßen zusammen: Die extensive Größe ist eigentlich das Satzsubjekt als Anzahl von Zahlen in einer nicht vermittelten Einheit (1, 3, 4, 5). Die intensive Zahl ist das allgemeine Prädikat als eine Zahlenordnung mehrerer einzelner Elemente bzw. eine Mannigfaltigkeit von Zahlen (1, 1, 1, 1).

Das Prädikat ist eigentlich eine intensive Größe, die bestimmungslos wird. Sie wird bestimmt aus einer Zuordnung der außer ihr befindlichen Zahl (was vorher da war, d. h. in ihr war, wird hier wiederholt). Dies ist außer ihr, und sofern es integriert wird, bekommt man eine extensive Größe. Die inne-

---

35 Zu der erreichten Einheit tritt eine Differenz hinzu. Diese Einheit ist diejenige Einheit, die am Ende des gesamten Verlaufs durch die letzte Verknüpfung des ›*weder/noch*‹ erzeugt wurde. Demzufolge ist das Etwas weder die Anzahl noch die Einheit, denn beide sind ihm äußerlich. Es ist die extensive und intensive Bestimmung, deren Negation in ein Negatives verlagert wird, da ihre Unterschiede bestehen bleiben.

re Symmetrie wird gewahrt, indem die extensive Größe durch die intensive Größe eine äußere Ordnung bekommt; insofern wird die extensive Größe auch wieder bestimmt.

Die Größe ist extensiv: Die Zahleneinheiten »bestehen für sich«, wie Hegel sagt, sie sind »für sich«. Sieht man die Zahl als Einheit in sich reflektiert, wird diese Einheit neu bestimmt; sie ist eine seiende gewordene Bestimmung durch eine bestimmte Anzahl, innere Mannigfaltigkeit (die intensiven Zahlen kommen vom Übergeordneten her) und durch das Setzen der äußeren Unterschiede an der extensiven Zahl (die intensive Zahl ist das Moment des Hinausgehens).

Bestimmt durch anderes, ist sie wieder extensiv. Und zwar ist sie eine extensive Größe zweiter Art; die innere Mannigfaltigkeit wird negiert, d.h. die innere statische Differenz wird negiert. Nun bleibt die Zahl bei der zweiten extensiven Größe bestimmbar aus anderen. Nach dem ersten Schritt ist die extensive Größe mit der intensiven Größe vereinheitlicht. Die Nachfolgezahl wird dadurch gewonnen, dass die extensive Größe an der intensiven Größe negiert wird; die intensive Größe ist negativ (bzw. Negation).

Wie bereits erwähnt, wird die Nachfolge der extensiven Größen bestimmt, indem die intensive Größe sich aufgrund ihrer Unbestimmtheit mittels Extensivität in eine nunmehr äußere intensive Größe verwandelt. Kraft der voraussetzenden Reflexion und des Aufhebens der Unbestimmtheit durch die extensive Erweiterung wird die vorausgehende Zahl getilgt und ihre Nachfolge gebildet. Infolgedessen, und weil diese Bewegung symmetrisch läuft, wird auch die extensive Größe durch die veränderte intensive Zahl verändert. Sie fällt dadurch ihrerseits auf sich als bestimmend zurück. Das bedeutet nicht, dass die Zahlenarten von Anfang an koexistent in ihrem Stellenwert wären, sondern sie sind erst in der Vermitteltheit postexistent und symmetrisch.

Die Identität kommt aufgrund der wechselseitigen Bedingtheit der beiden Größen in die Bewegung hinein; diese äußerliche Extensivität als nunmehr entstandene intensive Größe wird ihrerseits wieder getilgt, wodurch sich die intensive Größe als Qualität herausbildet.

An dieser Stelle führt der Bewegungszyklus bzw. der Gegensatz des Bestimmt-/Unbestimmtseins (extensive Größe) und des Unbestimmt-/Bestimmtseins (intensive Größe) zu einer relativen Verselbstständigung der beiden Größen. Man kann daher von einer Art Gleichgewicht der Momente sprechen. Das Gleichgewicht zeigt sich darin, dass die Momente bzw. Größenarten sich gegen anderes bestimmen. Zugleich wird diese Bestimmtheit negiert, z. B. in der intensiven Größe, indem die innere Mannigfaltigkeit getilgt wird bzw. wurde.

Durch nochmalige Anwendung des spekulativen Satzes von Einheit und Unterschiedenheit tritt – infolge der relativen Verselbstständigung der beiden Momente als Unbestimmt-/Bestimmtsein bzw. Bestimmt-/Unbestimmtsein – eine Verdoppelung der Struktur als potenzierter Unterschied ein. Dieser Unterschied ist aber in der Struktur des ›sowohl/als auch‹ angelegt. Hierin waltet die Differenz in der Einheit. Hegel erweitert sein Argumentationspotenzial, indem er eine Basis schafft, die das Frühere fundieren soll; er verallgemeinert, um die Voraussetzungen der einzelnen Momente zu zeigen. Diese Basis ist das Substrat, das in der neuen Einheit bereits angelegt ist bzw. von Hegel mit jeder Einheit mitgedacht wird.

Jede Phase der *Logik* wird durchschritten, die Momente werden entwickelt, aufgehoben und in einem Übergeordneten reformuliert: Das Übergeordnete entsteht aus dem Widerspruch, der im ›weder/noch‹ angelegt ist. Die Momente sind weder das Eine noch das Andere[36], sondern in derselben Hinsicht beides; das qualitative Etwas ist gleich der Unterschiedenheit der in ihm aufgehobenen Momente der extensiven und intensiven Größen.

Wo Hegel den Gedanken eines wahrhaften Unendlichen erfasst, ist Kants Einfluss wahrnehmbar: Der Kantische Gedanke »der zu ziehenden Linie« in den *Axiomen der Anschauung* scheint, wenn nicht Vorlage für Hegels Vorstellung vom Unendlichen, dann zumindest im Hintergrund präsent gewesen zu sein. Im sogenannten *Grundsatz*-Kapitel seiner *Kritik der reinen Vernunft* schreibt Kant:

> *»Ich kann mir keine Linie, so klein sie auch sei vorstellen, ohne sie in Gedanken zu ziehen, d. i. von einem Punkte alle Teile nach und nach zu erzeugen, und dadurch allererst diese Anschauung zu verzeichnen.«*[37]

---

36 Mit der Urteilsverknüpfung des ›weder/noch‹ bei einer Begriffssequenz kommt immer ein neues drittes Moment hinzu.
37 Kant, *Kritik der reinen Vernunft*, A 162 f. = B 203.

Das nenne ich den »Gedanken der zu ziehenden Linie«. Es geht um eine »sukzessive Synthesis«, die das Bewusstsein zur Einheit bringt. Dieses einheitlich gedachte Bewusstsein geht aber stets über sich hinaus: Es wird immer etwas hinzukommen, um dieses Bewusstsein inhaltlich zu erweitern.

Bei den Zahlen bildet sich, insbesondere beim Entstehen einer Zahlenreihe, »die zu ziehende Linie« derart heraus, dass die einzelnen Zahlen als ein gedachtes Kontinuum kontinuierlich an die Linie angehängt werden. Zieht man den Gedanken der »zu ziehenden Linie« im Abschnitt über die extensiven und intensiven Größen hinzu, heißt das, am Beispiel einer Glocke, dass die einzelnen diskreten Anschläge der Glockentöne – entsprechend den Zeitintervallen, die im Sinne eines Nacheinanders gezählt werden – als eine extensive Größe aufzufassen sind.

In einer bestimmten Zeitspanne ist eine Zahl Drei gegeben, die in der Einheit enthalten ist. Diese Drei ist wie Glockenschläge abzählbar. Dabei zählt man die einzelnen Schläge ab, Punktschläge bzw. Schwingungslongationen, und sammelt sie unter eine Einheit. Es handelt sich im Wesentlichen um eine diskrete Größe, denn wäre sie nicht diskret, könnte sie nicht auseinandergenommen werden.

Zur Darstellung der intensiven Größen lässt sich das Beispiel des Anschlags wieder aufnehmen. Bei der extensiven Größe handelt es sich nicht um das Zählen von Anschlägen nacheinander, sondern um das punktuelle Festhalten an den Anschlägen. Die intensive Größe ist, ähnlich der Dichte bzw. elektronischen Feldstärke in der Physik, eine implizite Größe. Bei der intensiven Größe sind aufgrund der extensiven Größe die einzelnen Schläge zur Einheit gebracht. Das Ganze kann als die Zahleneinheit einer Folge gesehen werden. Das Zählen kann an irgendeiner Stelle abgebrochen und wieder zur Einheit gebracht werden, sodass die extensive Größe eine Synthese der Teile (zum Ganzen) ist, was gemäß der Einheit die intensive Größe beinhaltet. Hegel nennt dies eine Zusammenfassung der Vielen in Eins. Die Darstellung eines in der Einheit simultan gedachten Mannigfaltigen oder eines in der Vorstellung einheitlich gedachten Gegenstandes entspricht Hegels Vorstellung von der Einheit der extensiven und intensiven Größen. Diese Größen sind zusammengenommen als eine zu bildende Zahlenreihe anzusehen, können aber auch zugleich als ein Vorläufer zu Hegels anvisiertem Verhältnisbegriff aufgefasst werden.

4. KAPITEL

Das Etwas

Die »Quantität mit einer Bestimmtheit oder Grenze überhaupt« ist das Quantum, es ist »in seiner vollkommenen Bestimmtheit die Zahl«.¹ Die Zahl hat, indem sie eine wohl begrenzte Kollektion vieler Eins ist, Anzahl und Einheit als Momente.² In der *Anzahl* hat das Quantum »seine Bestimmtheit als Grenze«. Da die Grenze Anzahl *ist*, ist sie »ein Vielfaches an ihr selbst«: Sie ist ein Vielfaches der mit ihr zugleich unterstellten Einheit; als Vielfaches der unterstellten Einheit ist das Quantum eine extensive Größe.³ Diesen Gedankengang fasst Hegel im Satz zusammen, die »Zahl [sei] *unmittelbar* extensives Quantum«.⁴

Bei der Bildung der Zahlenfolge geht Hegel von der extensiven Größe aus: Dabei ist die innere Mannigfaltigkeit nicht ein Anderes, sondern »seine« Zahl, die sich selbst angehört und dann negiert wird. Dieser Schritt führt zum *Etwas*; vollzogen wird er durch wechselseitiges Negieren der extensiven und intensiven Größen, d. h. ihrer Unterschiede:

»Mit dieser Identität *tritt das* qualitative Etwas ein; denn sie ist sich durch *die* Negation ihrer Unterschiede auf sich beziehende Einheit; diese Unterschiede aber machen die daseiende Größe-Bestimmtheit aus; diese negative Identität ist also Etwas, und zwar das gegen seine quantitative Bestimmtheit [*sc.*, in die beide ineinander übergehen] gleichgültig ist.«⁵

Das Quantum hat seine Bestimmtheit als daseiender Unterschied, der negiert wird; diese Negation des daseienden Unterschiedes macht die Qualität aus. Das Ergebnis ist eine Bestimmtheit und eine Qualität als Gegensatz. Die

---

1 Hegel, *Wissenschaft der Logik*, GW XXI, S. 193.
2 Vgl. a. a. O., S. 194.
3 Vgl. a. a. O., S. 208.
4 A. a. O., S. 209.
5 A. a. O., S. 213. Zudem tritt hier die Bestimmung durch die Differenz in der Einheit hinzu. Festzuhalten ist, dass sie mit der spekulativen Verknüpfung des ›entweder/oder‹, von der schon die Rede war, eng verknüpft ist; s. o., Einl., S. 14.

Bestimmtheit kommt zustande, indem die Qualität über sich hinausweist und zum Anderen hin Kontinuität hat.

Die erste intensive Größe ist wieder bestimmungslos: Sie tilgt die innere Mannigfaltigkeit und setzt sich dadurch von der ursprünglichen Bestimmtheit ab. Sie negiert ihre eigene Bestimmtheit: Die Bestimmtheit des Quantums negiert sich, sie ist das Dasein als die zweite Bestimmung, intensive Größe oder das Etwas.

Bei der Identität der extensiven und intensiven Größen ist jede Größe sowohl extensiv als auch intensiv, nämlich 19 Grade, die 19 Einheiten in sich enthalten. So stellt z. B. die neunzehnte Rangordnung einen Einschnitt dar. Sie liefert die Beziehung, die ein »Element« ergeben soll. In der Identität ist eine Anzahl bzw. Mannigfaltigkeit des Äußeren erzeugt. An dieser Stelle wird die extensive Größe reformuliert: Diese Mannigfaltigkeit ist nicht mehr ein Inneres, sondern das Mannigfaltige des Äußeren, die extensive und die intensive Größe.

Das Andere ist eine in sich reflektierte Zahl, die in sich selbst enthalten ist, was das qualitative Etwas und damit die Gewinnung eines neuen Subjektes bedeutet. Die erste Größe negiert die schon etablierte innere erzeugte Mannigfaltigkeit; sie trennt sich dann ab und wird bestimmungslos. Diese Trennung findet bei der Herleitung der extensiven Größe statt.

Der Begriff »Negation ihrer Unterschiede« besagt, dass die Bestimmungen des Einen und des Anderen ineinander übergehen. Aus dieser logischen Bewegung resultiert eine auf sich bezogene Einheit. Der Begriff »die Negation der Unterschiede« bezieht sich auf die Unterschiede, die in der Einheit intern vorliegen und abermals negiert werden.

Nicht die Unterschiede der extensiven und intensiven Größen sind maßgebend, sondern die innere Mannigfaltigkeit, die wieder negiert wird, damit eine neue Einheit hergestellt werden kann. Zwanzig z. B. hat eine »Differenz in sich«, nämlich Neunzehn: eine innere Mannigfaltigkeit (19/20). Nur wenn die zweite extensive Größe als innerer Unterschied negiert wird, kann man von »Negation ihrer Unterschiede« sprechen und das »auf sich beziehende Einheit« nennen.

Bisher war Zwanzig nur für sich allein bestehend, abgetrennt von anderen, eine extensive Größe, die aber wieder intensiv wurde, sofern sie auf andere verwies. Der Unterschied (d. h. die daseinsbestimmende Größe) kam aus der Operation der intensiven Größe; die Bestimmtheit war dann extensiv, da sich die Zahl als »die ihrige« erwies.

In der Identität ist ein Mannigfaltiges des Äußeren markiert, das durch die bis hierher erfolgte Bewegung auf der Ebene der extensiven und intensiven Größen mit einer äußeren Zahl verknüpft ist. Das Etwas ergibt sich dann als Resultat der Identität, die in sich reflektierte Zahl, die vermittelte Differenz der beiden Größen. Die Identität bezieht sich auf die extensiven und intensiven Größen.

Bei »dieser negativen Identität« wird mit der prädikativen Bestimmung »negativ« auf die Verdoppelung des Unterschiedes in der Einheit der extensiven und intensiven Größen Bezug genommen. Die Verdoppelung weist auf die Koexistenz der beiden Größen hin: Das Etwas ist als Moment zugleich die Negation des Unterschieds der extensiven und intensiven Größen und die Bestimmtheit, durch die das vermittelte Ganze beliebige Vielheiten aufnehmen kann.

»Etwas ist ein Quantum« in der Art, dass das qualitative Dasein auch gegen das Quantum, das es ist, als gleichgültig gesetzt ist. Das Etwas als Bestimmung des Quantums (als Einheit und Anzahl zu denken) ist die Bestimmung (die Anzahl und Einheit). Sie ist es äußerlich, da es ansonsten ein Maß wäre. Es ist ein gegen die quantitativen Unterschiede gleichgültiges Substrat zu denken: eine Menge, die beliebige Elemente haben kann; den Begriff der Menge stellt man sich als ein Substrat der Größenbestimmtheit vor.

Es lassen sich zwei Thesen in Bezug auf das Etwas aufstellen. Erstens kann man das Etwas als eine Art *Vereinigung* (oder Adjunktion) der beiden Momente der extensiven und intensiven Größen auffassen. Zweitens aber kann man annehmen, dass das Etwas eine Art *Reformulierung* der Intensivität (der intensiven Größe) ist. Den Grund hierfür gibt die alles entscheidende »Negation ihrer Unterschiede« an. Die Unterschiede sind die daseiende Größenbestimmtheit, sie kommen aus der intensiven Größe und aus der Kontinuität. Deren Bestimmtheit ergibt dann das Extensive, weil es »das Seinige erweist«. Hegel hatte wohl beide Thesen im Sinn.

In der ersten Phase des Quantum-Kapitels stellte Hegel die extensive und die intensive Größe dar. Die Größen reichen aber als Terme nicht aus, um ein unendliches Kontinuum darzustellen und den Begriff des »Etwas« zu begründen. Mit der Gewinnung des Etwas ist erst die Möglichkeit einer Form des unendlichen Kontinuums gegeben, das die analytischen Eigenschaften beider Größen in sich hat.

Gezeigt werden soll, wie sich zwei Zahlen zueinander verhalten und sich dynamisch durch Vorgänger und Nachfolger bestimmen lassen. Bis zum Etwas war es nur eine Bestimmung der Terme, die die Folge ausmachten. Mit dem Begriff des Etwas ist ein stärkeres Einbeziehen der Prozessualität zu denken. Wie gezeigt, bestimmen sich so mathematisch einmal die extensive, ein andermal die intensive Größe: Aus den beiden ergibt sich dann das Etwas.

Zum Verständnis des quantitativen unendlichen Progresses ist es notwendig, auf den Begriff Etwas näher einzugehen. Der Übergang zum Begriff des Etwas wird doppelt gesehen: Zum einen wird das qualitative Etwas als In-sich-Reflektiertsein der intensiven Größen abgeleitet, zum anderen verweist eine intensive Größe auf ein Anderes. Die Beweisstruktur der Argumentation beruht auf der intensiven Größe.

Auf der neuen Ebene des quantitativen unendlichen Progressus geht es mit den Begriffsmitteln der extensiven und intensiven Größen um die Aufstellung einer Folge ohne schlechthinnige Grenze, um die schrittweise Veränderung der Zahlenfolge von Unterschieden. Die Vermitteltheit der beiden Größen wird dann durch Zahlen angegeben.

Beim quantitativen unendlichen Progressus ist das schlechte Unendliche die abstrakte Negation des Endlichen. Der quantitative unendliche Progressus selbst ist die Beziehung zu dem schlechten Unendlichen. Nachdem der Begriff des quantitativen Etwas dargelegt und die Veränderung des Quantums angeben wurde, soll beides Erläuterung finden. Danach setzt der quantitative unendliche Progressus ein. Hegel gewinnt einen neuen Gedanken, den er an den alten zurückbindet: Aus zwei Momenten resultiert ein Drittes, das dann wieder auf die vorigen Momente zurückwirkt.

Mit dem Etwas geschieht ein Gesetztwerden, es beginnt ein Setzungsprozess. Im Folgenden hat man es mit der Vollendung der Terme zu tun (extensiv und intensiv). Damit ist zum einen die weitere Bestimmung der Terme in sich gemeint, zum anderen aber zugleich ein Abstoßen der beiden Größen voneinander.

Etwas ist sich bestimmend in Beziehung zum Anderen; bestimmend werdend, aber in sich die Bestimmung tilgend, weil es in sich negatorisch ist. Insofern die Bestimmung in sich getilgt wird, geht es über sich hinaus, um sich zu bestimmen.

Im Übergang in das quantitative Etwas kommt es auf die Differenz in der Einheit an. Das Quantum ist gleichgültig gegen Einheit und Anzahl. Die Negation ist eine Bestimmtheit: Sie ist Etwas, das seinerseits durch Einheit und Anzahl bestimmt ist. Durch diese neue Subjektgewinnung ist eine Dialektik zwischen dem Etwas und dessen Bestimmungsmomenten entstanden. Das Etwas ist vorerst gleichgültig gegen seine Bestimmungen, diese bleiben noch bestehen, sodass es zunächst um eine Bewegung des Unterschiedes in sich geht; es setzt eine Subjektgewinnung beim Auftreten des Etwas ein. Das steht einem Anderen gegenüber, aus dem sich dieses Etwas herausbildete. Es geht um die Bestimmung des Etwas im Verhältnis zu einem Anderen: Ein solches muss nach Hegels Argumentationsstruktur jeweils vorausgesetzt sein bzw. entwickelt werden. Im Anderen bildet sich das Etwas fort:

> »*Etwas ist ein Quantum, aber nun ist das qualitative Dasein, wie es an sich ist, als gleichgültig dagegen gesetzt [viz., gegen das Quantum]. Es konnte vom Quantum, [von] der Zahl als solcher u. s. f. ohne ein Etwas, das deren Substrat wäre, gesprochen werden.*«[6]

Das Etwas ist als Quantum in sich reflektiert und selbstbezüglich. Es ist aber vorerst gleichgültig gegen seine Bestimmung, solange es sich auf sich bezieht und die negativen Momente tilgt. Gegen die quantitative Bestimmtheit des Quantums ist das entstandene Etwas qualitativ gleichgültig bzw. gegen seine Größenhaftigkeit. Seiner Qualität nach kann es jede Größe haben.

Wie Hegel in dem vorangegangenen Zitat ausführt, kann man von einem Quantum sprechen; von einer Zahl wie etwa Vier oder Drei, als einer daseienden, extensiven und intensiven Größe, ohne zugleich von einem Etwas zu sprechen: von einem **Substrat** oder Träger, das oder der dieses Quantum, diese Größe, hat bzw. aufweist. Das Etwas als Substrat oder Träger der Größe sei »gleichgültig« gegen seine quantitative Bestimmtheit vermöge des qualitativen Daseins, das es als qualitatives Etwas auch ist. Diese Beschreibung ist einseitig und ergänzungsbedürftig. Denn, so fährt Hegel fort,

> »*nun tritt Etwas diesen seinen Bestimmungen, durch deren Negation mit sich vermittelt, als für sich daseiend gegenüber, und, indem es ein Quantum hat, als dasselbe, welches ein extensives und intensives Quantum habe.*«[7]

---

6 Hegel, a. a. O., S. 213.
7 Ebd.

Von Bestimmungen ist im Plural die Rede, weil die quantitative Bestimmtheit des Etwas sich nach den beiden Aspekten der Extensivität und der Intensivität differenzieren lässt. Das sind aber nur Aspekte des einen durch seine Größe bzw. durch das Quantum bestimmten Etwas: Das Etwas muss vermöge seiner qualitativen Bestimmtheit diesen Unterschied der Aspekte negieren und mit sich vermitteln, ihm »als für sich daseiend« gegenübertreten.

Etwas ist Substrat für die daseienden Größen bzw. die Größenbestimmungen: Seine »Bestimmungen« weisen auf die Größenbestimmungen hin. Das Haben einer Größe drückt sich in der Beziehung der einen zur anderen aus; diesen Unterschied machen die daseienden Größen aus:

> *»Seine eine Bestimmtheit, die es als Quantum hat, ist in den unterschiedenen Momenten der Einheit und der Anzahl gesetzt; sie ist nicht nur an sich eine und dieselbe, sondern ihr Setzen in diesen Unterschieden, als extensives und intensives Quantum, ist das Zurückgehen in diese Einheit, die als negativ das gegen sie gleichgültig gesetzte Etwas ist.«*[8]

Das Setzen ist das Zurückgehen in die Einheit, weil Etwas seiner Bestimmung derart gegenübertritt, dass es durch deren Negation mit sich vermittelt ist; dieses Etwas lässt sich von seiner Bestimmung unterscheiden. Ferner muss man, sofern die eine Bestimmung in den Unterschieden von Einheit und Anzahl gesetzt ist, auch in die Einheit zurückgehen, da Etwas durch Negation dieser Bestimmung mit sich vermittelt ist. Wenn man ein Etwas setzt, das ein Quantum ist, setzt man die eine Bestimmtheit des Quantums in die Unterschiede der Einheiten und Anzahlen. Das Etwas ist ein Substrat, das einer Menge zugrunde liegt: So meint das Etwas z. B. die einzelnen Objekte, die in einem Raum, in dem man sich befindet, herumliegen. Das Quantum ist ein »wie viel«, nämlich so viel, wie Objekte in diesem Raum sind, d. h. z. B. fünf Bücher. Das Etwas stellt das zugrunde liegende Substrat der Menge dar, damit ist die Menge der fünf Bücher in diesem Raum, das Etwas angegeben und die Bestimmtheit in den Unterschieden von Einheit und Anzahl gesetzt. Indem man die Anzahl angab, gab man zugleich die Einheit an.

---

8 Ebd.

Die Größenbestimmtheit hat eine gewisse Anzahl von Einheiten. Die eine Bestimmtheit, die das Substrat als Quantum hat, ist in den unterschiedenen Momenten der Einheit und Anzahl zu denken. Daraus folgt, dass man zugleich ein und dieselbe Einheit zugrunde legt, wenn dieses Substrat im Moment der Anzahl Fünf gedacht wird.

Diese eine Bestimmtheit ist sowohl Anzahl als auch Einheit. Sie wurde durch das nunmehr ununterschiedene Gewordensein von intensiven und extensiven Größen gewonnen, wozu das Substrat notwendig war.

Indem man die Einheit angibt, gibt man zugleich die Anzahl an. Durch Setzen gibt man diese eine Bestimmtheit in ihren Unterschieden an: Man geht zurück in die Einheit als in das Etwas, das gegen die Bestimmtheit und die Unterschiede in der Bestimmtheit gleichgültig gesetzt ist. Zum Beispiel hat man eine Anzahl Vier von Objekten, etwa Bücher (Dinge) bzw. Merkmale (Elemente), die man zu einem Begriff zusammenfasst. Mit Begriff bzw. Ding sagt man zugleich das Etwas aus; auf diese Weise geht man »zurück in die Einheit« und zwar in eine Einheit, die gegenüber dem Quantum gleichgültig ist. Man setzt die Bestimmtheit in einen Unterschied, indem man die Anzahl angibt und zugleich die Einheit, da sie Anzahl von Elementen einer Menge ist.

Das Etwas ist Bestimmtheit des Substrats (Einheit und Anzahl sind Momente der Bestimmtheit und so auch des Substrats). Das Substrat geht aber nicht in die Einheit und Anzahl als solche ein. Stattdessen bestimmen beide zusammenwirkend als eine Bestimmtheit das Substrat. Will man z. B. Fünf durch eine Anzahl bestimmen, muss man die entsprechende Einheit dazu wählen: Beide sind auf ein Substrat verwiesen, sie ist Moment an einer Bestimmtheit, die eine Bestimmtheit bestimmt das Substrat. Etwas darf nicht Moment von der Anzahl werden, da es nur Moment der Bestimmtheit ist. Das Etwas darf nicht in der Einheit enthalten sein: Einheit ist nur bestimmt von dem Etwas, das negativ dagegen ist.

Wenn die Einheit, die das Etwas ist, als negativ gegen die Unterschiede gesetzt ist, ist diese Einheit, die das Etwas ist, auch negativ gegen die eine Bestimmtheit. Bestimmtheit ist gedacht in Abhebung gegen andere: Wo Bestimmtheit ist, ist auch Unterschied. Wo Unterschied gleichgültig gegen Etwas ist, ist auch die Bestimmtheit gleichgültig gegen Etwas.

Etwas ist bestimmungslos, insofern es in sich begrenzt ist und sich von seinen Bestimmungsmomenten trennt. Dieses Getrenntsein bewirkt Veränderung in dem Sinne, dass es über sich hinausgehen muss, um sich neu zu bestimmen. Zu betonen ist, dass Getrenntheit immer Bestimmungslosigkeit bedeutet, wohingegen Nichtgetrenntheit in der Einheit Gebundensein an Bestimmtheit ist.

Etwas ist vorläufig unvollständig. Indem es die Negation der Unterschiede negiert, die innere Mannigfaltigkeit (beispielsweise den Unterschied der Zwanzig und des Zwanzigsten), negiert die innere Bestimmtheit die intensive Größe als äußerlich verbunden mit der extensiven Größe.

Aus einer veränderten intensiven Größe wird durch Negation des verdoppelten Unterschiedes ein Etwas. Die extensive Größe, nachdem sie mit der intensiven Größe in Beziehung gesetzt wurde und durch deren Abgrenzung auf sich wieder in die Mannigfaltigkeit der Einsen zurückfällt, muss gedacht werden als ein Unbestimmt-Bestimmtes. Der spekulative Satz gilt auch für die extensive Größe in der Bedeutung der Einheit von Einheit und Unterschiedenheit. Danach entwickelt sich die extensive Größe parallel, hat aber eine der intensiven Größe entgegengesetzte Bedeutung: Während die intensive Größe qualitätsmäßig weiterhin als bestimmter Wert gesetzt wird und die Argumentation auf ihr beruht, kommt der extensiven Größe nur quantitative Bedeutung zu.

Der **Grad** hat eine ihm zugewiesene Anzahl. Bemerkenswert ist die Perspektivenverschiebung in der Argumentation: Dieser Wechsel der Ebenen wurde mit der Wendung »mit dieser Identität tritt das qualitative Etwas ein« eingeleitet, mit einer Veränderung des Quantums. Die Anzahl ist eine extensive Beziehung am Grad, in ihm spiegelt sich die Mannigfaltigkeit. Zweierlei wird dadurch erreicht: Der Grad ist intensiv und extensiv zugleich.

Zuerst war die intensive Größe bestimmungslos und durch ein Anderes bestimmt. Nachdem dieser Schritt vollzogen war, gab es ein Resultat: das Etwas, das gegen jede Bestimmung bestimmungslos und daher in jedem Maß enthalten ist. Es liegt nahe, dass Hegel hier eine Struktur vor Augen hat, in der jedes Element, das entsteht, wieder der Vielheit angehört, die das Etwas bestimmt. Es scheint, als ob das qualitative Etwas auch eine Radikalisierung des Grades darstellt, indem es wieder bestimmungslos wird und sich neu bestimmt. Dieses Etwas überschreitet den Grad, da es in jedem Grad enthalten ist, wie sich herausstellen wird.

Während zuvor auf der Ebene der extensiven und intensiven Größen jedes einzelne Element das Bestimmungsverhältnis in der fortgesetzten Folge der Quanta bewirkte, ist das Bestimmungsverhältnis auf der nun veränderten Argumentationsebene ein ganz anderes: Es handelt sich um das Verhältnis zwischen dem Etwas und dem in ihm aufgehobenen Unterschied von extensiven und intensiven Größen in der Form von Einheit und Anzahl. Die Bewegung besteht in der Wechselwirkung zwischen einer Qualität als Etwas, einer Art Menge im Sinne von *multitudo*, und einzelnen Elementen, die außerhalb dieser Menge liegen.

Die extensiven und intensiven Größen haben sich bestimmt, sie sind in eine Einheit zu Momenten als Einheit und Anzahl zusammengefallen. Diese haften einem Substrat[9] an, das ihnen gegenüber gleichgültig ist. Diese Einheit und die Anzahl, die nur als Bestimmungen des Quantums existieren, haben eine Struktur: Diese Struktur weist eine innere Differenz auf, da Einheit und Anzahl verschieden sind. Wenn die Negation der Unterschiede eingetreten ist, sind sie qua Identität negativ vom Unterschied. Es gibt eine negative Einheit, weil Einheit und Anzahl verschieden sind. Davon unterschieden ist aber auch ein Etwas, hier eine Größe. Da jede Größe im Hinblick auf eine andere bestimmt ist, gibt es größere und kleinere Zahlen. **Dies motiviert die Veränderung.**

Es scheint, dass der entwickelte Unterschied der extensiven und intensiven Größen die Mitte ist. Diese lässt einerseits durch Negation ein Substrat, das qualitative Etwas, andererseits aus der Negation dieser beiden Größen ein Anderes begrifflich werden, wodurch das Quantum bestimmt wird. Diese Bestimmtheit ist zunächst ein Prädikat; daraus wird das qualitative Etwas abgehoben. Das qualitative Etwas und seine Bestimmtheit sind genauer zu analysieren, sodass als Ergebnis eine andere, eine intensive Größe begreifbar ist. Zu dieser Veränderung hält Hegel fest:

»Der Unterschied des extensiven und intensiven Quantums ist der Bestimmtheit des Quantums als solcher gleichgültig.«[10]

Gleichgültig ist, *ob* das Quantum extensiv oder intensiv ist. Hegel fährt dann fort:

---

9 Zu diesem Begriff: s. o. in diesem *Kap.*, S. 133.
10 Hegel, a. a. O., S. 217.

»Aber überhaupt ist das Quantum die als aufgehoben gesetzte Bestimmtheit, die gleichgültige Grenze, die Bestimmtheit, welche ebenso sehr die Negation ihrer selbst ist.«[11]

Zuvor hieß es: Die Einheit oder das qualitative Etwas sei gleichgültig gegen seine Bestimmtheit, jetzt ist der Unterschied des Quantums der Bestimmtheit des Quantums gegenüber gleichgültig.

Durch die Tilgung der inneren Mannigfaltigkeit kommt das ›Sich-aus-sich-Bestimmen‹ und damit eine Negation jeder Bestimmtheit zustande. Aufgrund der Unbestimmtheit, die durch das Zusammenfallen von Anzahl und Einheit erzeugt wird und nun dem Etwas anhaftet, weist Etwas über sich hinaus und fordert weitere Bestimmung. Dadurch aber fängt die Bewegung erneut an.

»In der extensiven Größe ist dieser Unterschied entwickelt, aber die intensive Größe ist das Dasein dieser Äußerlichkeit, die das Quantum in sich ist.«[12]

Es handelt sich um den Unterschied, der in beiden Größen enthalten ist. Jede ist, methodisch gesehen, strukturelles Moment der jeweils anderen. Der erste Unterschied zwischen den extensiven und intensiven Größen bestand darin, dass beide verschieden konstituiert waren, dass sie verschiedene strukturelle Eigenschaften hatten. Man hat es aufgrund der zuvor erwähnten Unbestimmtheit oder Gleichgültigkeit des Äußeren mit einem entwickelten Unterschied als negativ erwiesenes Moment zu tun.

Das »Dasein dieser Äußerlichkeit« drückt die Geordnetheit der intensiven Größe aus, sofern die intensive Größe Elemente aus sich heraus schließt und bestimmt bzw. in der Einheit ist: In der Einheit wird die intensive Größe bestimmt, indem sie das mannigfache Äußere als Extensivität aufhebt. Es liegt eine bestimmende Reflexion zugrunde, die den Widerspruch der einzelnen Glieder erweist. Sie zeigt zugleich aus demselben Widerspruch, dass die Glieder aufeinander hinweisen, die sie zu ihren Bestimmungen brauchen.

Die unterschiedenen Momente der extensiven und intensiven Größen fallen in eine Einheit zusammen, in das qualitative Etwas. Darin hat das qualitative Etwas zu seiner Bestimmtheit die Anzahl. Die Qualität ist in den ex-

---

11 Ebd.
12 Ebd.

tensiven und intensiven Größen in einer Einheit mit einer Unterschiedenheit, die mit einer Negation verbunden ist. Die intensive Größe ist in gewissem Sinne die Negation der extensiven Größe, in der Qualität beider begründet. Nach Hegel ist die intensive Größe das Dasein »dieser Äußerlichkeit, die das Quantum in sich ist«.

Zugleich ist das Quantum vorerst gleichgültig gegen diese Äußerlichkeit, gegen seine eigene Bestimmtheit, die das Andere des Quantums ist. Das Quantum ist »ungleich mit sich«[13]. In der Selbstbeziehung ist jede doppelte Negation und die *Ungleichheit mit sich* ein Zeichen des Umschlagens.

Hegel scheint sich beider Argumente zu bedienen: Er muss ein widersprüchliches System, das sich sowohl vom Anderen her bestimmt als auch auf sich selbst bezieht, bestehen lassen. Ein Subjekt (Quantum) bezieht sich auf sich aus eben dem Grund, aus dem es sich auf ein Anderes bezieht. Durch seinen Bezug auf ein Anderes entsteht die Dynamik der Bewegung und der Fortbestimmung.

Allein für sich ist das Quantum bestimmungslos: Es geht über sich hinaus, aber zugleich ist es in diesem Akt auf sich bezogen, das meint das Fürsichsein des Etwas. Hier gilt beides: Das Quantum bestimmt sich aus einem Anderen in einem vorausgehenden sowie in einem nachfolgenden Schritt. Es bestimmt sich zugleich als es selbst, es vermittelt sich durch Anderes mit sich. Das ist bereits die bestimmende Reflexion, d. h. die Vermittlung der Bestimmung durch ein Anderes.

Der Fortgang ist der Ausgleich der Bestimmtheit von extensiver und intensiver Größe. Es geht darum, die beiden in einem Substrat unterzubringen, in diesem qualitativen Etwas. Das Eins ist in sich bestimmt und doch nicht, da es von einem Anderen her seine Bestimmtheit erhält. In diesem Fortgang ist eine Bestimmtheit im Anderen und zugleich ein Bestehen in sich als ein gleichgültiges Bestehen gegeben, damit gibt es auch ein Verhältnis zweier aufeinanderfolgender Glieder: des Einen und des Anderen. Was Eins ist, ist es nur durch ein Anderes, aber dergestalt, dass es wiederum als Eins unabhängig und gleichgültig gegen dieses Bestimmtsein im Anderen ist. Jede Größe wird durch das Soundsovielte des Anderen bestimmt, aber keine ist dadurch größer oder kleiner. Der Wert bestimmt sich im Anderen: Trotzdem ist jedes

---

13 A. a. O., S. 219.

unabhängig. Das ist die setzende Reflexion, derzufolge sich die beiden Momente im Spiel gegeneinander verselbstständigen. Wenn Etwas durch ein Anderes bestimmt wird und seine Bestimmtheit an einem Anderen hat, dagegen aber gleichgültig ist, geht es ins Andere über. Dieser Fortgang wird von der Negation der Negation herbeigeführt. Durch die Negation der Bestimmtheit wird dieses Fürsichsein erzeugt: Die Negation des vorher bestehenden Unterschieds tritt ein. Dieser Unterschied kehrt in die Einheit zurück, er wird sich als eine Seite des Quantums erweisen.

Extensive und intensive Größe machen die Bestimmtheit des Quantums aus. Die Bestimmtheit erscheint zuerst als ein Prädikat. Aus diesem Prädikat wird das qualitative Etwas separat abgehoben; dann sind das qualitative Etwas und eine Bestimmtheit vorhanden. Davon wird ein Anderes wiederum abgehoben: Die Bestimmtheit erweist sich als Relation zwischen Etwas und einem Anderen. Das Etwas und das Andere gehen aus der Bestimmtheit hervor.[14] Nachdem sie hervorgegangen sind, verwandelt sich die Bestimmtheit in eine Relation; es ist die Bestimmtheit (Differenz), zu der sich die Relation entwickelt. Die Relation vom Einen zum Anderen ergibt Bestimmtheit. Die Nachfolgezahl bestimmt den Vorgänger, zugleich wird die Nachfolge durch den nächsten Nachfolger bestimmt. Die extensive Größe der Nachfolge wird bestimmt, weil die intensive Größe im Vorgänger getilgt war. Die extensive Größe des Vorgängers hat ihre Bestimmtheit im Anderen, da die intensive Größe auf ein Anderes verweist, das bestimmt ist. Der Vorgänger aber hebt sich in der Nachfolge auf. Dieses Andere verliert ebenfalls seine Bestimmtheit und verweist wiederum auf ein Anderes.

Wenn das Eins unbestimmt ist und seine Bestimmtheit von Anderen erhält, beide aber unbestimmt sind, geht die Bestimmtheit auf sich zurück. Was sich dergestalt bestimmt, rückt weiter: Dieser Vorgang erweist sich als die Bestimmung des Quantums. Liegt eine Trennung vor, ergibt sich eine Veränderung durch Negation: »Das Quantum verändert sich und wird ein anderes Quantum«, weil »das Quantum als an ihm selbst sich widersprechend gestellt ist.«[15]

---

14 Das qualitative Etwas (später das Endliche genannt) erneuert sich immer wieder, weil es sich an sich selbst als Differenz erweist und als eine erweiterte intensive Größe.
15 A.a.O., S. 218.

Das Andere war darin begründet, dass die Bestimmtheit der beiden Größen bestehen blieb.

Zunächst soll aber ein früherer Gedanke aufgegriffen werden:

»*Das Quantum unterscheidet sich [...] zunächst in extensives, an dem die Grenze als Beschränkung der daseienden Vielheit ist, alsdann, indem dieses Dasein ins Fürsichsein übergeht, in intensives Quantum, Grad, welches als für sich und darin als gleichgültige Grenze ebenso unmittelbar außer sich seine Bestimmtheit an einem Anderen hat.*«[16]

Der Unterschied tritt doppelt auf: als Unterschied von extensiver und intensiver Größe, aber auch als Unterschied des Quantums in sich nach dem Zusammenfallen der beiden Größen in eine Einheit.

Der Ausdruck ›in sich‹ weist sowohl auf das Auf-sich-Reflektiertsein als auch auf das Übergehen hin. Das Quantum greift auf die anderen Einheiten über, die auch in-sich reflektiert sind: Es hat die Anzahl in sich. Gemäß dem Hegelschen Entwicklungsansatz ist dieses Übergreifen ein Zeichen, dass die extensive Größe in diesem *Auf-sich-Bezogensein* reformuliert wurde.

»*Die Größebestimmung kontinuiert sich so in ihr Anderssein, dass sie ihr Sein [scil., ihr Bestimmtsein] nur in dieser Kontinuität mit einem Anderen hat; sie ist nicht eine seiende, sondern eine werdende Grenze.*«[17]

Hegel weist auf den Unterschied im Begriff der Grenze hin, auf eine weitere Entwicklung in der Argumentation. Eine »seiende Grenze« ist bloß das »Wieviel« eines Etwas, ist nur quantitativ erfassbar, während man es nun mit einer »werdenden Grenze« zu tun hat. Das ist ein Zeichen für die *qualitativ-quantitative Beziehung*, auf die Hegel abzielt.[18]

Das Quantum wird durch ein Anderes bestimmt, zugleich aber wird diese Bestimmtheit aufgehoben. Diese Bestimmungsweise der Zahlen kann auf andere Zahlen übertragen werden, was Hegel »werdende Grenze« nennt:

---

16 A.a.O., S. 193.
17 A.a.O., S. 217.
18 Vgl. hierzu, s. u., den Anfang des 7. *Kap.*

> *»Das Eins ist unendlich oder die sich auf sich beziehende Negation, daher die Repulsion seiner von sich selbst. Das Quantum ist gleichfalls unendlich, gesetzt als die sich auf sich beziehende Negativität; es repelliert sich von sich selbst.«*[19]

Das Etwas hat seine Bestimmtheit in einem Anderen aufgrund der Identität mit der intensiven Größe: Man erhält die Festigkeit der Form einer Menge (die Vielheit), die durch das Andere gemäß der intensiven Größe bestimmt ist. In diesem Etwas liegt Gleichgültigkeit und Negation der Bestimmtheit. Sofern beides vorhanden ist, wird dasjenige, was da war, wieder aufgehoben: Die intensive Größe bestimmt sich erneut.

> *»Aber es ist ein bestimmtes Eins, das Eins welches in Dasein und in die Grenze übergegangen ist, also die Repulsion der Bestimmtheit von sich selbst, nicht das Erzeugen des sich selbst Gleichen wie die Repulsion des Eins, sondern seines Andersseins; es ist nun an ihm selbst gesetzt, [sich] über sich hinaus zu schicken und ein Anderes zu werden. Es besteht darin, sich zu vermehren oder zu vermindern; es ist die Äußerlichkeit der Bestimmtheit an ihm selbst.«*[20]

Das Etwas erzeugt sein Anderssein, seine Bestimmtheit vom Anderen her: Damit vollzieht sich eine Wende. Zuvor hatte man es mit einer Folge von Quanta zu tun, die bloß vorausgesetzt war. Nun aber zeigt Hegel, wie aus dem Bestimmtsein des Etwas der Begriff einer solchen Folge hervorgeht, wie sie gewissermaßen erzeugt *und* repelliert wird.

Die Formulierung, »es ist nun an ihm selbst gesetzt, [sich] über sich hinauszuschicken und ein Anderes zu werden«, weist auf die neue Dynamik und auf eine andere Form der Veränderung im Entstehen von Gliedern einer solchen Folge hin. Veränderung wird zwar wie auf der vorigen Stufe mittels Bestimmungslosigkeit erreicht, aber mit dem Unterschied, dass das Subjekt der Bewegung selbst sein eigener Träger ist. Ein Etwas vermittelt sich weiterhin durch das Fortschreiten im Anderen, das geschieht aber so, dass die Form der Reflexion eine andere ist: Das Etwas ist als Ergebnis der letzten Bewegungssequenz, die das Etwas hervorbrachte, eine in sich reflektierte Qualität. Das

---

19 Hegel, a. a. O., S. 217.
20 A. a. O., S. 217 f.

Etwas bestimmt sich aus sich selbst heraus und setzt selbst Differenzen aus den Unterschieden der Einheiten und Anzahlen der Folge. Es hat die Form der bestimmten Reflexion an sich selbst. Dieses In-sich-Reflektiertsein ist das Ergebnis der letzten Bewegungssequenz. Allein mit diesem Schritt vom Setzen der Differenzen zum In-sich-Reflektiertsein auf der Ebene des Etwas ist der Begriff des Kontinuums denkbar.

Auf der neuen Ebene hat man es *erstens* mit dem bestehenden **Kontinuum** zu tun, mit qualitativen und quantitativen Eigenschaften. Diese Eigenschaften sind quantitativ im Sinne des »sich Überschreitens« bzw. der Erweiterung des Kontinuums. Sie sind qualitativ im Sinne einer Differenzsetzung, die verschiedenes zusammenordnet: Jedes Verhältnishafte bzw. jede Zuordnung ist qualitativ.

Zweitens hat man es mit dem Kontinuum von Einheiten und Anzahlen als Qualitäten und dem Zusammenspiel zwischen dem gewonnenen Etwas und diesem Kontinuum zu tun.

Die intensive Größe ist zur Einheit geworden, die extensive Größe zur Anzahl.[21] Stellt sich ein Gleichgewichtszustand zwischen beiden her, lässt sich von Momenten sprechen.[22] Demzufolge sind Einheit und Anzahl Momente am Etwas und haben ein Verhältnis zueinander. Gemeint ist eine Einheit, die jeweils im Fortsetzen des Kontinuums immer wieder auf eine nächste einschließende Anzahl übergreift.

Ein Kontinuum ist durch statische Aufzählung von Punkten unvollständig und lückenhaft: In jeder noch so kleinen Umgebung eines Punktes können beliebig viele andere gefunden werden, weil zwischen je zwei Punkten, wie nahe beieinander diese auch sein mögen, unendlich viele andere liegen, solange sie nicht zusammenfallen.

Das fortgesetzte Werden besteht darin, dass in das Kontinuum jeweils neue Qualitäten, die das Etwas selbst hervorbringt, in die einschließende und begrenzende Vielheit eingehen, die sich dadurch zusammenzieht. Eine Qualität stößt sich in eine andere Qualität, in ein Anderes, ab: Die Bestimmung liegt dazwischen als Verhältnis. Die zum Begriff werdende Menge erweitert

---

21 Vgl. dazu auch a. a. O., S. 215.
22 Dazu s. u. 5. Kap., S. 199.

sich aufgrund der Bestimmungslosigkeit des Etwas, dadurch werden immer neue Elemente in immer kleiner werdenden Abständen gebildet.

Das qualitative Etwas ist eine Menge von Elementen, die zu intensiven Größen geworden sind, die selbst die Form des Etwas annehmen. Das geschieht dergestalt, dass sich innerhalb des unendlichen Kontinuums die intensiven Größen von denjenigen Elementen abheben, die dem unendlichen Kontinuum angehören. Dort bestimmt sich ein Glied durch das Überschreiten des anderen.

Die hier skizzierten Gedanken werden nicht in der revidierten Logik aus dem Jahr 1832 explizit dargestellt, sondern vielmehr durch folgende Textstelle aus der *Jenenser Logik* bestätigt. Dort heißt es:

»Die Unendlichkeit an der Qualität, als dem einfachen Begriffe der Beziehung, oder der Bestimmtheit als sich rein auf sich selbst beziehend, soll die Qualität als solche bestehen lassen, und zugleich ihr Gegentheil, die Beziehung auf anderes, die Vielheit, an ihr darstellen; sie ist also eine Menge von Qualitäten, und zwar eine reine, absolut sich nicht auf sie selbst beziehende, oder nicht qualitative, sondern eine unbestimmte Menge, von Qualitäten, welche darum eine unendliche ist, weil sie zugleich reine Bestimmtheit als Qualität, und reine Unbestimmtheit ist; die Qualität, ist als die Vielheit oder verglichen mit andern in der Form der Gräntze, als ausschließend, und damit als numerisches Eins gesetzt, und die Menge ist eine unendliche Menge von Eins, welche Qualitäten sich auf sich selbst beziehende Bestimmtheiten sind.«[23]

Im Setzen und Aufheben aufgrund der Negation stellt sich eine Folge ein: a_1, a_2, a_3, a_4, . Damit ergibt sich eine extensive Mannigfaltigkeit.

Sie wird gesetzt, getilgt, setzt etwas aus sich heraus: Insofern ist sie eine intensive Größe. So gesehen, erzeugt die extensive Größe ein Verhältnis von übergeordneten Mengen zu einer Wohlgeordnetheit. Die extensive Größe stellt die erzeugte durchlaufene Menge dar. Die extensive Größe ist in *sich*

---

23 Hegel, *Jenenser Logik*, GW VII, S. 30. Die Bestimmtheit ist immer durch Relation auf anderes aufzufassen. Wenn sie aber auf sich bezogen ist, ohne Relation, ist sie gleichgültig dagegen. Jedes Element ist gleichgültig und kann sich erst durch ein Verhältnis ein Maß verschaffen.

Enthaltensein.[24] Die Wohlgeordnetheit kommt aber durch die intensive Größe zustande. Sofern ein Etwas auf ein Anderes übergeht, um sich zu bestimmen, und auf sich bzw. die innere Menge der extensiven Größen zurückkommt, muss es sich auch umgekehrt so verhalten, dass das Andere, das Bestimmende, von dem die (neue) Bestimmung geholt wurde, seinerseits denselben Vorgang durchläuft: Die Bewegung liegt in der intensiven Größe.

Das Etwas ersetzt die Funktion der intensiven Größe, da sie wiederum die innere Mannigfaltigkeit negiert. Wie die Punkte eines Kreises durch seinen Rand bestimmt werden, so verhält es sich auch mit der durchlaufenden Menge in einer Umgebung: Der Rand schreibt ihre Gestalt vor; die intensive Größe verweist auf ihren Rand, um ihre Größe selbst zu bestimmen.[25]

Der Gedanke der unter- bzw. übergeordneten Menge besagt, dass die einzelnen extensiven Größen das Quantitative darstellen, dass die Qualität die intensive Größe, d. h. die in sich reflektierte Eins, die Negation der Unterschiede bewirkt. Die intensive Größe tilgt die innere Mannigfaltigkeit, sie trennt sich von ihr ab. Sie wird damit wieder bestimmungslos.

Das qualitative Etwas hat eine **Bestimmtheit**, die zum einen die entwickelte intensive Größe als Einheit und zum anderen die extensive Größe als Anzahl ist. Das Etwas ist bestimmungslos: Es erlangt Bestimmung durch Anderes, das aus den Bestimmungsmomenten Einheit und Anzahl besteht. Es negiert aber diese Bestimmung an sich selbst, sodass es bestimmt wird, aber zugleich diese Bestimmung negiert, sich damit wieder ent-bestimmt.

Im **Übergang in das qualitative Etwas** ist der erste Schritt zur Bestimmung des Unendlichen vollzogen. Die letzte Einheit der extensiven und intensiven Größen, die in der spekulativen Verknüpfung des ›weder/noch‹ ihren Ausdruck fand, brachte das qualitative Etwas hervor. Es kommt zu einer Angleichung beider, zur Negierung des Unterschiedes, und damit kommt es zur Identität.

---

24 Vgl. Hegel, Wissenschaft der Logik, GW XXI, S. 215.
25 Die analytische Geometrie ist die Methode einer intensiven Größenlehre. Wenn ein Punkt im Koordinatensystem gebunden ist, wird er nur durch die Zuordnung System bestimmt. Das ist eine *intensive* Bestimmung, die Bestimmung zum Nullpunkt durch eine orthogonale Projektion auf die Ebene.

Etwas hat aber auch Substratcharakter: Jede Größe braucht ein Anderes, um sich zu bestimmen: bestimmt zu werden entlang eines Substrats. Das Substrat ist die Selbstbezüglichkeit; selbstbezogen ist das Quantum, wenn es sich im Fortschreiten vom Akt des Fortschreitens löst und an die Umgebung setzt. Das ist die Differenz zwischen Einheit und Anzahl, sodass sich im Fortschreiten eine bestimmte Differenz ergibt. Nur bestimmt sich das nicht aus sich selbst heraus, sondern immer im Anderen, zu was es sich als Anderes bestimmt: Die Bewegung fängt immer von neuem an. Die intensive Größe kann sich nie aus sich selbst bestimmen. Sie hat ihre Anzahl in einem Anderen, das sie als äußere Mannigfaltigkeit bzw. als umgebendes Kontinuum voraussetzen muss. Unterschiede müssen bestehen, da bei den extensiven und intensiven Größen zunächst keine Unterschiede vorhanden waren: Es gab kein Etwas. Bei der Einheit und Anzahl aber gibt es ein Etwas; methodisch ist die logische Verknüpfung ›*weder/noch*‹ mitzudenken.

5. KAPITEL

Vom quantitativen unendlichen Progress zum wahrhaften Unendlichen

Das Begriffspaar des Endlichen und des Unendlichen steht am Beginn des Abschnitts »Die quantitative Unendlichkeit«. Beim Unendlichen bzw. der Unendlichkeit ist zwischen dem bereits aufgetretenen »fort ins Unendliche« und dem quantitativen unendlichen Progress zu differenzieren, der das »wahrhafte Unendliche« zwar nicht erreichen, aber immerhin einbringen soll. In diesem Prozess der begrifflichen Entfaltung lassen sich drei Phasen unterscheiden:
1. Das aus dem Vorangegangenen sich ergebende Unendliche ist ein *schlechtes* Unendliches, eine *abstrakte Negation* des Endlichen.
2. Der quantitative unendliche Progressus stellt die Beziehung des Endlichen zum schlechten Unendlichen her.
3. Das Endliche wird quantitativ als Beziehung zum Unendlichen gesetzt. Diese wird vermittels Negation der Negation in das »wahrhafte Unendliche« aufgehoben.

Obwohl selbst zur *schlechten* Unendlichkeit gehörend, vermittelt sich der unendliche Progress zum affirmativen Unendlichen. Erst durch diese Vermittlung wird die Einheit der kontinuierlichen und diskreten Größen hergestellt, aber nicht als ruhende, sondern als dynamische Einheit im Verhältnis.

Das entspricht dem generellen Vorgehen der Hegelschen *Logik*: In jeder Phase wird ein Ganzes[1] vorgestellt, ein logischer Gegenstand in seiner allgemeinen Abstraktheit. Er wird vorweggenommen, aber erst in seinem Rückzug, dann – in seiner Gegenläufigkeit – konkretisiert. Der Begriff hat immer zuerst einen Inhalt, auf den das Unmittelbare aufgelegt wird, das die neue Begriffssequenz jeweils einleitet. Er basiert auf der Vollendung der vorhergehenden Kategorie und bestimmt sich immer konkreter, wenn durch einen Prozess die Momente des Daseins durch entsprechende begriffliche Operationen vereinigt

---

1 Dazu s. o., *Einl.*, S. 14.

werden. Ist die Vereinigung der Momente des Daseins gelungen, wie z. B. im Fall der diskreten und kontinuierlichen Größen, ist Hegels Verständnis nach ein bestimmter Begriff »entstanden« (wie etwa derjenige des bestimmten Quantums). Niemals ist der Begriff aus sich heraus zu entwickeln. Nur im Verhältnis zum Dasein erfährt er eine Entwicklung; er ist immer Verhältnisbegriff, seine Bestimmtheit geht aus der Funktion der vereinigenden Momente des Daseins hervor. Seine formelle Bestimmung ist das Ganze, während seine inhaltliche Bestimmung von der Vermittlungsleistung des Prozesses selbst herrührt.

Auf der Ebene der extensiven und intensiven Größen geht es um eine Folge von Größen ohne die schlechthinnige Grenze, d. h. um eine schrittweise Veränderung der Folge durch das Setzen von Unterschiedenen. Es geht, vermittelt durch den quantitativen unendlichen Progress, nicht mehr um die Aufhebung einer Größe durch eine ihr nachfolgende: Es kommt auf ein ganzes Kontinuum an, in dem sich *jedes* solche Aufheben vollzieht. Im quantitativen unendlichen Progress werden die entgegengesetzten, aber in »Wechselbestimmung« stehenden Bestimmungen des Endlichen und Unendlichen operativ eingesetzt. Damit wird das Merkmal des schlechten Unendlichen, das mit der Identität der extensiven und intensiven Größen in Erscheinung trat, die perennierende Wiederkehr des abstrakten Nichtseins als Jenseitiges, nicht nur einfach negiert, sondern durch die doppelte Negation zur Einheit zweier selbstständiger Quanta als Seiten eines Verhältnisses gebracht.

Im Übergang zum affirmativen Unendlichen wird sich am Ende des quantitativen unendlichen Progresses zeigen, dass der vollendete Begriff das Dasein als aufgehobener Begriff ist. Die Einheit von diskreten und kontinuierlichen Größen entspricht fortan dem Begriff des Quantums, während zu Beginn des »Quantum«-Kapitels Dasein und Begriff noch auseinanderfielen. Denn kontinuierliche und diskrete Größen waren nicht in eine Einheit zu bringen, da der für die Vermittlung erforderte übergeordnete Begriff noch nicht entwickelt war.[2]

---

2 Folgende methodische Schritte sind stets beim Vermittlungsprozess (s. *Einl.*, S. 16) mitzudenken: (1.) Die erste Voraussetzung der Vermittlung ist der Rückgriff auf ein Konstruktionspostulat, auf die Disjunktion ›entweder/oder‹. Die Einheit kann in dieser Phase der Begriffssequenz der beiden Größen nicht als Einheit begriffen werden. Die dialektische Bewegung betrachtet entweder bloß das eine oder das andere der Mo-

Zunächst geht es aber um die Exposition des Kontrastes und der Wechselbestimmung zwischen Endlichem und Unendlichem in der quantitativen Sphäre. Hegel entwickelt das unmittelbar aus den zuletzt gewonnenen Merkmalen des Quantums.

Wie üblich beginnt Hegel den Unterabschnitt über den Begriff der quantitativen Unendlichkeit mit einem Rückblick:

»*Das Quantum verändert sich und wird ein anderes Quantum; die weitere Bestimmung dieser Veränderung, daß sie ins Unendliche fortgeht, liegt darin, daß das Quantum als an ihm selbst sich widersprechend gestellt ist.*«[3]

Dass das Fortgehen ins Unendliche tatsächlich darin liegt, ist noch zu zeigen und gehört zur ersten der oben unterschiedenen drei Phasen. Hegel beginnt damit, dass er den Widerspruch entfaltet, der sich an dem Quantum selbst finden soll:

»*Das Quantum wird ein Anderes; es kontinuiert sich aber in sein Anderssein*«[4].

Das heißt, dass das Quantum nicht nur einfach etwas irgendwie und schlechthin Anderes wird, sondern dass mit der »Veränderung« ein ganz spezifischer Wandel gemeint ist. Das Anderssein, das *terminus ad quem* der Veränderung ist, soll noch dasselbe sein wie jenes, das deren *terminus a quo* ausmacht. Denn »kontinuieren« kann sich etwas in sein Anderssein nur, wenn dieses dasselbe *ist* wie es: Quantum, wie sich aus der Folgerung ergibt, die Hegel zieht:

»*das Andere ist also auch ein Quantum.*«[5]

---

mente; in einer Einheit zusammen können sie aber nicht gedacht werden. (2.) Nach der Einführung der extensiven und intensiven Größen gilt die Konjunktion ›sowohl/ als auch‹, die in der Identität beider Größen zu denken ist. Diese Urteilsverknüpfung ist eine Forderung, die sich ohne Prozess nicht erfüllt, die Forderung des Begriffes, sich mit den ihn vervollständigenden Momenten zu vereinen. Es schließt sich (3.) als weiteres Konstruktionspostulat die Negatkonjunktion ›weder/noch‹ an.

3 Hegel, *Wissenschaft der Logik*, GW XXI, S. 218.
4 Ebd.
5 Ebd.

Mit dem Bisherigen ist nur gesagt, dass es um eine Veränderung geht, bei der aus einem Quantum ein anderes Quantum wird, also um Vermehrung (*augmentatio*) oder Verminderung (*diminutio*). Erst mit der nächsten Feststellung ergibt sich etwas Widersprechendes:

> »*Aber dieses ist das Andere nicht nur eines Quantums, sondern des Quantums selbst, das Negative seiner als eines Begrenzten, somit eine Unbegrenztheit, Unendlichkeit.*«[6]

An dieser Stelle ist im »Quantum«-Kapitel erstmals von der Unendlichkeit selbst als einem gewissermaßen fixierten Subjekt die Rede. Zuvor war unter anderem in der Formel »und so fort ins Unendliche« der prozessuale Charakter thematisiert worden.

Im Grunde sind die Worte ›ins Unendliche‹ in dieser Formel überflüssig; zu sagen ›und *so fort*‹ würde schon genügen. Die dadurch bezeichnete Iteration der »Veränderung« impliziert, das ist Hegels Anspruch, dass der eigentliche *terminus ad quem* nicht nur ein anderes Quantum ist, sondern »das Andere des Quantums«, die Unendlichkeit. Damit geht die »Veränderung« des Quantums ins Unendliche fort.

Jedes Quantum verändert sich in ein anderes Quantum (das größer oder kleiner sein mag), und zwar notwendigerweise, weil es für-sich-bestimmt sein *soll*, »dieses Für-sich-bestimmtsein« aber nur als »Bestimmtsein in einem Anderen« finden kann. Dieses ist, da es nach Maßgabe der zuvor entwickelten begrifflichen Merkmale des Quantums auch »gleichgültiges Bestehen für sich« sein muss, zugleich »*aufgehobenes* Bestimmtsein in einem Anderen«.[7]

---

6 Ebd.
7 Der vollständige Satz, in dem das ausgeführt ist, lautet, a.a.O., S. 218 f.: »Das Quantum ist ein Sollen, es enthält, für-sich-bestimmt zu sein, und dieses Für-sich-bestimmtsein ist vielmehr das Bestimmtsein in einem Anderen; und umgekehrt ist es das aufgehobene Bestimmtsein in einem Anderen, ist gleichgültiges Bestehen-für-sich.« Beim Ausdruck »Bestimmtsein in einem Anderen« muss man an eine Bestimmungs*losigkeit* denken, besser gesagt, an das Bestimmtsein im Anderen und zugleich aufgehobene Bestimmtheit, aufgrund der Negation an ihm selbst, die Qualität ist und auch dem Anderen zukommt. Aufgrund dieses Widerspruchs der Bestimmung durch ein Anderes erleidet auch das Andere dasselbe an sich. Es wird wie das Vorhergehende

Zweierlei ist mit dem jetzt zu denkenden Unendlichen verknüpft: Zum einen soll es ein In-sich-Reflektiertsein als Qualität aufweisen, zum anderen scheint es ein Quantitatives zu sein. Aus dieser Zweiheit ergibt sich der quantitative unendliche Progress.

Es wird zu sehen sein, wie die Qualität ihrerseits als Menge gewährt, dass das Endliche mit dem Unendlichen integriert wird, d. h. wie eine endliche Menge durch das Unendliche ergänzt werden kann. Sofern das geschieht, haben das Endliche und auch das Unendliche die Eigenschaften des Fürsichseins. Vorläufig sollen zwei Punkte festgehalten werden:

1. Das Endliche wird sich als ein Fürsichsein erweisen und als ähnlich strukturiert wie die extensive Größe. Das Endliche hat das Moment des Bestimmtseins an sich, weil es gegen das Unendliche begrenzt ist. Ähnlich wie die intensive Größe muss es über sich hinaus sein, um sich zu bestimmen: Es begründet sich im Fortschreiten, wird im Hinausgehen bestimmt, um dann abermals bestimmungslos zu werden. Das Endliche ist ein Begrenztes und insofern extensiv, weil sich definitiv angeben lässt, wie groß es ist. Zugleich aber wird seine Größe bestimmt, indem es über sich hinausgeht. Letzteres ist der intensive oder qualitative Aspekt. Insofern stehen sich Endliches und Unendliches strukturell polar gegenüber.

2. Das Unendliche ist ein Unbestimmtes, das über sich hinausgehen musste, um sich zu bestimmen: ein Hinaus*gegangensein*. Es kann als ein Bestimmtes über sich hinausgehen, weil die intensive Größe schon extensiv geworden ist. Die neue Bestimmung wird durch den ›Überschritt‹ gewonnen, weil zwischen einem schon Bestimmtsein und der Bestimmtheit durch ein Anderes immer ein Widerspruch besteht. Das Unendliche als das Nichtbegrenzte wird unbestimmt, sofern das Unendliche gegen das Endliche bestimmt ist, wobei erneut ein Unterschied entsteht. Sofern das Endliche sich ändert und bestimmt, ist es extensiv mit einem Bestimmungsmoment. Zugleich aber ist es im Zuge der Argumentation die intensive Zahl, die als in sich reflektierte Zahl wieder unbestimmt wird. Es ist ein ebensolches Über-sich-Hinausgegangensein, d. h. die

---

bestimmungslos und bestimmt sich durch ein Anderes. Auf diese Weise schiebt sich die Grenze vor. Es bestimmt sich durch anderes, hebt aber diese Bestimmung durch das Andere an ihm selbst auf. Insofern ist es (Quantum) Qualität. Dieser Vorgang der sich fortsetzenden Folge ist Bestimmung und Bestimmungslosigkeit in einem.

Negation des Endlichen. Außerdem ist das Unendliche auch sein Zurückgekehrtsein in sich; das wieder entspricht einer extensiven Größe.

Die Bedeutung eines Übergangs kommt beiden zu, da die intensive Größe des Hinausschickens über sich bei beiden vorhanden ist: Einmal als Hinausgeschicktsein, das andere Mal als Hinausgeschicktwerden. Das Endliche hat sowohl ein Extensives, als eine gegen die Grenze gleichgültige Bestimmtheit, wie auch ein Intensives, als eine über die Grenze erhaltene Bestimmtheit. Ebenso hat das Unendliche eine Größe gegen das Endliche. Ein Bestimmtsein aber gewinnt es, indem es *das* Endliche, d. h. beliebiges Endliches, überschreitet. Zugleich aber ist das Unendliche ein Unbestimmtes geworden. In diesem Fall ist es bestimmt als ein Unbestimmtes, aber es ist in sich reflektiert und gleichgültig.

Während auf der Stufe der extensiven und intensiven Größen das »so fort ins Unendliche« dem Endlichen zukam, in der Form eines Unterschiedes Eines zum Anderen, tritt diese Bewegung nun in dualistischer Form auf: einerseits als Endliches überhaupt und andererseits als Unendlichkeit. Beide haben Eigenschaften und sind »schlecht« in dem Sinne, dass sie noch voneinander getrennt sind. Hier ist Unendlichkeit nicht mehr im Sinne des »Fortschickens ins Unendliche« gemeint, sondern als das *Erreichen des Unendlichen*. Auf dieser Entwicklungsstufe der Argumentation herrscht aber noch eine Polarität zwischen dem Endlichen und dem Unendlichen. Es handelt sich hier vorerst nur um die *seinsollende schlechte Unendlichkeit*.

Für das Verständnis des Folgenden ist es wichtig, im Blick zu behalten, dass im quantitativen unendlichen Progressus auch ein Übergehen vorhanden ist, aber mit dem Unterschied zur bisherigen Begriffssequenz, dass das Unendliche in einer doppelten Form besteht: als eine Negation aller endlichen Quanta sowie des Endlichen überhaupt. Es geht um die Vermittlung des abstrakten Endlichen und der schlechten Form des Unendlichen. Wie mit dieser Vermittlung die zweite der vorab genannten Phasen beginnt, bleibt zu sehen. Leisten soll sie der quantitative unendliche Progressus: Das ist seine eigentliche Funktion.

Die quantitative Unendlichkeit

Bis jetzt war die Rede von einem Quantum, das sich verändern muss, nun ist die Rede von unendlichen Quanta. Die Veränderung geht ins Unendliche fort.

Man hat aber eigentlich nicht unendliche Quanta, sondern das Unendliche gerade als das Andere eines jeden sich verändernden Quantums. Hegel denkt das Sich-Kontinuieren des Quantums in seinem Anderssein auf eine neue Weise. Nicht nur derart, dass es sich in ein endliches Quantum kontinuiert, insofern die Grenze eine werdende ist, sondern auch derart, dass es sich in ein Quantum kontinuiert, das nicht mehr endlich ist, weil es nicht nur »das Andere eines Quantums« ist, sondern »das Andere [...] des Quantums selbst«.⁸ Das endliche Quantum geht nicht nur in ein anderes *endliches* Quantum über, es wird ein *ganz anderes* Quantum, ein sozusagen »unendliches Quantum«.

Wenn erst mit dieser Veränderung des Quantums das Unendliche als Sich-Kontinuieren des Quantums in ein anderes, das selbst wieder ein Quantum ist, gedacht wird, so konnte *vor* dieser Veränderung von einem Sich-Kontinuieren des endlichen Quantums in das Unendliche nicht die Rede sein. Indem das endliche Quantum sich in ein *anderes endliches* Quantum kontinuiert, kontinuiert es sich ins *Un*endliche. Damit hat man eine *quantitative* Unendlich*keit* und nicht bloß eine limitative Bestimmung des Unendlichen in Ansehung einer Veränderung des endlichen Quantums: »sondern es ist das Quantum selbst«. Zugleich ist es ein aufgehobenes Bestimmtsein in einem Anderen, es enthält sowohl ein anderes Endliches als auch dieses Unendliche. Es enthält somit dieses Unendliche als die Negation eines jeglichen Quantums oder eines Quantums überhaupt. Im Weiteren argumentiert Hegel wie folgt:

> »*Die Endlichkeit und Unendlichkeit erhalten dadurch [sc., durch den bisherigen Ansatz] sogleich jede an ihr selbst eine gedoppelte, und zwar entgegengesetzte Bedeutung. Endlich ist das Quantum erstens als Begrenztes überhaupt, zweitens als das Hinausschicken über sich selbst, als das Bestimmtsein in einem Anderen. Die Unendlichkeit desselben aber ist erstens sein Nichtbegrenztsein, zweitens sein Zurückgekehrtsein in sich, das gleichgültige Fürsichsein.*«⁹

Der Begriff *Zurückkehren* ist ein Indiz dafür, dass im Unendlichen die Quanta wieder erscheinen und dass das Unendliche selbst als Unendliches zurückkehrt.

---

8   Dazu s. o. das Zitat auf S. 160.
9   Hegel, a. a. O., S. 219.

> *»Vergleichen wir sogleich diese Momente miteinander, so ergibt sich, daß die Bestimmung der Endlichkeit des Quantums, das Hinausschicken über sich zu einem Anderen, in dem seine Bestimmung liege, ebenso Bestimmung des Unendlichen ist; die Negation der Grenze ist dasselbe Hinaus über die Bestimmtheit, so daß das Quantum in dieser Negation dem Unendlichen, seine letzte Bestimmtheit habe.«*[10]

Das bedeutet, dass das Quantum, sofern es eines Anderen bedarf, um sich zu bestimmen, und sofern das Andere unbestimmt ist, es in seinem Unbestimmten seine letzte Bestimmtheit als intensive Größe hat.

Der negative Übergang des Überschreitens wird selbst negiert, was bereits eine Art Grenze bedeutet. Das erste Moment der Negation ist das *Hinausgehen* des Endlichen (d. i., des abstrakten Begrenzten) in das Unendliche. Mit der zweiten Negation wird die Negation des Quantums negiert. Das ist dann eine Qualität, allerdings nun in einem Gesamtprozess. Das negative Überschreiten wird selbst negiert. Das geschieht dadurch, dass das, was übergeht (das abstrakte Endliche als irgendeine Qualität), hinausgehend im Unendlichen negiert wird und dass umgekehrt das Unendliche als Bestimmung des Hinausgehens selbst aufgehoben wird.

Nicht nur der Sinn des Ausdrucks »entgegengesetzte Bedeutung« ist wichtig für das Verständnis der weiteren Argumentation, sondern auch seine Auflösung. Die Entgegensetzung wird sich – auf der methodischen Ebene gedacht – in ›*weder/noch*‹ auflösen.

> *»Die qualitative Bestimmtheit ist als unmittelbar und bezieht sich auf das Anderssein wesentlich als auf ein ihr anderes Sein; sie ist nicht gesetzt, ihre Negation, ihr Anderes an ihr selbst zu haben.«*[11]

Das Unendliche hat die Bestimmtheit des Anderen als die Qualität, als ein Fremdes sich gegenüber. Bei der Quantität ist die Bestimmtheit zwar äußerlich. Eben dadurch ist ihre *Größen*bestimmung gegeben.

---

10 Ebd.
11 A. a. O., S. 219.

> *»Die Größe [...] ist als solche aufgehobene Bestimmtheit; sie ist gesetzt, ungleich mit sich und gleichgültig gegen sich selbst, daher das Veränderliche zu sein.«*[12]

An dieser Stelle wird der Gedanke »das andere an ihr selbst« expliziert, insofern die Bestimmtheit der Größe – um überhaupt Größe zu sein – sich setzen muss: Sie ist gesetzt als »ungleich mit sich«, aufeinander verweisend und gleichgültig gegen sich selbst. ›Aufgehobene Bestimmtheit‹ bedeutet, dass die Bestimmtheit der Größe sich setzen muss, um bestimmt zu sein.

Der Begriff *ungleich mit sich* bedeutet, dass die Differenz vorhanden ist, aber vorerst gleichgültig und veränderlich bleibt.

> *»Das qualitative Endliche und Unendliche stehen sich daher absolut, d. h. abstrakt gegeneinander über; ihre Einheit ist die zugrunde liegende innerliche Beziehung; das Endliche kontinuiert sich daher nur an sich, aber nicht an ihm, in sein Anderes.«*[13]

Das qualitative Endliche entsteht dadurch, dass sich das Etwas erstens an sich selbst als Differenz erwies – es bestimmte sich im Anderen – und zweitens unendlich ist, da es des Anderen bedarf, um sich als Differenz an sich selbst zu bestimmen.

Es gilt ein Bestimmen an sich und im Anderen. Das quantitative Endliche bezieht sich auf sein Unendliches als auf ein Anderes. Aber es bezieht sich auf sein Unendliches als auf sich selbst – an ihm selbst. Daher sagt Hegel:

»Hingegen das quantitative Endliche bezieht sich an ihm selbst in sein Unendliches, an dem es seine absolute Bestimmtheit habe.«[14]

Das Unendliche ist ebenfalls gleichgültig. Es ist, sofern es gleichgültig ist, aufgehobene Bestimmtheit. Die beiden – das Endliche und Unendliche – fallen in eine Einheit zusammen. Die Unendlichkeit ist bestimmt als unbegrenzt und als Zurückgekehrtsein in sich, als gleichgültiges Fürsichsein. Hegel gebraucht diese Formulierung, weil er den Unterschied zwischen den

---

12 Ebd.
13 Ebd.
14 Ebd.

Verhältnissen hervorheben will: Zum einen beim quantitativen Endlichen und seinem Progress des Kontinuierens und zum anderen beim qualitativen Endlichen. Das qualitative Endliche steht dem Unendlichen abstrakt gegenüber. Es gibt ein qualitatives Etwas, das vergeht, und ein Etwas, das im Anderen entsteht. Das Unendliche aber ist nur eine diesem Progress zugrunde liegende innere Beziehung. Dagegen kontinuiert es sich beim quantitativen Endlichen in sein Anderes an ihm selbst: Es ist gesetzt bzw. hebt sich heraus aus dem quantitativen Unendlichen, da die endliche Menge nur durch Setzen einer sich fortsetzenden Grenze innerhalb einer Umgebung von der Restmenge festgelegt wird. Daher lässt sich sagen, dass das quantitative Endliche sich an ihm selbst in sein Anderes setzt. Das ist nicht nur ein Endliches, sondern auch ein Unendliches. Wenn es sich in sein Anderes kontinuiert, hat es sein Unendliches. Damit ist die Einheit innerlich geworden, es gibt keine Beziehung auf ein Anderes mehr. Die Einheit vom Endlichen und Unendlichen – wo es sich um ein quantitatives Endliches handelt – ist enger als bloß eine Beziehung auf ein Nächstes. Es gibt hier kein äußeres Verhältnis mehr, sodass Hegel das Jenseitige mit der Grenze zusammen denkt. Das Unendliche ist dabei die gleichbleibende Grundlage des Ganzen.

Aus der Entgegensetzung zum Endlichen im Kontinuum kommt das Quantitative. Wichtig ist, dass die Grenze (die Umgebung) an ihr selbst sich in ihr Jenseits fortsetzt bzw. verschiebt. Umgekehrt bedeutet das, dass dieser Rest zusammen mit der Grenze zu nehmen ist, der Rest auch an sich gesetzt ist, was heißt, das Quantum in sich zu haben. Auch bei den Qualitativen gibt es eine Grenze, aber eine Grenze, die sich nicht verschiebt.

Der Progress ist die **Wechselbestimmung des Endlichen und Unendlichen**, die in der qualitativen Sphäre betrachtet worden ist. Aber mit dem Unterschied, dass im Quantitativen sich die Grenze an ihr selbst in ihr Jenseits fortschickt und fortsetzt. Somit ist umgekehrt auch das quantitative Unendliche gesetzt, das Quantum an ihm selbst zu haben. In seinem Außersichsein ist das Quantum zugleich es selbst, »seine Äußerlichkeit gehört seiner Bestimmung an«.[15]

---

15 A.a.O., S. 220.

»*Wie er [sc., der Progress] zunächst gesetzt ist, ist er die Aufgabe des Unendlichen, nicht die Erreichung desselben: das perennierende Erzeugen desselben, ohne über das Quantum selbst hinauszukommen, und ohne daß das Unendliche ein Positives und Gegenwärtiges würde.*«[16]

Dieser Hinweis darauf, was der unendliche Progress im Hinblick *nicht* zu leisten vermag, das Unendliche abschließend als etwas »Positives und Gegenwärtiges« zu »erzeugen«, lässt sich als Vorgriff auf das zu entwickelnde Verständnis des Unendlichen als etwas Negatives im Sinne der Negation der Negation verstehen. Notwendig dafür ist, das *negative Aufheben des Begrenztseins* positiv zu wenden. Das versucht Hegel, indem er im Folgenden die *quantitative* Unendlichkeit als das »Jenseits des Quantums« exponiert: Das Quantum habe »es in seinem Begriff, ein Jenseits seiner zu haben«.[17] Dieses Jenseits soll eine doppelte Funktion haben: »erstlich« sei es »das abstrakte Moment des Nichtseins des Quantums«. Da es nach Hegel in dessen Begriff liegt, sich an sich selbst aufzulösen, »löst [es] sich an sich selbst auf«. Das Quantum bezieht sich, sofern es darauf bezogen ist, »auf seine Unendlichkeit«.[18] »Zweitens« stehe das noch »in Kontinuität mit diesem Jenseits«, weil es eben darin bestehe, »das Andere seiner selbst«, das heißt, »sich *selbst* äußerlich zu sein«.[19] Hegel schließt dann daraus:

»*das Jenseits oder das Unendliche ist also selbst ein Quantum*. Das Jenseits ist auf diese Weise aus seiner Flucht zurückgerufen und das Unendliche [ist] erreicht.«[20]

Das Quantum wird mit dem Jenseits unterlaufen: Es ist als Jenseitiges eigentlich unendlich, zugleich aber erscheint in diesem Jenseits wieder ein Quantum. Das Unendliche wird immer auf die neue entstandene Größe zurückgedrängt und erweist sich als ein Quantitatives, d.h. als ein Endliches. So

---

16 Ebd.
17 Ebd.
18 Ebd.
19 A.a.O., S. 221.
20 Ebd.

verschwindet das Unendliche wieder. Der Gedanke »das Jenseits oder das Unendliche ist also selbst ein Quantum« weist darauf hin, dass die Grenzen beim Überschreiten zusammenfallen.

»Das Unendliche« wird dadurch »erreicht«,[21] dass die quantitative und die qualitative Bestimmung des Quantums vermittelt werden. Das Qualitative ist das Jenseits im Anderen, das Quantitative braucht das Quantum des Jenseits, um sich zu bestimmen. Dieses Qualitative wird erreicht, indem es »das Andere nicht nur eines Quantums, sondern des Quantums überhaupt« ist: Das Unendliche tritt als Negatives auf. Dieses Unendliche als das Andere des Endlichen ist qualitativ zu verstehen, aber nicht quantitativ, da sich das Endliche eben in diesem Unendlichen als Äußerliches vermittelt und sich durch ein Negatives fortsetzt. Das Unendliche wird das, was das Endliche setzt; das Endliche wird das Unendliche. Es wird so quantitativ bestimmt: Das Unendliche wird als eine offene Menge oder besser als eine offene Vielheit gedacht.[22]

Das Äußerliche ist aber das Jenseits: Das Jenseits oder das Unendliche ist daher ein Quantum. Das ergibt sich aus Hegels Feststellung, dass das Quantum »in Kontinuität mit seinem Jenseits« steht. So lässt sich der Satz verstehen: »Das Jenseits ist aus seiner Flucht zurückgerufen«. Sowie das Jenseits da ist, ist es immer in einem Quantum da, in das ein bestimmtes Quantum übergegangen ist.[23] Darin besteht die Kontinuität des Quantums mit seinem Jenseits. Hat man ein Quantum, hat man eine endlich bestimmte Größe. Dazu gibt es immer eine diese umfassende oder einschließende Menge, die aber selbst in ihrer Größe zunächst ganz unbestimmt und darum nicht stationär aufzufassen ist. Es gehört zum Quantum, »das Andere seiner selbst zu sein«, ein anderes Quantum zu *werden*. Dieses andere Quantum wird nur bestimmbar als Einschränkung des Vorrats unbestimmter, das ursprüngliche Quantum umfassender Größen. Hegel begreift das als Kontinuität des Quantums mit *seinem* Jenseits. Das Unendliche ist in dem jeweiligen Quantum, in das sich ein be-

---

21 Zum Gewicht, das der Begriff ›erreichen‹ hier hat, s. u., *6. Kap.*, S. 343.
22 Zu diesem Sinn von ›offen‹ s. u., *6. Kap.*, S. 299, die Analyse von Hegels Erörterung *offener* und *geschlossener* Darstellungen von Größen.
23 Vgl. dazu Hegels »Rückruf«-Metapher in der *I. Anmerkung*, a. a. O., S. 245 in dem in der vorigen Fn. angesprochenen Kontext.

stimmtes Quantum verändert hat, schon enthalten; seine »Flucht ist zurückgerufen«.

Der Begriff des »Jenseits« bedeutet auch, dass das abstrakte Endliche *immer wieder* über sich hinausgeht, sodass das Quantum wieder auf eine intensive Größe führt, die wieder einer anderen Größe bedarf, um sich zu bestimmen. Das »abstrakte Moment des Nichtseins des Quantums« stellt die Qualität dar, die soeben erzeugt wurde. Das Endliche bzw. das Quantum bezieht sich sowohl auf ein Jenseits als auch auf ein quantitatives Anderes. Mit dem Gedanken »dieses löst sich an sich selbst auf« will Hegel erläutern, was es heißt, dass das Jenseits das abstrakte Nichtsein des Quantums in Ansehung des Quantums sei: dasjenige, welches das Quantum nicht sein kann. Damit wird auch gesagt, dass das in Kontinuität mit dem Jenseits steht. Nicht das Jenseits löst sich auf, sondern das Quantum. Das Quantum ist in diesem Progressus ins Unendliche kein festes Quantum.

Jedes Quantum löst sich auf,[24] indem es zu einem anderen Quantum wird. In dem Nichtsein des Quantums liegt begründet, dass es als ein sich stets aufzulösendes aufzufassen ist. Das Quantum ist von dieser Allheit des Progressus immer abstrahiert: Was danach bleibt, ist die Negation von allen Quanta: Das ist das Unendliche.

> *»Aber weil dieses zum Diesseits Gewordene wieder ein Quantum ist, ist nur wieder eine neue Grenze gesetzt worden; diese, als Quantum, ist auch wieder von sich selbst geflohen, ist als solches über sich hinaus und hat sich in sein Nichtsein, in sein Jenseits von sich selbst repelliert, das ebenso perennierend zum Quantum wird, als dieses sich von sich selbst zum Jenseits abstößt.«*[25]

Das *zum Diesseits Gewordene* deutet zunächst nur auf eine, wie Hegel es fasst, *gleichgültige* Grenze hin. Es erscheint aber in diesem »Jenseits« ein »Diesseits«. Später wird sich herausstellen, dass der Begriff des »Diesseits« eine Form von umfassender oder einschließender Menge erfasst.

---

24 Vgl. wieder Hegel, a. a. O., S. 220.
25 A. a. O., S. 221. Ausgeführt und entwickelt wird das von Hegel erst im »Verhältnis«-Kapitel.

Der unendliche Progress ist eine Vereinigung beider: »das Jenseits oder das Unendliche ist [...] selbst ein Quantum«.[26] Es handelt sich um eine Art Vereinigung, aber nur um eine scheinbare Vereinigung. Weil das Jenseits zum Diesseits geworden ist, ist es wieder ein Quantum. Der Grund liegt darin, dass noch von einer Beziehung eines Quantums auf sein Jenseits gesprochen wird. Wo Beziehung ist, fehlt im Sinne Hegels das Moment der Vereinigung, da eine Beziehung immer Beziehung zweier Momente zueinander ist.

Beim abstrakten Endlichen beginnt man. Das ist zwar gegen seine Bestimmung im Unendlichen gleichgültig, hat aber seine Bestimmung im unendlichen Bereich. Umgekehrt ist auch das Unendliche dadurch bestimmt, dass das Endliche sich in das Gebiet des Unendlichen eingeschoben hat. Bestimmt ist es als ein Unbestimmtes, aber in sich reflektiert. Es ist jedoch vorerst gegen das Endliche gleichgültig.

Um der Kontinuität willen ist eine Auflösung des Widerspruchs zunächst nur in einer scheinbaren Vereinigung zu sehen. Hegel zeigt, wie diese scheinbare Auflösung vonstattengeht. Erstens hat das Quantum es in seinem Begriff, ein »Jenseits« zu sein. Das ist der Widerspruch, mit dem man es hier zu tun hat. Danach kommt eine Explikation dessen, was dies eigentlich heißt. Zweitens wird das Unendliche erreicht, ohne dass dieses gegenwärtig wäre. Diesseits geworden heißt: endliche Quanta. Das Unendliche selbst ist ein Quantum, es wird im Hinausgehen auch ein Quantum. Indem ein Quantum sich als das Andere seiner selbst erweist und darin ein anderes wird, wird das Jenseits dieses einen bestimmten Quantums selbst ein Quantum. Hegel sagt zwar, es sei ein Quantum, meint aber, es wird jeweils ein anderes Quantum. In dem jeweiligen Quantum, das gerade wird, ist das Unendliche gegenwärtig und wird wieder hergestellt.

Wie kommt es zum quantitativen Verhältnis? Formal gesprochen ist das ein Schritt vom ›sowohl/als auch‹ in der Einheit; diejenige Bewegung, die sich vermittels der Bestimmtheit (bzw. der Bestimmung) des Endlichen und Unendlichen ergab.

Das Unendliche ist die Bedingung der Möglichkeit für das andere Quantum, die Bedingung des Überschreitens: Der Prozess des Überschreitens ist

---

26 Ebd.

die Unendlichkeit. Das Endliche wird eingeschränkt, um für ein anderes frei zu werden. Das Überschreiten alles Endlichen *ist* das Unendliche, zu einem Endlichen hin. So folgt ein Endliches auf ein anderes, aber vermittels der Unendlichkeit. Man gewinnt durch das Hinausschieben oder Fortsetzen des Endlichen und des Unendlichen beliebig verschiedene Quanta, die aber unbestimmt sind. Hegel überwindet den unendlichen Progress, indem das negative Moment positiv wird.[27]

Methodisch hat man es mit der Urteilsverknüpfung des ›entweder/oder‹ zu tun: Das Endliche ist zuerst Qualität und wird zur Quantität überschritten. Es zeigte sich aber im Verlauf des analysierten Prozesses der Begriffsentwicklung, dass keine Alternative zugunsten der anderen aufgegeben werden kann. Diese wechselseitige Abhängigkeit ist eine Gestalt des ›*sowohl/als auch*‹. Es handelt sich dabei noch nicht um eine wirkliche Einheit. Sobald sie erreicht scheint, wird sie überboten.

Ein Quantum ist als großes oder kleines, und ein Nichtsein des Quantums gegeben. Die Reihenfolge ist auszulegen wie folgt: Als Quantum ist es durch ein anderes bestimmt und weist auf sein Nichtsein hin. Ein Nichtsein des Quantums ist aber auch ein Nichtsein des Begrenzten, also unbegrenzt. *Unendlich* ist die Negation alles Endlichen, alles Begrenzten. Zugleich soll es als Negation der Negation des Quantums im Überschreiten wieder Quantum sein. Sofern es wieder ein Quantum ist und überschritten wird, überschreitet es *sich*. Mit der zweiten Negation wird »dieses Hinaus« eingefangen und zu einem qualitativen »Diesseits«.

Die quantitative Unendlichkeit des (beschränkten) Unbestimmten deutet hin auf einen »nicht quantitative[n] Unterschied«[28] zum (endlichen) Quantum, weil dieses »sich auf das Unendliche als auf sein Nichtsein bezieht«[29]. Damit ist eigentlich das »Nichtsein« *aller* Quanta gemeint, das als dem (end-

---

27 Hier scheint Hegel den begrifflichen Rahmen dafür bereitzustellen, was er in den mathematischen Anmerkungen mit dem Begriff des *Potenzverhältnisses* zu konkretisieren versucht hat; dazu s. u., 7. Kap., S. 347.
28 Hegel, a. a. O., S. 221. Aus diesem Grunde hielt Hegel auch die Rede von einer *Annäherung* an das Unendliche für unsinnig, wie er in der *I. Anmerkung* (a. a. O., S. 269) noch einmal bekräftigt.
29 Ebd.

lichen) Quantum entsprungenes Jenseits somit eine *qualitative* Seite hat. Andererseits aber soll es auch eine *quantitative* Vielheit darstellen. In diesem Widerspruch, von dem »der Progress ins Unendliche« bloß »der Ausdruck« ist,[30] liegt eben »das abstrakte Nichtsein des Quantums überhaupt«, das Hegel auch »die schlechte Unendlichkeit« nennt.[31]

Es kommt im Folgenden auf die Aufhebung der Entgegensetzung des Endlichen und Unendlichen an, um diese Form der schlechten Unendlichkeit zu beseitigen. Als diese Form erkannte Hegel »vornehmlich« den »Progressus des Quantitativen ins Unendliche«, den er auch als das »fortgehende Überfliegen der Grenze, das die Ohnmacht ist«, beschrieb. Zur Beseitigung des Widerspruchs waren diese Ohnmacht »und der perennierende Rückfall in dieselbe« und damit die sie bedingende *Entgegensetzung* von Endlichem und Unendlichem »aufzuheben«.[32]

Die Unendlichkeit des Quantums

Das Endliche findet durch Hegels Vorstellung vom quantitativen unendlichen Progressus keine qualitativ-quantitative Grenze im Sinne der zu Beginn dieses Kapitels erwähnten dritten Phase.

Diese dritte und letzte Phase muss ermöglichen, dass das Endliche durch seine Beziehung zum Unendlichen gesetzt und dass schließlich der Begriff des wahrhaften Unendlichen erreicht wird. Sie wird mit Bezug auf die Begriffsmittel, die den erwähnten Widerspruch beseitigen sollen, wie folgt eingeleitet: Nimmt man den Begriff des Quantums »zunächst in seinen abstrakten Bestimmungen, wie sie vorliegen«, dann ist, so betont Hegel nachdrücklich,

---

30 A.a.O., S. 220.
31 Vgl. auch a.a.O., S. 244 f., wo Hegel den Mangel aller dieser schlechte Unendlichkeit reproduzierenden Ausdrucksweisen in der Mathematik unter Verwendung der hier entwickelten Begrifflichkeit charakterisiert: Sie seien »mit einem Jenseits behaftet, das nicht aufgehoben werden kann, weil ein auf qualitativer Bestimmtheit Beruhendes als Anzahl auszudrückender bleibende Widerspruch« sei. Vgl. dazu die Analyse im *6. Kap.*, S. 288.
32 Hegel, a.a.O., S. 222. Größen und Quanta (Differenzen) sind im Sinne Hegels als endliche Quanta zu begreifen, sie sind aber nicht gewisse Entitäten, die als unendliche behandelt werden könnten. Dazu s.u., *6. Kap.*, S. 288.

in diesem Begriff des Quantums »das Aufheben des Quantums, aber ebensosehr seines Jenseits, also die Negation des Quantums sowohl als die Negation dieser Negation vorhanden.«[33]

Das Überschreiten ist auch qualitativ bestimmt, ihm liegt eine *doppelte* Negation zugrunde. Einmal wird das Quantum als solches überschritten. Zum Zweiten wird das Quantum als ein Bestimmtes, ein So-und-viel(t)es, überschritten. Das Begrenztsein wird durch die zweite Negation aufgehoben. Das Endliche war im Hinausschieben negativ von sich abgetrennt. Die zweite Negation bewirkt, dass das darin zum Ausdruck gebrachte Negatorische selbst negiert wird. Hier deutet Hegel bereits den Begriff des affirmativen Unendlichen an.

Begrifflich fehlt noch: (*i*) die Aufhebung der Entgegensetzung des abstrakten Endlichen und der (schlechten) Unendlichkeit, sowie (*ii*) die Entwicklung der Einheit des Jenseits des Quantums wie der Aufhebung dieses Jenseits.[34] Die »Wahrheit« des Begriffs des Quantums ist diese Einheit des endlichen und des (vermeintlich) unendlichen Quantums, worin diese beiden aber »als Momente sind«.[35] Diese Einheit wird sich dann als »die Auflösung des Widerspruchs« erweisen, dessen »Ausdruck« der Begriff des Quantums zunächst war.[36]

Das kontinuierliche Aufheben ist das Hinausgehen des Endlichen in das Unendliche. Das lässt sich in dem Sinne deuten, dass das Endliche das äußerlich Begrenzte und umgekehrt das Unendliche das Zurückgekehrtsein in sich ist. Dadurch ist erneut ein Ausgangspunkt gegeben, der abermals bestimmungslos wird und eine neue Bestimmung erheischt. Durch das Fürsichsein fällt das so Gewonnene wieder in die Endlichkeit zurück: Das ist die Negation der Negation des Fürsichseins, da das Quantum die »aufgehobene qualitative Grenze« ist.[37] Aber, so fährt Hegel fort:

> »*es ist zugleich nur an sich dies; gesetzt ist es als ein Dasein, und dann ist seine Negation als das Unendliche fixiert; als das Jenseits des Quantums, welches als ein Diesseits steht, als ein Unmittelbares*«.[38]

---

33 Hegel, a.a.O., S. 234. (Diese Passage ist bei Hegel im Sperrdruck hervorgehoben.)
34 Vgl. a.a.O., S. 241: »sein Jenseits, das schlechte Unendliche«.
35 A.a.O., S. 234.
36 Ebd.
37 Ebd. Dazu s.u., *6. Kap.*, S. 288.
38 Hegel, a.a.O., S. 234.

Das Entstehen des Diesseits im Jenseits ist Kontinuität, die Fortsetzung des einen Quantums in das Andere. In diesem Begriff der Kontinuität aber steckt das Unendliche. Der Schritt von Einem in das Andere setzt Unendlichkeit, Unbegrenztheit, voraus. Die Weise des immerwährenden Perennierens ins Unendliche, die diesem quantitativen unendlichen Progressus zugrunde lag, wurde dadurch beseitigt, dass das Unendliche durch das Negieren der Negation auf das Endliche zurückbezogen wurde; damit wurde das Unendliche gesetzt. Es wurde etwas nicht rein negatorisch übergangen, sondern ist nunmehr ein *Gebundensein*[39]: Das Endliche ist in das Unendliche bzw. das Jenseits in ein Diesseits gebunden.

In der Art, wie es im unendlichen Progress erscheint, kann Hegel sagen, ist »das Unendliche nur als erste Negation bestimmt«.[40] Das aber sei nicht alles, sondern es sei »mehr« darin »vorhanden«:

> »*die Negation der Negation oder das, was das Unendliche in Wahrheit ist.*«[41]

Dadurch aber werde »der Begriff des Quantums [...] wieder hergestellt«. Das bedeutet Hegel zufolge, dass das Dasein des Quantums »seine nähere Bestimmung« erhalten habe. Vermittels dieser Bestimmung sei

> »*das nach seinem Begriff bestimmte Quantum entstanden, was verschieden ist, von dem unmittelbaren Quantum*«.[42]

Diese Stelle ist wichtig, da künftig von einem »nach seinem Begriffe bestimmten Quantum« die Rede ist, während bisher nur vom »unmittelbaren Quantum« die Rede war. Zuvor ging es bei der Darstellung des Übergehens des Quantums in sein Jenseits um die Negation in der Bedeutung des Unter-

---

39 Diese Ausdrucksweise wird im Rahmen des hier verfolgten Ansatzes durch Rückschluss aus Hegels mathematischen Anmerkungen (vgl. a. a. O., S. 247) entwickelt, um Hegels Text im Sinne der Anmerkungen gerecht zu werden; im *Corpus* der *Logik* ist von einem Gebundensein nicht explizit die Rede.
40 A. a. O., S. 234.
41 Hegel, G. W. F., Wissenschaft der Logik I., in: Moldenhauer, Eva/Michel, Karl Markus (Hrsg.), Hegels Werke, Frankfurt/M. 1969, Bd. 5, S. 278.
42 A. a. O., S. 234 f.

schiedes. Jetzt hat es sich zur Unendlichkeit als etwas Qualitativem bestimmt. Dieses Qualitative, so ergänzt Hegel,

> »ist noch näher bestimmt, nämlich als Fürsichsein; denn die Beziehung auf sich selbst, zu der es gekommen, ist aus der Vermittelung, der Negation der Negation, hervorgegangen. Das Quantum hat die Unendlichkeit, das Fürsichbestimmtsein nicht mehr außer ihm, sondern an ihm selbst.«[43]

Der erste Akt der Negation ist zunächst, das Jenseits des Endlichen aufzuheben und beim Unendlichen zu bewirken, dass es auf sich zurückfällt, aber auch, die Vermittlung des Fürsichseins der Qualitäten zu gewähren. Wenn die Vermittlung des Endlichen mit dem Unendlichen vollzogen ist, ist *das Quantum vermittelt*. Damit ist auch die Entgegensetzung aufgehoben. Denn »das Fürsichbestimmtsein« gilt »nicht außer ihm, sondern an ihm selbst«. Im Unendlichen ist das Endliche als Unendliches bereits hinausgegangen. Endliches ist ein Hinausgehen. Das Unendliche ist ein aufgehobenes Hinausgegangensein; daher hieß es: Es »bezieht sich an ihm selbst in sein[em] Unendliche[n]«.[44]

Der bisherige Widerspruch bestand zwischen einem schon Bestimmtsein und der Bestimmtheit durch ein Anderes. In den angewendeten logischen Urteilsverknüpfungen ist das ›sowohl/als auch‹ der bisherigen Entgegensetzung in einer Einheit durch Negation der Negation aufgehoben.

Der Umstand, dass das Endliche und das Unendliche sich voneinander abhoben, lag darin begründet, dass beide *zueinander in entgegengesetzter Bedeutung* standen. Dabei ist aber die Urteilsverknüpfung des ›sowohl/als auch‹ vorausgesetzt. Durch sie wird die *Aufhebung* des Endlichen und Unendlichen gerade *nicht* bewirkt. Das Aufheben der Entgegensetzung drückt sich erst in der Urteilsverknüpfung des ›weder/noch‹ aus. Bei der Einführung des Negationsbegriffs wurde die Bestimmtheit im Anderen zum einen negativen Moment des endlichen Moments selbst. Als Größe ist das Endliche wesentlich Negation. Nur darin hat es Dasein.[45]

---

43 A.a.O., S. 235.
44 A.a.O., S. 219. S. o. in diesem Kap., S. 169.
45 Wie bereits erwähnt, ist das Endliche wie die extensive Größe aufzufassen, sofern jeweils feststeht, dass die Einheit immer wiederhergestellt ist. Es ist in sich immer nur dadurch bestimmt, indem es als Einheit eine bestimmte, intensive Größe hat. Dieser

Irgendeine beliebige Vielheit oder Folge als Qualität ist jeweils *Bestehen* und quantitativ als *Übergehen* aufzufassen. Die Aufhebung der Entgegensetzung ist damit vollzogen, denn:

»[d]aß die Totalität *gesetzt sei, dazu gehört der gedoppelte Übergang*, nicht nur der der einen Bestimmtheit in ihre andere, sondern ebenso der Übergang dieser anderen, ihr Rückgang, in die erste.«[46]

Hegel hebt diesen Gedanken noch klarer hervor, denn

»durch den ersten ist nur erst *an sich* die Identität beider vorhanden; die Qualität ist in der Quantität enthalten, die aber damit noch eine einseitige Bestimmtheit ist. Dass diese umgekehrt ebenso in der ersten enthalten, sie ebenso nur als aufgehobene ist, ergibt sich im zweiten Übergang, Rückkehr in das erste«.[47]

Indem das Endliche sich mittels der setzenden Reflexion auf das Jenseits bezog (d. h. unendlich wird), erhielt auch das Unendliche eine andere Qualität: Es wird qualitativ; im selben Zug wird das Endliche gesetzt, es wird quantitativ.

»Ganz überhaupt: das Quantum ist die aufgehobene Qualität; aber das Quantum ist unendlich, geht über sich hinaus, es ist die Negation seiner; dieses sein Hinausgehen ist also *an sich* die Negation der negierten Qualität, die Wiederherstellung derselben; und gesetzt ist dies, daß die Äußerlichkeit, welche als Jenseits erschien, als das *eigene Moment des Quantums* bestimmt ist.«[48]

»Es (das Quantum) ist die Negation seiner«, bedeutet das Enthaltensein eines Anderen in sich als ein Moment bzw. eine qualitative Eigenschaft. In diesem

---

Umstand kann als der *intensive* Aspekt oder der *qualitative* Aspekt bezeichnet werden. Das Unendliche war immer ein Unbegrenztes und daher keine bestimmte Größe, noch – wie oben erwähnt – sollte das Unendliche so etwas wie eine Größe darstellen. Dazu s. u., *6. Kap.*, S. 288.

46 Hegel, a. a. O., S. 320.
47 Ebd.
48 A. a. O., S. 235 f.

Zusammenhang enthält »ganz überhaupt« so viel wie *das Quantum im Unendlichen*, wie umgekehrt das Unendliche im Quantum. Mit dieser Formulierung aber ist im Grunde nur gemeint, dass das Unendliche nicht als Größe oder Quantum zu verstehen sei.

Die Wende ist dort zu suchen, wo das Negative der beiden Momente (Begriffe) des Endlichen und Unendlichen nicht mehr getrennt, sondern das Negative in einer Einheit ist: Dort, wo die entgegengesetzte Bedeutung aufgehoben ist.[49]

Die Beziehung der Quanta zueinander ist selbst auch eine Größe. Bei Hegel heißt es:

»*das Quantum ist nicht nur im Verhältnis, sondern es selbst ist als Verhältnis gesetzt.*«[50]

Was bislang durch eine Bestimmung im Anderen bestimmt wurde, wird nun durch ein Verhältnis bestimmt.[51] Methodisch gesehen, setzt in dieser Einheit ein ›weder/noch‹ ein. Beide Quanta sind in dieser Einheit nur relativ selbstständig. Die Wahrheit des Begriffs »ist ihre Einheit, worin sie, aber als Momente, sind«.[52] Es ist eine wesentliche Voraussetzung, *dass sie nur Momente sind, während sie zuvor voneinander getrennt waren; gerade diese Einheit ist das Verhältnis.*

Ein Verhältnis besteht, und damit bestehen zwei gebundene Quanta: Das Quantum hat sich in zwei Momente aufgespalten, die immer in einer Einheit zusammengedacht werden müssen. Hegels Ansicht in seiner Anmerkung über die Mathematik bestätigt diese Auffassung.[53]

Zwei Quanta sind jeweils ins Spiel gekommen, die durch Vermittlung des Endlichen und Unendlichen aufgrund der Negation des Negativen erzeugt wurden. Um das zu erreichen, denkt Hegel wohl an die zweifache Anwendung der Negation. Durch sie wurde das Eins negiert, danach das Negative

---

49 Hegel, a.a.O., S. 236.
50 A.a.O., S. 310f.
51 Dazu s.u., 6. Kap., S. 288f., insbesondere das Zitat dort.
52 Hegel, a.a.O., S. 234.
53 Dazu s.u., 8. Kap., S. 387.

dieses Eins – das abstrakte Nichtssein – (im Unendlichen) negiert. Darum spricht Hegel unten von »repelliert«(-Werden):

»*Das Quantum ist hiermit gesetzt als von sich repelliert, womit also zwei Quanta sind, die jedoch aufgehoben, nur als Momente einer Einheit sind, und diese Einheit ist die Bestimmtheit des Quantums. Dieses so in seiner Äußerlichkeit als gleichgültige Grenze auf sich bezogen, hiermit qualitativ gesetzt, ist das quantitative Verhältnis*«.[54]

Ein Quantum als ein Wievieltes einer Einheit (immer bestehend aus Anzahlen). Methodisch wird die Negation selbst negiert, negierte Negation. Das bietet die Basis für ein weiteres Entwicklungsglied (in der grenzsetzenden Umgebung von Quanta).

Die Negation wurde negiert, damit erhält man zwei Quanta. Diese sind zwar noch *äußerlich* zueinander, aber dennoch in einer Einheit, welche in eine Einheit von sich repellieren, sodass wieder eine neue Unmittelbarkeit erzeugt wird. Es ist die Negation alles Quantitativen innerhalb dieser Einheit.

Im Folgenden schließt Hegel seinen Gedankengang ab. Er führt aus, welche Bedeutung das »wahrhafte unendliche Quantum zuerst« hat:

»*Was zuerst das wahrhafte unendliche Quantum betrifft, so bestimmte es sich an ihm selbst unendlich; es ist dies, indem, wie sich ergeben hat, das endliche Quantum oder das Quantum überhaupt und sein Jenseits, das schlechte Unendliche, auf gleiche Weise aufgehoben sind. Das aufgehobene Quantum ist damit in die Einfachheit und in die Beziehung auf sich selbst zurückgegangen, aber nicht nur wie das extensive, indem es ein intensives Quantum überging, das seine Bestimmtheit nur an sich an einer äußeren Vielfachheit hat, gegen die es jedoch gleichgültig und wovon es verschieden sein soll.*«[55]

Der Vorgang des Überschreitens war es immer gewesen, mit dem man es bislang zu tun hatte. Es heißt, »daß es [das Quantum] seine Bestimmtheit nur an sich an einer äußeren Vielfachheit hat.« Das gilt in dieser Phase der Entwick-

---

54 Hegel, a.a.O., S. 236.
55 A.a.O., S. 241.

lung des Begriffes bzw. dessen, was im unendlichen Progress im Mittelpunkt steht: eine Unendlichkeit, die sich immer hervortut.

Eben diese »äußere Vielfachheit« und deren Negation, die Negation dieser wiederholten Vermehrung der unendlichen Differenzen, die Quanta, zu beseitigen – darauf müsste es ankommen – um zu einer *qualitativen Bestimmung zu kommen*. So gesehen, ist es

> *»nicht mehr irgendein endliches Quantum, nicht eine Größebestimmtheit, die ein Dasein als Quantum hätte, sondern es ist einfach und daher nur als Moment; es ist eine Größebestimmtheit in qualitativer Form; seine Unendlichkeit ist, als eine qualitative Bestimmtheit zu sein.«*[56]

Hegel erweitert den letzteren Gedanken dadurch, dass er den Begriff des *Momentes*, von dem oben die Rede war, wieder aufgreift:

> *»So als Moment ist es in wesentlicher Einheit mit seinem Anderen, nur als bestimmt durch dieses sein Anderes, d. i. es hat nur Bedeutung in Beziehung auf ein im Verhältnis mit ihm Stehendes.«*[57]

In dem Verhältnis nur als Moment sei es *nicht ein für sich Gleichgültiges*, vielmehr in der Unendlichkeit als Fürsichsein nur als ein »*Für-Eines*«, da es zugleich eine quantitative Bestimmtheit sei.[58]

Das Endliche geht in das abstrakte Jenseits. Das Unendliche geht in das Endliche, bzw. das Begrenzte (aber Unbestimmte) geht in das Unbegrenzte hinein, indem es sich aufhebt. Dadurch wird das Unbegrenzte bestimmt. Beides ist in einer Einheit zu sehen, die das, was übergeht, momenthaft hat: Dieses Momenthafte ist als *Verhältnis* aufzufassen.

Das Jenseits ist das grenzenlose Unendliche – grenzenlos deswegen, weil die Begrenzung hier negiert wird. Darin liegt der erste Schritt der Entgegensetzung. Es erweist sich aber als die Negation des Hinausgehens und somit als die Umkehrung des Diesseits bzw. Fürsichseins des Unendlichen des Quan-

---

56 Ebd.
57 Ebd.
58 Ebd.

tums. Darin ist das *Grenzsetzende* gegeben, das Jenseits ist in gewissem Sinne verschwunden. Was bedeutet dieser Gedanke der Grenze? Der Eingang in die grenzsetzende Umgebung oder, wie oben formuliert, in eine umfassende und einschließende Menge (Vielheit), dieser Eingang des Endlichen in das Unendliche wurde an den endlichen Quanta erreicht, wo das abstrakte Endliche, das Nichtsein bzw. Begrenzte des Unendlichen negiert wird.

Mit der Qualität sind Dasein und Begriff ausgeglichen. Es handelt sich um eine mit Quantität behaftete Qualität, ein Verhältnis als Qualität, aber mit einem Quantum.[59] Das wird im *Corpus* der *Logik* unter dem Titel des *Verhältnisses* besonders weiter behandelt (siehe das folgende Kapitel).

Die am Anfang des 2. *Kapitels* gestellte Frage über das Quantum,[60] worin nämlich die Unangemessenheit des Begriffes im Hinblick auf den Begriff der einen Quantität und die Bestimmungen der kontinuierlichen und diskreten Größen liegt, wie das Quantum tatsächlich in seinem Begriff ist, entspricht dem Prozess des Unendlichen. Das ist das Ergebnis des quantitativen unendlichen Progressus. Damit ist der reine Begriff zu seinem Dasein gekommen. Der Begriff ist durch diesen Prozess vermittelt, d. h. ihm ist zu seinem Dasein verholfen.[61]

Der Versuch, strukturelle Entsprechungen zwischen dem *Corpus* der *Logik* einerseits und den mathematischen Anmerkungen Hegels andererseits heranzuziehen, ist von besonderem Gewicht mit Blick auf die letzten Passagen des Abschnittes über den Begriff des Unendlichen, der, wie es scheint, nur im Rückgriff auf die eben genannten Anmerkungen plausibel zu machen ist. Aus sich selbst heraus sind die entsprechenden Partien mathematisch nicht sinnvoll zu deuten.

---

59 Vgl. Hegels Zusammenfassung, a. a. O., S. 233 ff.
60 Dazu s. o., *2. Kap.*, S. 107.
61 Vgl. Hegel, a. a. O., S. 233: »Im unendlichen Progreß aber ist dieser Widerspruch explizit vorhanden und damit das, was die Natur des Quantums ist, das als intensive Größe seine Realität erreicht hat und in seinem Dasein nun gesetzt (ist), wie er in seinem Begriffe ist.« Eine weitere Bestätigung wird in der *I. Anmerkung* gegeben, dazu s. u., *6. Kap.*, S. 317.

6. KAPITEL

Hegels Auseinandersetzung mit der Mathematik seiner Zeit in der I. Anmerkung zur »Unendlichkeit des Quantums«

Wie in der Einleitung bereits bemerkt, trieb Hegel zunächst einen Keil zwischen die *gewöhnliche* Bestimmung des mathematischen Unendlichen und die Bestimmung des mathematischen Unendlichen, wie der Begriff in der höheren Analysis *gebraucht* wurde. Nur für Letztere sollte gelten, dass sie dem Begriff des wahrhaften Unendlichen *entspricht*. Im Fortgang dann sollte sich erweisen, dass dieser Begriff dem mathematischen Unendlichen, wie er in der höheren Analysis gebraucht wurde, *zugrunde liegt*.[1]

Worin bestand für Hegel jene »gewöhnliche Bestimmung des mathematischen Unendlichen«? Diese Bestimmung lässt sich folgendermaßen formulieren: *Das Unendliche ist eine Größe*. Entsprechend der Alternative, dass das Unendliche als Größe entweder das Unendlich*große* oder aber das Unendlich*kleine* sein muss, ergibt sich als Bestimmung des Unendlichen: *Es ist entweder eine Größe, über die es keine größere mehr gibt, oder aber es ist eine Größe, über welche es keine kleinere mehr gibt*.[2]

In der Mathematik aber ist, wie Hegel sogleich geltend macht, als eine Größe gerade dasjenige definiert, »was vermehrt oder vermindert werden könne«.[3] Das heißt, dass es *per definitionem* zum Begriff einer Größe gehört, dass x dann und nur dann eine Größe ist, wenn es eine Größe y gibt: Derart, dass x größer (bzw. kleiner) als y ist. Ein x, das unter diesen Begriff einer Größe oder eines »Quantum überhaupt«[4] fällt, kann aus zwingenden logischen

---

1 Dazu s. o., *Einl.*, S. 10 f.
2 Hegel, *Wissenschaft der Logik,* GW XXI, S. 239.
3 Ebd.
4 Wie Hegel (ebd.) ausdrücklich erklärt, benennt er damit in dieser Anmerkung »das endliche Quantum«.

Gründen *weder* unendlich groß *noch* unendlich klein sein: Oder umgekehrt und mit Hegels Worten formuliert:

»*Indem nun das Unendlichgroße oder -kleine ein solches ist, das nicht vermehrt oder vermindert werden könne, so ist es in der Tat kein Quantum als solches mehr. Diese Konsequenz ist notwendig und unmittelbar.*«[5]

Diese Konsequenz, dass das Unendliche kein Quantum sei und als ein solches nicht begriffen werden dürfe, liefert Hegel den entscheidenden Anhaltspunkt für die weiteren Betrachtungen, auf den er immer wieder zurückkommt.

Das Argument, das zu dieser Konsequenz führt, ist undialektisch geradlinig und zweifellos schlüssig. Einwenden lässt sich aber vielleicht, dass dieses Argument an einem zu engen Begriff der Größe und des Quantums orientiert ist: Wenn Größen oder Quanta von vorneherein als *endliche* definiert werden, dann ist es nicht verwunderlich, dass das *Un*endliche nicht als Größe oder Quantum zu begreifen ist.[6] Das ändert nichts daran, dass Hegel zu Recht darauf aufmerksam macht, dass es nötig ist, einen Begriff von Größe oder Quantum, der die Vermehrbarkeit und Verminderbarkeit, d. h. die Existenz größerer und kleinerer Größen oder Quanta, zu allem, was unter ihn fällt, einschließt, von einem Begriff zu *trennen*, der von dem, was unter ihn fällt, nur verlangt, dass es größer oder kleiner ist im Vergleich mit irgendeinem Gegenstand.

Es kommt darauf an, den engeren Begriff von Größe (im Sinne des endlichen Quantums) nicht zu verwechseln mit dem weiteren Begriff von etwas, das in der Beziehung des Größer- oder Kleinerseins zu anderem stehen kann. Der engere Begriff von Größe legitimiert den Satz:

Zu jeder Größe x existieren Größen y und z, sodass y > x > z.

---

5 Ebd.
6 Auch vom Standpunkt der heutigen reellen Analysis ist Hegels Überlegung nicht von der Hand zu weisen. Eine Illustration dafür, dass das Unendlichgroße und das Unendlichkleine den eigentlichen reellen Größen gegenüber etwas Fremdes sind, ist die ›äußerliche‹ Hinzufügung der Elemente +∞ und -∞ zum Körper (R, +, •) der reellen Zahlen, welche es erst möglich macht, die so erweiterte reelle Zahlengerade als isometrisches Bild des geschlossenen Intervalls [-1,+1] zu sehen. Vgl. J. Dieudonné, *Grundzüge der modernen Analysis*, Braunschweig 1971, S. 42 f.

Ein x, das unter diesen Begriff von Größe fällt, kann niemals in dem Sinne unendlich sein, dass es größer (oder kleiner) ist als *alle* anderen Größen. Da aber für beliebiges, das in der Relation > zu anderem stehen kann, ein entsprechender Satz, also

zu jedem x existieren y und z, sodass y > x > z,

nicht gilt, ist allein kraft des begrifflichen Inhalts der Relation > auch *nicht ausgeschlossen*, dass es ein x gibt mit der Eigenschaft:

für alle y ist y > x

oder

für alle z ist x > z.

Da für die Relation > und jenen engeren Begriff verwandte und nahezu gleichlautende Wörter verwendet werden, nämlich ›größer‹ und ›Größe‹, erscheint es, wie Hegel schrieb, »für das gewöhnliche Begreifen«[7] durchaus schwierig zu sein, diese Trennung durchzuführen.

Das eben ist die Schwierigkeit, vor die man durch die Rede vom Unendlichgroßen oder -kleinen gestellt wird: etwas zu denken, von dem »gefordert wird«, dass es »nicht ein Quantum ist und dessen **quantitative Bestimmtheit doch bleibt.**«[8]

Obwohl Hegel feststellte, dass das Unendliche nicht als ein Quantum zu begreifen ist, sprach er weiterhin von dem »unendlichen Quantum«. Das wirft die Frage auf, was für ein Quantum es sein kann, wenn es doch kein Quantum mehr ist. Hegels Antwort lautet: Es ist »aufgehobenes Quantum«. Was das bedeutet, hat er im Rückgriff auf seinen Begriff des wahrhaft Unendlichen folgendermaßen exponiert:

---

7 Hegel, a. a. O., S. 239.
8 Hegel, a. a. O., S. 239.

> »*Das unendliche Quantum [...] ist [...] nicht mehr [...] eine Größebestimmtheit, die ein Dasein als Quantum hätte, sondern es ist [...] nur als Moment; es ist eine Größebestimmtheit in qualitativer Form; seine Unendlichkeit ist, als eine qualitative Bestimmtheit zu sein. – So als Moment [...] hat [es] nur Bedeutung in Beziehung auf ein im Verhältnis mit ihm Stehendes. Außer diesem Verhältnis ist es Null«.*[9]

Die zusammengehörigen Schlüsselbegriffe in diesem abstrakten Exposé sind dieselben wie am Ende des Abschnitts über »Die Unendlichkeit des Quantums« im *Corpus* der *Logik*:[10] Die Begriffe der *qualitativen Bestimmtheit* und des *Momentes* stehen in einem *Verhältnis*. Diese Begriffe lieferten Hegel das Stichwort für seine darauf folgende Untersuchung der »verschiedenen Stufen«, auf denen ein Quantum in der Mathematik als »Verhältnismoment« ausgedrückt wird.[11]

Die erste dieser Stufen fand Hegel bei den »gebrochenen Zahlen« oder, wie man heute sagt, den *rationalen* Zahlen. Die geläufige Darstellung einer rationalen Zahl durch einen Bruch ganzer Zahlen, z. B. durch ›2/7‹, lässt sich ohne Weiteres auch als Darstellung eines bestimmten *Verhältnisses* (lat. ratio) zwischen Zahlen auffassen: Als Verhältnis zwischen den Zahlen, die Zähler und Nenner oder – in Hegelscher Terminologie – »Anzahl« und »Einheit«[12] des betreffenden Bruchs ausmachen, in dem gegebenen Beispiel also zwischen den Zahlen 2 und 7.

Den besonderen Status der rationalen gegenüber den ganzen Zahlen beschrieb Hegel dadurch, dass jene anders als diese nicht »unmittelbare« Quanta seien, sondern »mittelbar bestimmt durch zwei andere Zahlen«.[13] Diese beiden anderen Zahlen, z. B. also 2 und 7, treten dabei, so Hegel weiter, »nur als Momente« auf, und zwar gegeneinander »und damit« auch als Momente

---

9 A.a.O., S. 241. Dazu s.o., 5. Kap., S. 280.
10 Dazu s.o., das Ende des 5. Kap.
11 A.a.O., S. 242.
12 A.a.O., S. 242, wobei, wie er hinzufügt, »auch die Einheit eine bestimmte Anzahl ist«. Zu Hegels Begriff von *Anzahl* und *Einheit* als »Momente der Zahl« vgl. auch a.a.O., S. 194 ff.
13 A.a.O., S. 242.

»eines Dritten«, des Verhältnisses nämlich, welches die rationale Zahl, z. B. 2/7, ist.

Zunächst stellt das nicht mehr als eine Übersetzung elementarer Aussagen über rationale Zahlen in eine für Mathematiker ungewohnte Terminologie dar. Der Sinn dieser Ausdrucksweise ergibt sich erst in einem nächsten Schritt, in dem Hegel sich auf eine weitere elementare mathematische Eigenschaft der Brüche, mit denen rationale Zahlen dargestellt werden, bezieht. Es geht darum, dass man, wenn man einen Bruch kennt, der eine solche Zahl darstellt, auch viele andere Brüche, im Prinzip unendlich viele, kennt und angeben kann, welche dieselbe rationale Zahl darstellen. Das lässt sich z. B. durch eine Gleichung wie die folgende ausdrücken:

2/7 = n · 2/n · 7 für beliebige ganze Zahlen n.

Das heißt, das Verhältnis, das die rationale Zahl 2/7 ist, ist ein Verhältnis, in dem nicht nur die Zahlen 2 und 7 zueinander stehen, sondern *unendlich* viele andere Paare von Zahlen.

Als Momente dieses Verhältnisses sind die Zahlen 2 und 7, so umschrieb Hegel diesen Sachverhalt, *nicht* mehr »nur unmittelbare Quanta«: Als solche nämlich dürften sie nicht durch andere Zahlen ersetzbar sein. Was sie als Verhältnismomente sind, drückte er dann aus wie folgt:

»Insofern aber 2 und 7 nicht nach der Bestimmtheit, solche Quanta zu sein, gelten, so ist ihre gleichgültige Grenze aufgehoben; sie haben somit nach dieser Seite das Moment der Unendlichkeit an ihnen, indem [...] ihre quantitative Bestimmtheit, aber als eine an sich seiende qualitative – nämlich nach dem, was sie im Verhältnis gelten – bleibt.«[14]

Worauf Hegel mit seiner Beschreibung der Besonderheiten der rationalen Zahlen hinauswollte, lässt sich folgendermaßen zusammenfassen:

Als *rationes* sind sie einerseits Verhältnisse und andererseits, als Zahlen, »gewöhnliche«, nämlich endliche Quanta. Da das Verhältnis, das sie verkörpern, jedoch ablösbar ist von bestimmten unmittelbaren Quanta (wie etwa

---

14 Ebd.

2 und 7), weil es zugleich unendlich viele andere betrifft, ist es selbst etwas Qualitatives (»qualitative Beziehung«[15]) und auch etwas Unendliches. Insofern ist jede rationale Zahl »Darstellung [der] Unendlichkeit«.[16] Weil nun umgekehrt das Quantum, welches eine rationale Zahl als Zahl ist – Hegel nannte das auch »Exponent des Verhältnisses«[17] – invariant bleibt bei Ersetzung von Zähler und Nenner durch Gleichvielfache, ist es diesen gegenüber zugleich »etwas Äußerliches und Gleichgültiges«.[18]

Die letztere Beobachtung gebrauchte Hegel, um von der »Darstellung, welche die Unendlichkeit an einem Zahlenbruch hat,« festzustellen, sie sei »noch unvollkommen«, weil »die beiden Seiten des Bruchs, 2 und 7, aus dem Verhältnis genommen werden können und gewöhnliche gleichgültige Quanta sind«. Diese Bemerkung hat einen Sinn, der sich erst auf einer späteren Stufe des Ausdrucks eines Quantums als Verhältnismoment erschließt; bei der Betrachtung der Funktionen, die Hegel für den eigentlichen Gegenstand der höheren Analysis hielt und bei der Betrachtung des sogenannten Differentialquotienten. An dieser Stelle erkennt man nur, dass Hegel mit Blick auf »vollkommenere« Darstellungen des mathematischen Unendlichen daran gelegen war, Verhältnisse angeben zu können, deren Momente sich nicht mehr als selbstständige, »gegeneinander gleichgültige«, Quanta aus dem Verhältnis herauslösen lassen.

Bevor Hegel diese zweite Stufe erreichen konnte, ergänzte er seine Beschreibung der rationalen Zahlen um eine Betrachtung, die dem Umstand Rechnung trug, dass jede rationale Zahl eindeutig durch einen unendlichen periodischen Dezimalbruch darstellbar ist; wie auch umgekehrt jeder solche Dezimalbruch genau eine rationale Zahl darstellt. Im Falle des gewählten Beispiels hat man z. B. die Gleichung

$$2/7 = 0{,}285714\ldots, \qquad (1)$$

---

15 Ebd.
16 A.a.O., S. 243.
17 Ebd.
18 Ebd.

wobei die drei Punkte so zu verstehen sind, dass die sechsgliedrige Ziffernfolge ›2‹, ›8‹, ›5‹, ›7‹, ›1‹, ›4‹ periodisch unendlich oft zu wiederholen wäre, um eine vollständige Dezimalbruchdarstellung von 2/7 zu erhalten. Zahlendarstellungen sind im dezimalen Stellenwertsystem nichts anderes als Abkürzungen für Summen von Zehnerpotenzen. Ein sogenannter unendlicher Dezimalbruch ist also eine unendliche Summe solcher Zehnerpotenzen mit negativen Hochzahlen. Anstelle von ›0,285714 ...‹ hat man also:

$$0 \cdot 10^0 + 2 \cdot 10^{-1} + \cdot 10^{-2} + 5 \cdot 10^{-3} + 7 \cdot 10^{-4} + 1 \cdot 10^{-5} + 4 \cdot 10^{-6} + ...$$

Das ist eine unendliche Summe: Eine unendliche Reihe, die nur dann überhaupt einen Wert hat, wenn sie konvergiert. Im Falle der periodischen Dezimalbrüche, die nur einen Spezialfall der geometrischen Reihen darstellen, ist diese Bedingung aufgrund der Periodizität trivialerweise erfüllt. Der Grenzwert ist nichts anderes als die rationale Zahl, im Beispiel 2/7, die in einem solchen Bruch ›entwickelt‹ wird. Die zugrunde liegenden Sätze über geometrische Reihen waren Hegel bekannt, was sich daran festmachen lässt, dass er auf den für beliebige ganze Zahlen a geltenden Satz

$$1/1 - a = \Sigma\, an,\ n = 0, ..., \infty \qquad (2)$$

anspielt.[19] In den Zeilen (1) und (2) hat man es mit Gleichungen zu tun, deren linke Seiten dieselbe Größe bezeichnen wie die rechte Seite. Auf der rechten Seite tauchen in beiden Fällen Symbole für eine Unendlichkeit auf, in Gestalt der Fortsetzungspunkte ›...‹ oder durch das Zeichen ›∞‹. Solche Darstellungen ließen sich *offene* Darstellungen einer Größe nennen, während man auf den linken Seiten der Gleichungen (1) und (2) solche für Ergänzungen oder Fortsetzungen offene Stellen nicht findet, sie also als *geschlossene* Darstellungen von Größen bezeichnet werden können.

Für Hegel sind offene Darstellungen von Größen wie die genannten mit dem Makel der »schlechten Unendlichkeit« behaftet. Auch sie reproduzieren in seinen Augen den unendlichen Progress und den Widerspruch, den dieser ausdrückt, ohne ihn aufzulösen. Daher spricht er nicht von einer offenen

---

19 Ebd.

Darstellung, sondern von einem »unendlichen Ausdruck«; was geschlossene Darstellung genannt wurde, heißt bei ihm »endlicher Ausdruck«. Den Vorrang, den in seinen Augen die Letzteren gegenüber jenen gerade bei der Bezeichnung einer Unendlichkeit haben, kann er deswegen in einer paradox klingenden Formulierung feststellen: der »sogenannte **endliche Ausdruck ist der wahrhaft unendliche Ausdruck**«.[20]

Die geschlossene Darstellungsform ist laut Hegel für die qualitative Form des Verhältnisses besser geeignet.

Ferner will er, so scheint es der Text nahezulegen, den Differentialquotienten durch eine Annäherung an die Bruchdarstellung der rationalen Zahlen gewissermaßen umschreiben. In seinem Sinne ist der Differentialquotient ähnlich aufzufassen wie ein Bruch in seiner geschlossenen, also »endlichen« und ebendarum »*wahrhaft* unendlichen«, Darstellung der Unendlichkeit als qualitativer Form eines Verhältnisses.

Es sollte hier aber nicht suggeriert werden, dass Hegel den Differentialquotienten letztlich als Bruch auffassen wollte: Er wollte lediglich unter Hinweis auf die Vorzüge der geschlossenen Bruchdarstellung die zentrale Bedeutung der Begriffe des Verhältnisses und der Qualität im Kontext der Rede über das mathematische Unendliche hervorheben.

Im Zusammenhang mit der Erörterung der Frage, welche Darstellungsformen dem Unendlichen in der Mathematik angemessen sind und welche nicht, kommt Hegel auf einen Typ von Symbolen zu sprechen, die in der modernen Logik als *Variablen* bezeichnet werden:

»*Die Buchstaben, mit denen in der allgemeinen Arithmetik operiert wird, [...] haben die Eigenschaft nicht, daß sie von einem bestimmten Zahlenwert sind; sie sind nur allgemeine Zeichen und unbestimmte Möglichkeiten jedes bestimmten Wertes.*«[21]

Die Funktion der Buchstaben hat Hegel sehr genau erkannt, auch wenn er sie in einer heute ungewohnten Sprache beschreibt: Sie sind Zeichen der Allgemeinheit. Sie bezeichnen nicht direkte bestimmte Zahlen oder Größen, wie

---

20 A.a.O., S. 246.
21 A.a.O., S. 243.

Hegel sagt, sie sind *nicht* »von einem bestimmten Zahlenwert«, sondern sie »deuten« solche Werte, wie Frege sagen würde, »unbestimmt an«.[22] Um eine andere Metapher Freges zu gebrauchen: Sie sind »Platzhalter«[23] für Zeichen, die bestimmte Zahlen oder Größen direkt und unzweideutig bezeichnen. Letztere heißen, da sie in allen Kontexten einen *festen* Wert bezeichnen, auch *Konstanten*. Der missverständliche Ausdruck ›Variable‹ ist bekanntermaßen nur wegen des Kontrastes zu diesem Begriff von Konstanten gebildet worden. Die als Variablen gebrauchten Buchstaben bezeichnen nicht etwa veränderliche im Unterschied zu unveränderlichen Größen: Sie markieren nur die Stelle oder den Platz, an der oder dem verschiedene Konstanten substituiert werden *können*. In Anbetracht dieser Substituierbarkeit spricht Hegel zurecht von »unbestimmte[n] Möglichkeiten jedes bestimmten Wertes«.

Bildet man nun unter Verwendung der Variablen ›a‹ und ›b‹ einen Bruch, besser gesagt, eine Bruchdarstellung, etwa ›a/b‹, so bezeichnet dieses zusammengesetzte Symbol nicht eine bestimmte rationale Zahl, sondern gibt nur die Form für Bezeichnungen *beliebiger* solcher Zahlen an. Aus genau diesem Grund fanden Darstellungen dieser Art in Hinblick auf das Unendliche Hegels Interesse:

> »*Der Bruch a/b scheint daher ein passenderer Ausdruck des Unendlichen zu sein, weil a und b, aus ihrer Beziehung aufeinander genommen, unbestimmt bleiben und auch getrennt keinen besonderen eigentümlichen Wert haben. Allein diese Buchstaben sind zwar als unbestimmte Größen gesetzt; ihr Sinn aber ist, daß sie irgendein endliches Quantum seien. Da sie also zwar die allgemeine Vorstellung, aber nur von der bestimmten Zahl sind, so ist es ihnen ebenfalls gleichgültig, im Verhältnis zu sein, und außer demselben behalten sie diesen Wert.*«[24]

---

22 Gottlob Frege, »Was ist eine Funktion?«, in: ders., *Funktion, Begriff, Bedeutung*, hrsg. von G. Patzig, Göttingen 1986, S. 84: »Doch ist ›unbestimmt‹ hier kein Beiwort zu ›Zahl‹, sondern ein Adverb etwa zu ›andeuten‹. Man kann nicht sagen, daß ›n‹ eine unbestimmte Zahl bezeichne, wohl aber, daß es Zahlen unbestimmt andeute.«
23 Gottlob Frege, »Logische Mängel in der Mathematik«, in: ders., *Nachgelassene Schriften*, hrsg. von H. Hermes, F. Kambartel u. F. Kaulbach, Bd. I, Hamburg 1969, S. 171–81.
24 Hegel, a. a. O., S. 243.

Die Beziehung oder das Verhältnis, das an einer solchen Darstellung als einzig Bestimmtes zu finden ist, hat Hegel nicht näher charakterisiert. In der heutigen mathematischen Sprechweise lässt sich leicht eine solche Charakterisierung geben, die Hegels Ansprüchen entgegenkommt.

Seien a und b irgendwelche teilerfremden ganzen Zahlen, wobei b ≠ 0, dann bezeichnet ›a/b‹ keine (ganze) Zahl oder Größe, sondern eine wohl bestimmte *Klasse* von geordneten Paaren ganzer Zahlen: Die Klasse aller geordneten Paare ganzer Zahlen (x,y), die die Eigenschaft

$ay = bx$

haben. Diese Klasse ist eine Äquivalenzklasse, der alle Paare (x,y) angehören, deren Bruchdarstellungen ›x/y‹ gerade die sogenannten Erweiterungen des ungekürzten Bruches ›a/b‹ wären. Hegels Ansprüchen kommt diese Sprechweise daher entgegen, weil die Rede von einer *Klasse* seiner Betonung des *qualitativen* Charakters des Verhältnisses entspricht.

Hegel denkt Veränderlichkeit als Substituierbarkeit:

»So kann noch mehr in a/b an die Stelle von a und b jede beliebige Zahl gesetzt werden, ohne das zu ändern, was a/b ausdrücken soll. In dem Sinne nur, daß auch an die Stelle von x und y einer Funktion eine unendliche, d. h. unerschöpfliche Menge von Zahlen gesetzt werden könne, sind a und b so sehr veränderliche Größe als jene, x und y.«[25]

Hegel hat richtig gesehen, dass der Gebrauch von Variablen allein noch keine Funktionen ausmacht, die »das Interesse der höheren Analysis«[26] verdienen. Aber die vorangegangenen Betrachtungen über Bezeichnungsformen dienen ihm als Ausgangspunkt für »die wahrhafte Bestimmung der Momente«[27] solcher Funktionen. Zunächst erfolgt jedoch ein Rückblick auf den Weg, der auf die erste Stufe führte:

---

25 A.a.O., S. 249.
26 Ebd.
27 Ebd.

»In 2/7 oder a/b sind 2 und 7 jedes für sich bestimmte Quanta, und die Beziehung ist ihnen nicht wesentlich; a und b sollen gleichfalls solche Quanta vorstellen, die auch außer dem Verhältnis bleiben, was sie sind. Ferner ist auch 2/7 und a/b ein fixes Quantum, ein Quotient; das Verhältnis macht eine Anzahl aus, deren Einheit der Nenner und die Anzahl dieser Einheiten der Zähler – oder umgekehrt ausdrückt; wenn auch 4 und 14 u. s. f. an die Stelle von 2 und 7 treten, bleibt das Verhältnis auch als Quantum dasselbe.«[28]

Entscheidend ist, dass das Verhältnis selbst ein Quantum ist. Dem entspricht in der oben gegebenen modernen Darstellung, dass die Äquivalenzklassen von Paaren ganzer Zahlen als neue Zahlen gedeutet werden: als rationale Zahlen. Der Kunstgriff besteht darin, diejenigen Äquivalenzklassen, die durch Paare mit der zweiten Komponente 1, d. h. Brüche mit 1 als Nenner, mit den alten ganzen Zahlen identifiziert werden, sodass sich die ganzen Zahlen als echte Teilmenge der gewonnenen Menge aller derartiger Äquivalenzklassen auffassen lassen.

Zu Funktionen im eigentlichen Sinne und damit für das Erreichen der nächsten Stufe ist ein Verhältnis erforderlich, mit dem es sich anders verhält:

»Dieses verändert sich nun aber wesentlich in der Funktion $y^2/x = p$ z. B.; hier haben x und y zwar den Sinn, bestimmte Quanta sein zu können; aber nicht x und y, sondern nur x und y^2 haben einen bestimmten Quotienten.«[29]

Dass in der Gleichung ›$y^2/x = p$‹ x und y, oder besser die Symbole ›x‹ und ›y‹, den Sinn haben, bestimmte Quanta sein zu *können*, nicht aber den, bestimmte Quanta zu sein, ist eine Umschreibung dafür, dass diese Symbole in einer Gleichung wie der genannten als Variablen gebraucht werden: als Platzhalter für Bezeichnungen fester Werte aus einem bestimmten Vorrat, etwa den reellen Zahlen. Aber es gilt nicht für beliebige hier einsetzbare Wertepaare, dass sie auch die gegebene Gleichung, in der ›p‹ einen bestimmten *konstanten* Wert vertritt, auch befriedigen. Nimmt man für ›x‹ einen beliebigen Zahlenwert, beispielsweise q, an, lässt sich errechnen, was entsprechend für ›y‹ einzusetzen ist: eine der beiden Quadratwurzeln aus dem Produkt pq. Würde

---

28 Ebd.
29 A.a.O., S. 249f.

man in einer Tabelle einige der Wertepaare, die Lösungen der Gleichung sind, verzeichnen, dann gilt zwar für jedes dieser Paare, dass der x-Wert jeweils in einem bestimmten Verhältnis zu seinem y-Wert steht, aber es gilt *nicht*, dass es ein einziges Verhältnis gibt, in dem die x-Werte zu ihren y-Werten in allen verzeichneten Paaren stehen. Die Gleichung ›$y^2/x = p$‹ kann durch algebraische Umformungen nicht auf eine solche Form gebracht werden, in der auf der einen Seite der Ausdruck ›x/y‹ oder ›y/x‹ steht und auf der anderen Seite ein Ausdruck, der nur von p abhängt.

Diesen mathematischen Sachverhalt hat Hegel im Auge, wenn er schreibt, zwar hätten x und y^2 einen bestimmten Quotienten, nämlich p, aber nicht x und y. Da das Verhältnis ›x/y‹ oder ›y/x‹ sich beim Übergang von einem Lösungspaar in der gedachten Tabelle zu einem anderen ändert, kann man mit Hegel sagen, dieser Quotient sei »als Quantum schlechthin veränderlich«.[30] All das ist »allein darin enthalten, daß x nicht zu y ein Verhältnis hat, sondern zum Quadrat von y.«[31]

Dennoch betreffen diese Beobachtungen Hegels das, was nach heutigem Verständnis eine Funktion ausmacht, gerade nicht. Das liegt nicht zuletzt an dem von ihm gewählten Beispiel, an der Gleichung

$$y^2/x = p'.$$

Diese Gleichung ist ohne Weiteres eben *keine* Funktionsgleichung, durch die y als Funktion von x festgelegt wird. Die Gleichung lässt sich umformen in:

$$y^2 = px$$

Dieser Ausdruck ergibt für einen gegebenen x-Wert, d. h. für ein gegebenes Argument der vermeintlichen Funktion, nicht genau einen, sondern eben zwei Werte für y: einen positiven und einen negativen.[32] Damit ist die Funktionalitätsbedingung der Eindeutigkeit des Funktionswertes bei gegebenem Argu-

---

30 A.a.O., S. 250.
31 Ebd.
32 Falls a eine Lösung ist, so ist -a eine Lösung für y, unabhängig davon, wie p fixiert und das Argument x gewählt ist. Also bestimmt die Gleichung nicht ohne weiteres eine Funktion f(x) = y. Umgekehrt aber würde sie eine Funktion x = f(y) bestimmen.

ment nicht erfüllt. Es sei denn, der Ziel- oder Bildbereich der vermeintlichen Funktion würde vorher in geeigneter Weise eingeschränkt werden. Zu Hegels Gunsten kann man annehmen, das sei geschehen. Dennoch ist festzuhalten, dass er diesen Aspekt der Funktionalität vernachlässigt hat, weil er ihn als etwas, das für die Funktionalität in seinem Sinne unerheblich ist, betrachtet hat.[33]

Was Hegel für wesentlich hielt, zeigt der nächste Satz, in dem es heißt, »das Verhältnis einer Größe zur Potenz« sei »nicht ein Quantum, sondern wesentlich qualitatives Verhältnis«. Weiter heißt es: »das Potenzenverhältnis ist der Umstand, der als Grundbestimmung anzusehen ist«.[34]

Was meint Hegel mit dem »Verhältnis einer Größe zur Potenz«? Ein Verhältnis wovon? Es gibt zwei Möglichkeiten: Die erste besteht darin, dass es um eine Größe x und ihr Verhältnis zur Potenz einer anderen Größe y geht. Doch kann das nicht gemeint sein, da dieses Verhältnis im vorliegenden Fall als Quantum sehr wohl angegeben werden kann: Es ist nämlich genau p. Es bleibt die andere Möglichkeit, wonach es um das Verhältnis einer Größe x zu einer anderen Größe y geht, zu der x aber nur auf dem Umweg über eine Potenz von y, z. B. y^2, ins Verhältnis gesetzt ist. Dieses Verhältnis ist nach dem Vorangegangenen kein bestimmtes oder fixes Quantum, sondern ein veränderliches. Hier verschärft Hegel, ohne den bisherigen Beobachtungen etwas hinzugefügt zu haben, seine Umschreibung des Sachverhaltes dahingehend, dass es sich überhaupt nicht um ein Quantum handele, sondern um ein qualitatives Verhältnis.

Das lässt sich zu Hegels Gunsten wie folgt interpretieren: Das fragliche Verhältnis erweist sich bei dem Versuch, es wie ein Quantum zu behandeln, als veränderlich. Der mathematische Sinn dieser Feststellung wurde oben geklärt. Daraus folgt, dass das fragliche Verhältnis nicht *ein* Quantum ist, sondern in eine Vielzahl verschiedener Quanta zerfällt. Trotzdem ist es *ein* Verhältnis. Diese Einheit zeigt sich an der Vielzahl der Quanta, die sich ergeben hat, dadurch, dass deren Veränderung einem bestimmten Muster folgt.

---

33 Zu der »eigentümlichen« Auffassung, die Hegel von Funktionen hatte, vgl. M. Wolff, »Hegel und Cauchy: Eine Untersuchung zur Philosophie und Geschichte der Mathematik«, in: *Hegels Philosophie der Natur*, hrsg. von J. Petry, Stuttgart 1986, S. 225, Fn. 53; vgl. auch S. 257 ff.
34 Hegel, a. a. O., S. 250.

Wenn p z. B. irgendeine positive Zahl ist, dann ist für das Argument p, also ›p‹ substituiert für ›x‹, y = p, das Verhältnis x/y also 1. Für Argumente, die größer sind als p, werden die entsprechenden Verhältnisse von x zu y aufgrund der Gestalt der Gleichung stetig größer. Mit anderen Worten: Das fixe Quantum für das Verhältnis von x zu y^2, nämlich p, liefert zugleich das Gesetz, die Form oder das Muster für die Veränderung der Quanta, die das jeweils *lokale* Verhältnis von x zu y darstellen. Innerhalb der Hegelschen Terminologie liegt es nahe, hierin bezogen auf das *globale* Verhältnis von x und y eine *qualitative* Bestimmung zu sehen; eine qualitative deshalb, weil diese Bestimmung durch einen fixen quantitativen Wert nicht geleistet werden kann.

Die in diesem Sinne qualitative Bestimmung des globalen Verhältnisses von x und y nach Maßgabe einer Gleichung wie ›y^2/x = p‹ war für Hegel das wesentliche Kennzeichen; die »Eigentümlichkeit« der Funktionen, die »das Interesse der höheren Analysis« ausmachte »und das Bedürfnis und die Erfindung des Differentialkalküls herbeigeführt« hatte. Er sprach von der »besonderen Natur der veränderlichen Größen in dieser Betrachtungsweise«,[35] womit die Art und Weise gemeint war, in der Größen durch solche Gleichungen, in denen eine Variable zur Potenz erhoben ist, in ein Verhältnis zueinander gebracht werden. Dagegen betonte er, dass »Funktionen des ersten Grades«, die durch lineare Gleichungen dargestellt werden, eine ganz andere Art von mathematischen Gegenständen bildeten. Diese mit den Funktionen höheren Grades in einer Theorie oder einem Kalkül gemeinsam zu behandeln, hielt er für reinen »Formalismus«:

»Es wäre wohl viel Formalismus in den Betrachtungen dieser Gegenstände wie in der Behandlung erspart worden, wenn man eingesehen hätte, daß derselbe nicht veränderliche Größen als solche, sondern Potenzenbestimmungen betreffe.«[36]

Diese Äußerung ist ein Hinweis auf Hegels – wie er hier argumentiert wird – sehr engen Funktionsbegriff, der auf Potenzenfunktionen und deren Ableitungen eingeschränkt ist.[37]

---

35 Ebd.
36 A. a. O., S. 251.
37 Vgl. hierzu auch M. Wolff, a. a. O., S. 257 f.

Die dritte und letzte Stufe der Erscheinungsweisen des mathematischen Unendlichen wird mit den »unendlich kleinen Differenzen« erreicht.[38] Nach Hegel haben sie, die durch die bekannten Ausdrücke ›dx‹ und ›dy‹ des Infinitesimalkalküls bezeichnet werden, den Status von Quanta, der dem, wofür ›x‹ und ›y‹ in der zuvor genannten Gleichung standen, noch zukam, »gänzlich verloren«.[39] Die Terme ›dx‹ und ›dy‹, scheinbar Zähler und Nenner des sogenannten Differentialquotienten, bezeichnen Hegel zufolge »keine Quanta mehr«, sondern »solche«, die »allein in ihrer Beziehung eine Bedeutung« haben und folglich »einen Sinn bloß als Momente« aufweisen.[40]

»Sie sind nicht mehr Etwas, das Etwas als Quantum genommen, nicht endliche Differenzen; aber auch nicht Nichts, nicht die bestimmungslose Null. Außer ihrem Verhältnis sind sie reine Nullen, aber sie sollen nur als Momente des Verhältnisses, als Bestimmungen des Differential-Koeffizienten dx/dy genommen werden.«[41]

Durch diesen »Begriff des Unendlichen« sei das Quantum »wahrhaft zu seinem qualitativen Dasein vollendet«.[42] Indem das Quantum »als wirklich unendlich gesetzt« sei, sei es auch »als Quantum überhaupt« aufgehoben: Denn, »was nur im Verhältnis ist,« das ist »kein Quantum«.[43]

Den »Übergang von der Funktion der veränderlichen Größe in ihr Differential« beschreibt Hegel »als Zurückführung der endlichen Funktion auf das qualitative Verhältnis ihrer Quantitätsbestimmungen«.[44] Die Glieder von Potenzreihen seien »nicht nur als Teile einer Summe anzusehen, sondern als qualitative Momente eines Ganzen des Begriffs«.[45]

Was meint Hegels Rede von einem »Ganzen des Begriffs«? Etwa das letzte Verhältnis? Dieses aber kann schon durch einen Abbruch der Reihe angenä-

---

38 Hegel, a. a. O., S. 251.
39 Ebd.
40 Ebd.
41 Ebd.
42 Ebd.
43 A. a. O., S. 252.
44 A. a. O., S. 257.
45 A. a. O., S. 262.

hert werden. Da es sich nicht um eine Summe, sondern um ein Verhältnis handelt, ist das Differential vollkommen durch das erste Glied gefunden. Hegel führt weiter aus:

> »wo es fernerer Glieder, der Differentiale höherer Ordnungen bedarf, so liegt in ihrer Bestimmung nicht die Fortsetzung einer Reihe als Summe, sondern die Wiederholung eines und desselben Verhältnisses, das man allein will und das somit im ersten Glied bereits vollkommen bestimmt ist.«[46]

Zu Beginn der Diskussion dieser ersten Anmerkung wurde festgestellt, dass Hegel den »Hauptwiderspruch« der Begriffsbestimmtheit des mathematischen Unendlichen in der Tatsache sah, dass einige Mathematiker unendliche Größen wie endliche behandelten. Zu fragen ist aber, ob er letztlich nicht denselben Fehler beging, weil in seiner Darlegung des qualitativen Charakters der Grenze als Verhältnis (dargestellt anhand unendlicher Größen) dieselbe Strategie impliziert zu scheint, die er bei seinen Zeitgenossen gerade kritisiert.

Der Ausdruck ›dx/dy‹ bezeichnet kein letztes Verhältnis, sondern steht für einen endlichen Wert. Zu diesem Wert gelangt man durch eine Grenzwertbetrachtung bzw. durch die Ableitung einer bestimmten Funktion an einer Stelle. Bevor man an einer Stelle der Reihe abbricht, ist das Restglied auf Konvergenz zu prüfen. Hegel warf sowohl Newton als auch Langrange vor, sie hätten zu wenig auf die qualitative Bedeutung der Glieder der Reihe geachtet:

> »Die Weglassung ist also hier auch nicht für das Allgemeine auf den Gesichtspunkt zurückgeführt, der teils in einigen Anwendungen vorkommt, worin [...] die Glieder der Reihe eine bestimmte qualitative Bedeutung haben sollen und Glieder außer acht gelassen werden, nicht darum, weil sie unbedeutend an Größe sind, sondern weil sie unbedeutend der Qualität nach sind«.[47]

Hegel legt offensichtlich den qualitativen Charakter, auf den es ihm ankam, ganz in die »Grenze des Verhältnisses«[48]. Er analysiert im Folgenden die Bedeutung der Grenze für seine Argumentation:

---

46 A.a.O., S. 264.
47 A.a.O., S. 265.
48 Ebd. Langrange, auf den Hegel in diesem Zusammenhang auch eingeht, hätte im Rahmen seines Algebraisierungsprogramms auf die Idee der Grenze verzichten können.

> *»In der Vorstellung der Grenze liegt nämlich wohl die angegebene wahrhafte Kategorie der **qualitativen** Verhältnisbestimmung der veränderlichen Größen, denn die Formen, die von ihnen eintreten, dx und dy, sollen schlechthin nur als Momente von dy/dx genommen und dx/dy selbst als ein einziges unteilbares Zeichen angesehen werden.«*[49]

Zwar ist der Auffassung Hegels zuzustimmen, dass dieses Symbol nur als ein untrennbares Ganzes zu verstehen ist. Dennoch ist dem Text nicht ohne Weiteres zu entnehmen, wie er zu diesem Schluss kommt. Diese Feststellung ist seinerseits schon verwunderlich, sogar fortschrittlich, da manche seiner Zeitgenossen gerade die Seiten des Quotienten oft getrennt behandelt hatten. Die Gesetze des Rechnens gehen von einer unzerlegbaren Form aus, die in Form eines Quotienten geschrieben wird. Aber der Differentialquotient ist streng genommen kein Quotient: Erst recht nicht ein Quotient zweier unendlich kleiner Größen. Darum sind auch die gewöhnlichen Rechenregeln für Brüche auf ihn nicht anzuwenden. Als Motivation für die Bruchschreibweise ›dx/dy‹, an der man lediglich aus historischen Gründen festhält, könnte man allenfalls sagen, dass dieses Zeichen den Grenzwert einer *Folge von Quotienten* oder *Brüchen* bezeichnet, was Hegel in dem oben stehenden Zitat sagt.

> *»Jene Grenze soll nun **Grenze von einer gegebenen Funktion** sein; sie soll einen gewissen Wert in Beziehung auf dieselbe [NB, auf die Funktion] angeben, der sich durch die Weise der Ableitung bestimmt.«*[50]

Diese letzten Aussagen sind im Kern nicht zu beanstanden, wenn Hegels Rede von Funktionen sich mit der hiesigen deckt und wenn diese Stelle so interpretiert werden kann, als spräche er von dem, was in dieser Schrift der Limes einer Funktion genannt wird.

---

49 A. a. O., S. 265 f. Hegel fährt an dieser Stelle fort: »Daß hiermit für den Mechanismus des Kalküls besonders in seiner Anwendung der Vorteil verloren geht, den er davon zieht, daß die Seiten des Differential-Koeffizienten voneinander abgesondert werden, ist hier beiseite zu setzen.«
50 A. a. O., S. 265.

6. Kapitel: Hegels Auseinandersetzung mit der Mathematik seiner Zeit

Dagegen muss man jedoch daran erinnern, dass Hegels Funktionsbegriff auf Potenzfunktionen eingeengt war.[51] Der Grund dafür liegt wohl in seinem Interesse an dem binomischen Lehrsatz, auf den er sich in der zweiten Anmerkung beruft. Ebenso werden auch Hegels Vorstellungen davon, worauf es beim Verfahren der Ableitung einer Funktion ankommt, erst in der zweiten Anmerkung im Zusammenhang mit der sogenannten Taylorreihenentwicklung zur Sprache kommen.

Auch der *Nutzen*, den die »Vorstellung der Grenze« zweifellos hatte, war für Hegel begrenzt:

»Mit der bloßen Kategorie der Grenze aber wären wir nicht weiter als mit dem, um das es in dieser Anm. zu tun gewesen ist, nämlich aufzuzeigen, daß das Unendlichkleine, das in der Differentialrechnung als dx und dy vorkommt, nicht bloß den negativen, leeren Sinn einer nicht endlichen, nicht gegebenen Größe habe, wie wenn man sagt, eine unendliche Menge, ins Unendliche fort und dergleichen, sondern den bestimmten Sinn der qualitativen Bestimmtheit des Quantitativen, eines Verhältnismomentes als eines solchen.«[52]

Hegel will zum Ausdruck bringen, dass das Unendlichkleine nicht als etwas aufzufassen ist, das beliebig ins Unendliche fortgesetzt werden kann, sondern als etwas durchaus Endliches angesehen werden kann: In dem Sinne, dass es als eine gegebene Größe vermittelt werden kann. Zum anderen steckt in seiner Redeweise vom Verhältnis*moment* noch die Vorstellung, dass es, wenn man es mit Quanta (Werten oder Größen) und Verhältnissen zwischen ihnen zu tun hat, den bemerkenswerten Sonderfall gibt, dass das Verhältnis als etwas gleichsam herausdestilliert werden kann, das selbst nicht mehr Quantum ist. Zu erinnern ist an die weiter oben gemachte Anmerkung, dass lineare Funktionen eigentlich, d.h. in *seinem*, Hegels, Sinn von ›Funktion‹, keine Funktionen sind. Wie gezeigt, hielt er es für geboten, den Potenzfunktionen eine eigene Klasse zu reservieren, weil sie um eine Stufe komplexer sind als die linearen Funktionen, die sich auf ein einfaches Verhältnis, das selbst ein fixes Quantum ist, zurückführen lassen. Sobald ein Exponent unter den Glie-

---

51 Vgl. M. Wolff, a.a.O., S. 221 ff.
52 Hegel, a.a.O., S. 265 f.

dern des Verhältnisses auftaucht, erwies dieses sich nicht länger als ein fixes, sondern als ein veränderliches Quantum.

Mit solchen Verhältnissen hat man sich Hegel zufolge gegenüber den linearen Funktionen konzeptuell gesteigert: Es liegt ein Verhältnismoment vor, das, weil es selbst kein fixes Quantum mehr ist, sozusagen qualitativer ist als im Falle der linearen Funktionen. Welche qualitative Bestimmtheit dieses Verhältnis hat, kommt durch die Grenze bei seiner Ableitung heraus. Mathematisch scheint diese Überlegung sinnvoll zu sein: Bei Funktionen mit einem krummlinigen Graphen gibt es in der Tat keine fixe Steigung, sondern eine variable Steigung der Kurve: die Steigung der Tangente, welche ja die übliche geometrische Deutung der Ableitung der zugehörigen Funktion in einem bestimmten Punkt ist. Hegel fährt fort:

»Diese Kategorie hat jedoch so noch kein Verhältnis zu dem, was eine gegebene Funktion ist, und greift für sich nicht in die Behandlung einer solchen und in einen Gebrauch, der an ihr von jener Bestimmung zu machen wäre, ein; so würde auch die Vorstellung der Grenze, zurückgehalten in dieser von ihr nachgewiesenen Bestimmtheit, zu nichts führen.«[53]

Hegel scheint zuzugeben, dass allein dadurch, dass der Sachverhalt, um den es hier geht, so in die vorliegende philosophische Terminologie umgesetzt wird, noch keine Vorstellung davon entstehen kann, wie praktisch, d. h. rechnerisch, mit diesem Sachverhalt umgegangen werden soll. Dass die Vorstellung der Grenze, wie er sagt, »zu nichts führen« würde, heißt, dass sie noch nicht zu den erwünschten Ergebnissen führen kann.

»Sie [sc., die Bestimmtheit] soll die Grenze des Verhältnisses sein, welches die zwei Inkremente zueinander haben, um welche die zwei veränderlichen Größen, die in einer Gleichung verbunden sind, deren die eine als eine Funktion der anderen angesehen wird, als zunehmend angenommen worden; – der Zuwachs wird hier unbestimmt überhaupt genommen und insofern von dem Unendlichkleinen kein Gebrauch gemacht.«[54]

---

53 A. a. O., S. 266.
54 Ebd.

Der Zuwachs der veränderlichen Größen wird »unbestimmt überhaupt genommen«, weil das Unendlichkleine nicht verwendet werden braucht. Auch wenn es so nicht als eine endliche Größe behandelt wird, ist es letztendlich gewissermaßen eine endlich gegebene Größe.

Wichtig in diesem Zusammenhang – letztlich haben die Mathematiker das nicht so gesehen, da sie die unendlichen Größen schlicht wie endliche Größen behandelten – ist Hegels Forderung, sich auf die Grenze als eine Verhältnisbestimmung überhaupt zu konzentrieren. Hier kommt seine Auffassung zum Vorschein, in der Totalität aller durchlaufenen Werte ein Etwas zu sehen, das ein bestimmtes Verhalten relativ zu *allen* Zuwächsen hat.

Was Hegel nahelegt, ist: Die Mathematiker müssen nicht nach Größen, genannt ›Unendlichkleine‹, suchen, sondern nach einer Grenze der Verhältnisbestimmung dieses Einen: nach einem Grenzwert als etwas, das ein bestimmtes Verhalten relativ zu allen Inkrementen hat.[55]

Nach dem zu suchen, was die Mathematiker ›Unendlichkleine‹ nannten, hieß für Hegel, nach Werten zu suchen, die zwei einander widersprechende Bedingungen erfüllen: *erstens* jeden beliebigen Wert zu unterschreiten, also kleiner zu sein als jeder beliebige Wert, und *zweitens* noch ein algebraisch definiertes Verhältnis zueinander zu haben, das selbst einen bestimmten Wert hat. Diese Suche hielt er mit Recht für sinnlos. Die Grenze selbst dagegen, der Grenzwert bzw. die Ableitung der Funktion in einem Punkt, ist weder unendlich klein noch unendlich groß. Es handelt sich vielmehr um einen bestimmten (endlichen) Wert. Nur wird dieser Wert als Grenze auf eine kompliziertere Weise bestimmt, als normalerweise Werte bestimmt werden, sei es als Summen, Produkte, Differenzen oder Quotienten. Als Grenze ist er (*i*) relativ auf eine Funktion bestimmt, in die wiederum (*ii*) ein Verhältnis von x zu y eingeht: *kein einfaches*, sondern eines, das kraft der Exponenten (der Hochzahlen zu ›x‹ bzw. ›y‹) im algebraischen Ausdruck der Funktion seiner Natur nach *selbst veränderlich* ist. Diese Sichtweise macht es überflüssig, einen unendlichkleinen Zuwachs im Verhältnis zu einem anderen unendlich-

---

55 Im Übrigen ist mit Wolff im Gegensatz zu Moretto darin gehend übereinzustimmen, dass Hegel sowohl das potenziell Unendliche wie auch das aktual Unendliche für problematisch hielt. Vgl. M. Wolff, a. a. O., S. 200; A. Moretto, a. a. O., S. 177.

kleinen Zuwachs anzunehmen. Hegel meinte, es käme nur darauf an, zu sagen, die Grenze hat eine bestimmte Eigenschaft derart, dass für alle Zuwächse der Funktion in einer bestimmten Umgebung etwas Bestimmtes gilt. Das Bestimmte aber ließ Hegel leider offen.

Mit Recht nahm Hegel an, dass das Unendlichkleine, das in der Differentialrechnung als dx und dy vorkommt, besser gesagt: vorzukommen scheint, nicht bloß unendliche Größe sei. Eine Zahl oder ein Verhältnis lässt sich nicht bloß als etwas Unendliches auffassen. Jedoch scheint er sein eingangs erwähntes Ziel, endlich kleine Größen ihrer Struktur oder ihrem Wesen nach besser zu durchleuchten, nicht erreicht zu haben.

Ein Beispiel zeigt, wie wenig Hegel das Rechnen im Sinne hatte, wenn es darum ging, zu erläutern, wie sein wahrhaftes Unendliches dem mathematischen Unendlichen zugrunde lag:

> *»Aber zunächst führt der Weg, diese Grenze zu finden, dieselben Inkonsequenzen herbei, die in den übrigen Methoden liegen. Dieser Weg ist nämlich folgender. Wenn $y = fx$, soll fx, wenn y in $y + k$ übergeht, sich in $fx + ph + qh^2 + rh^n$ u. s. f. verändern, hiermit ist $k = ph + qh^2$ u. s. f. und $k/h = p + qh + rh^2$ u. s. f.«*[56]

Zunächst bleibt festzuhalten, dass der obige Ansatz im Grunde eine Taylorreihenentwicklung ist. Offenbar möchte Hegel auf ein Verhältnis kommen und nimmt an, dass, wenn h und k kleine Zuwächse sind, h/k nicht Null ergeben muss. Die Zuwächse sollen Null ergeben, aber h/k soll erhalten bleiben. Analysiert man diese Gleichung und ihre Komponenten genauer, lässt sich erkennen: Zuerst sind p und k Koeffizienten, wobei k definiert wird als: $ph + qh^2 + rh^n$. Man geht nun von $y = fx$ aus. Man nimmt an, dass ein y um k (irgendeinen Wert) vermehrt wird, und erthält dann auf der rechten Seite der Entwicklung $fx + ph + qh^2$. Durch Vergleich muss, wenn vorher $y = fx$ war, jetzt der Rest, $ph + qh^2$, gleich k sein: $k = ph + qh^2$. Danach wird durch h dividiert und das Verhältnis $k/h = p + qh + rh^2$ u. s. w. kommt heraus, d. h. eine unendliche Reihe höherer Glieder.

---

[56] Hegel, a. a. O., S. 266.

Hegel argumentiert: Man hat ein Verhältnis aus einer Gleichung gebildet; wenn nun h und k verschwinden, so verschwindet das zweite Glied bzw. alle Glieder, die h enthalten, und es bleibt p übrig. Worin liegt die Inkonsequenz?

Auf der linken Seite dieser Gleichung darf man nicht durch h dividieren, da Hegel hier eine Nullfolge benutzt. Das könnte das Entstehen einer Folge nach sich ziehen, die nicht mehr konvergiert. Aber ob Hegel dem Begriff der Konvergenz in diesem Zusammenhang Beachtung schenkte, ist zweifelhaft. Man kann dennoch dem, was Hegel an diesem Beispiel vorführt, einen Sinn abzugewinnen versuchen.

Er scheint behaupten zu wollen, dass man nicht mit den gewöhnlichen Mitteln der elementaren Algebra vorführen könne, wie es um die Ableitung bestellt sei: Mit algebraischen Umformungen werde man die wahre Natur der Ableitung nicht erfassen.[57] Die Sprechweise der Algebra sieht keine unendlichkleinen Quanta vor. Versucht man dennoch, das Unendlichkleine auf die einfache algebraische Sprechweise zu beziehen, verhält es sich einmal wie die Null und ein anderes Mal wie etwas, das verschieden von Null ist. Die algebraische Sprechweise ist inkonsequent, was das Ausdrücken dessen angeht, worum es bei der Infinitesimalrechnung geht. Tatsächlich macht man einen Unterschied zwischen Algebra und Analysis: Insofern hat Hegel Recht. Er führt das teilweise vor, indem er sagt: Wenn man eine algebraische Umformung ausführt und wissen möchte, wie die Quanta jetzt verschwinden (d. h. ob sie algebraisch Null werden), kann man nicht herausbekommen, wieso auf der rechten Seite p isoliert werden kann, aber auf der linken Seite der Gleichung etwas erhalten bleibt, das sinnlos ist.

Mit einer einfachen algebraischen Behandlung dieser Gleichung erhält man keine verwertbare Information für die Differentialrechnung: für die Bestimmung des Differentialquotienten, der Limite oder der Ableitung einer Funktion. Mit rein algebraischen Ausdrücken ist die Differentialrechnung nicht zu erfassen.

Natürlich hat k/h einen bestimmten Wert, genannt p. Das lässt sich bei einer separaten Betrachtung der rechten Seite unter der Annahme herausbekommen, dass h gleich Null ist. Dennoch wird unter derselben Hypothese der linke Ausdruck schlicht sinnlos.

---

57 Vgl. M. Wolff, a. a. O., S. 224.

> »Den Vorteil, die Inkonsequenz, die hierin liegt, abzulehnen, soll nun die Vor-
> stellung der Grenze gewähren; p soll zugleich nicht das wirkliche Verhältnis,
> das = 0/0 wäre, sondern nur der bestimmte Wert sein, dem sich das Verhältnis
> unendlich, d. i. so nähern könne, dass der Unterschied kleiner als jeder
> gegebene werden könne.«[58]

Der Begriff der Grenze ist für Hegel durchaus positiv besetzt, nicht zuletzt deswegen, weil er ein Begriff seiner eigenen Logik ist. Er gebraucht den Begriff zwar affirmativ, andererseits zielt gerade das zuvor genannte Beispiel darauf, die Definition der Grenze der damaligen Zeit zurückzuweisen: die Vorstellung, dass die Grenze dadurch bestimmt sei, wenn man sich unendlich nähern könnte. Hegel weist darauf ausdrücklich in dem letzten Zitat hin, wenn er davon spricht, dass die Vorstellung der Grenze gerade leisten solle, die zuvor erkannte Inkonsequenz zu vermeiden.

Das heißt, die Mathematiker führten den Begriff der Grenze zu eben diesem Zweck ein. Das bleibt wahr für die heutige Situation, wenn man an die Stelle der »Vorstellung der Grenze« den Limesbegriff setzt, den Hegel nicht gekannt hat.

Hegel kritisiert einen unsachgemäßen Einsatz der Vorstellung der Grenze. Er führt aus, wie die Mathematiker seiner Ansicht nach gedacht haben: »p soll zugleich nicht das wirkliche Verhältnis, das = 0/0 wäre, sondern nur der bestimmte Wert sein, dem sich das Verhältnis [sc., der vielen k/h's, also der Inkremente, die in Abhängigkeit zueinander gewählt werden] unendlich, d. i. so nähern könne, daß der Unterschied kleiner als jeder gegebene werden könne.« Hegel wandte ein, es läge hier wieder ein Widerspruch vor, weil es keinen quantitativen Unterschied, der kleiner sei als jeder gegebene quantitative Unterschied, gebe:

> »Daß aber ein quantitativer Unterschied, der die Bestimmung hat, kleiner als je-
> der gegebenen sein zu können, nicht nur, sondern sein zu sollen, kein quan-
> titativer Unterschied mehr ist, dies ist für sich klar, so evident als irgendetwas in
> der Mathematik evident sein kann«.[59]

---

58 Hegel, a. a. O., S. 266.
59 Ebd.

Diese Passagen zeigen Hegels Intention: Man darf die Vorstellung der Grenze verwenden, aber nicht in der Weise, wie einige Mathematiker es taten; man darf sie nicht als Begriff eines quantitativen Unterschiedes, der kleiner sein kann als jeder beliebige, auffassen.

Hegel hat in der Tat eine Inkonsequenz in der gängigen Vorstellung über die Grenze und deren Bedeutung für das Umgehen mit dem Begriff des Unendlichkleinen festmachen können. Einerseits weist er den Widerspruch in der oben besprochenen Gleichung auf, andererseits schlägt er zumindest an dieser Stelle keinen rechnerischen Lösungsansatz vor, der den Widerspruch vermeidet. Hegel zieht aber eine vorläufige Konklusion:

»Es ist gezeigt worden, daß die sogenannten unendlichen Differenzen das Verschwinden der Seiten des Verhältnisses als Quantorum ausdrücken und daß das, was übrigbleibt, ihr Quantitätsverhältnis ist, rein insofern es auf qualitative Weise bestimmt ist; das qualitative Verhältnis geht hierin so wenig verloren, daß es vielmehr dasjenige ist, was eben durch die Verwandlung endlicher Größen in unendliche resultiert.«[60]

Unklar bleibt, ob Hegel einsah, dass p die erste Ableitung ist. Die erste Ableitung ist eine Funktion der Entwicklungsstelle und damit keine Konstante. Außerdem gibt es bei Hegel keinen Hinweis darauf, dass ihm bei der Entwicklung einer Funktion in eine (unendliche) Reihe die Konvergenzproblematik gegenwärtig war. Man kann aber wohl annehmen, dass dieser Begriff gewissermaßen in der Möglichkeit der höheren Potenzentwicklung einer Reihe impliziert ist, gleichwohl aber auch die Annahme der Divergenz genauso gut vorausgesetzt werden könnte. Diesem Umstand hat Hegel zumindest an dieser Stelle der Anmerkung nicht Rechnung getragen. Allerdings ist anzuerkennen, dass er einen intuitiven Begriff von der Konvergenz hatte, wie der folgenden Stelle zu entnehmen ist:

»so wäre zu sagen, was denn p sein solle, welches ein ganz bestimmter, quantitativer Wert ist. Hierauf gibt sich sogleich die einfache, trockene Antwort von selbst, daß es ein Koeffizient ist und aus welcher Ableitung er entsteht, die

---

60 A. a. O., S. 268.

auf gewisse bestimmte Weise abgeleitete erste Funktion einer ursprünglichen Funktion.«[61]

Das ist ein Hinweis darauf, dass Hegel die Differentialformel in einer Form für Polynorne vorgesehen hat. Das wird sich in der zweiten Anmerkung bestätigen.

Die erste Bemerkung kann mit folgenden Zitaten abgeschlossen werden:

»*Der Unterschied, indem er nicht mehr Unterschied endlicher Größen ist, hat aufgehört, ein Vielfaches innerhalb seiner selbst zu sein; er ist in die einfache Intensität zusammengesunken, in die Bestimmtheit eines qualitativen Verhältnismomentes gegen das andere.*«[62]

Hegel stellt eine Frage an seine Zeitgenossen: Wie kommt man auf zwei Nullwerte? Seine Antwort muss lauten: Nur wenn sie den Verlauf in Ansehung der Bewegung der Abszisse und Ordinate voneinander getrennt betrachten. Das Inkrement wird in der Tat Null. Dieser kleine Abstand, den man sich so vorstellen könnte, dass man x sich gegen x_0 bewegen denkt, wird von x zu x_0 immer kleiner bzw. f(x) zu $f(x_0)$ auch entsprechend immer kleiner.

Wie richtig diese Überlegung auch sein mag, sie ist für Hegel nicht wesentlich: Er wollte seinen Zeitgenossen gerade vermitteln, weshalb diese Überlegung unwesentlich ist. Hegel dachte folgendermaßen: Es geht nicht um den Unterschied einer Ordinate von einer anderen Ordinate, sondern allein um den Unterschied oder – so lässt sich mit Hegel postulieren – um die qualitative Größenbestimmung. Semantisch gebrauchte Hegel das Substantiv ›Unterschied‹ so, dass es die qualitative Größenbestimmung, ein aus der Funktionsgleichung erst zu destillierendes Verhältnis abzudecken geeignet war. Es ging ihm um das Element der Ordinate gegen das Element der Abszisse: Das Prinzip der einen veränderlichen Größe gegen das andere. Das Prinzip bezieht sich auf seine Einsicht, dass hier eine Abhängigkeit vorliegt und die Abhängigkeit durch die Funktionsgleichung bestimmt wird. Hegels Sprachgebrauch lässt darauf schließen: Wenn Hegel von »Unterschied« spricht, meint er nicht etwa eine Differenz im mathematischen Sinne, sondern genau das (quali-

---

61 A.a.O., S. 267.
62 A.a.O., S. 268f.

tative) Verhältnis, das als Verhältnis »endlicher Größen aufgehört [hat] ein Vielfaches innerhalb seiner selbst zu sein«: In der hier verwendeten Sprache gesagt, aufgehört hat, ein algebraisches Resultat der anderen Verhältnissen zu sein. Das ist Hegels Kerngedanke: Wie immer man versucht, algebraisch zu operieren, bekommt man Schwierigkeiten; erst recht, wenn man versucht, ein begriffliches Verständnis zu erhalten, wie die Differenz zwischen den Differenzenquotienten und dem Differentialquotienten aufzufassen ist. Algebraisch lassen sich diese Differenz und ihre Bedeutung nicht deuten.

Gesetzt den Fall, man hat den festen Wert p für das Verhältnis, dann bringt man algebraisch nur heraus, dass h und k beide Null sind. Hegel beschreibt hier den Mangel der rein algebraischen Sprechweise. Gleichwohl ist zu fragen, welches Ersatzangebot er selbst mathematisch hätte vortragen können. Hegel gibt keine eindeutige Antwort, sondern nur den richtigen, aber unbestimmten Hinweis, dass dies algebraisch nicht vorgesehen war, weil die Algebra mit Gleichungen und nicht mit Ungleichungen rechnet. Die mathematische Sprache zu präzisieren, etwa in der Weise, wie dies später in der Analysis mit den klassischen Definitionen des Limes und der Stetigkeit geschehen ist, war offensichtlich nicht Hegels Intention.

»Die Grenze hat hiermit hier nicht den Sinn des Verhältnisses; sie gilt nur als der letzte Wert, dem sich eine andere Größe von gleicher Art beständig so nähere, daß sie von ihm, sowenig als man will, unterschieden sein könne und daß das letzte Verhältnis ein Verhältnis der Gleichheit sei.«[63]

Diese Passagen liegen der verbreiteten Anschauung zugrunde, die Hegel nicht teilt. Zu vermuten ist, dass Hegel selbst versucht, eine Umschreibung der konvergenten Approximation zu bieten. Wenn man festgestellt hat, dass sich eine konvergente Reihe einem bestimmten Wert, ihrem Grenzwert, unendlich nähert, lässt sich feststellen: Dieser Limes ist ihr Wert, die Summe ist gleich diesem Wert. Hegel weist darauf hin, dass im Falle des Übergehens (oder Überspringens) die Metaphorik des sich Annäherns vermieden werden kann. Es verhält sich nicht so, dass man sich annähert, sondern man erreicht es, wie Hegel beobachtet hat. An dieser Stelle liegt ein Umschlagen der Annäherung in Erreichen vor: Deswegen sagt Hegel »das letzte Verhältnis« ist ein »Verhältnis der Gleichheit«.

---

63 A.a.O., S. 269.

7. KAPITEL

Die anderen Anmerkungen zur »Unendlichkeit des Quantums«

In der ersten Anmerkung ging es Hegel darum, den Zusammenhang der Voraussetzungen für die Begriffsbestimmtheit des Unendlichen zu durchdenken. Es ging ihm außerdem darum, die Mängel in der mathematischen Begrifflichkeit durch seine Formel von der qualitativen Bestimmung des quantitativen Momentes zu beseitigen. Mit der zweiten Anmerkung dann wendet er sich, gemäß der Überschrift, dem »Zweck des Differentialkalküls aus seiner Anwendung abgeleitet« zu. Daran zu erinnern ist, dass sich die quantitative Unendlichkeit für Hegel als *qualitative* Bestimmtheit des quantitativen *Verhältnisses* ergeben haben soll:

> *»Als die Begriffsbestimmtheit des sogenannten Unendlich-Kleinen ist die qualitative Quantitätbestimmtheit solcher, die zunächst als Quanta im Verhältnis zueinander gesetzt sind, aufgezeigt worden, woran sich die empirische Untersuchung knüpfte, jene Begriffsbestimmtheit in den Beschreibungen oder Definitionen nachzuweisen, die sich von dem Unendlich-Kleinen, insofern es als unendliche Differenz und dergleichen angenommen ist, vorfinden.«*[1]

Diese hier ausdrücklich als »empirisch« eingestufte Anpassung der Beschreibung der Prozeduren der Infinitesimalrechnung an die Erfordernisse der Hegelschen *Logik* war »nur im Interesse der abstrakten Begriffsbestimmtheit als solcher geschehen«.[2] Jetzt sollte das Interesse der anderen Frage gelten, wie von dieser Begriffsbestimmtheit »der Übergang zur mathematischen Gestaltung und Anwendung beschaffen wäre«.[3] Zuvor, so Hegel, war aber »das Theoretische, die Begriffsbestimmtheit, noch weiter vorzunehmen«.[4]

---

1 Hegel, *Wissenschaft der Logik*, GW XXI, S. 275.
2 Ebd.
3 Ebd.
4 Ebd.

Hegel geht von der »Form« aus, »welche die in Rede stehende Begriffsbestimmtheit im Mathematischen hat«, die er mit dem Aufweisen »der qualitative[n] Bestimmtheit des Quantitativen [...] im quantitativen Verhältnis« schon »beiläufig angegeben« haben wollte.[5]

Es ist aber das Potenzenverhältnis, auf das er sein Augenmerk zuerst richtet, weil darin »die Zahl durch Gleichsetzung ihrer Begriffmomente, der Einheit und Anzahl, als zu sich selbst Zurückgekehrte gesetzt« sei. Diese Gleichsetzung aber enthalte »an ihr«, so Hegel, »das Moment der Unendlichkeit, des Fürsichseins, d. i. des Bestimmtseins durch sich selbst«.[6] Diese Bestimmung nutzte Hegel, um den eigentlichen Gegenstand der Infinitesimalmathematik folgendermaßen zu bestimmen:

»da die Differentialrechnung das Spezifische hat, mit qualitativen Größenformen zu operieren, so muß ihr eigentümlicher mathematischer Gegenstand die Behandlung von Potenzenformen sein«.[7]

Für die »sogenannten Anwendungen«[8], »zu deren Behuf die Differentialrechnung« Hegel zufolge »gebraucht« wurde, ergab sich, »dass das Interesse *allein* in der Behandlung von Potenzbestimmungen *als solchen* lieg[en]« musste.[9]

Dazu gehöre »ein System der Potenzenbehandlung«, innerhalb dessen Operationen wie das Potenzieren und Wurzelausziehen einerseits und andererseits die Behandlung der Exponentialgrößen und Logarithmen zusammenzudenken seien. Dennoch liegt in dem ausschließlichen Interesse für die Potenzbestimmungen eine bemerkenswerte Verengung des Begriffs der für die Differentialrechnung relevanten Funktionen.

Aber es gibt auch Stellen, an denen Hegels Verständnis der mathematischen Funktionalität dem modernen Verständnis sehr nahe zu kommen

---

5 Ebd.
6 Ebd.
7 Ebd.
8 Hegel, a. a. O., S. 276.
9 A. a. O., S. 275.

scheint: Etwa, wenn er den »Charakter« der »veränderlichen Größen«, die in der Analysis vorkommen, folgendermaßen umschreibt:

»Ihr Wert ist unbestimmt, aber so, daß, wenn anderswoher ein vollkommen bestimmter Wert, d.i. ein Zahlenwert für die eine kommt, auch die andere bestimmt, so die eine eine *Funktion* der anderen ist.«[10]

Diese Kennzeichnung ist als ein Hervorheben der Eindeutigkeit, mit der Argumenten Funktionswerte zugeordnet werden, nachvollziehbar. Den modernen Leser irritiert aber, dass zwischen Argument – der unabhängigen Veränderlichen nach alter Redeweise – und Wert – der abhängigen Veränderlichen – nicht ausdrücklich unterschieden wird. Gesprochen wird nur von der »einen« und der »anderen« veränderlichen Größe, als würde die eindeutige Zuordnung stets in beiden Richtungen bestehen. Für Hegel war der genannte Sachverhalt von nur »formeller Art«, d.h. zu allgemein, um das Spezifische der Differentialrechnung treffen zu können.

Was hat der eigentliche Begriff einer Funktion nach Hegels Auffassung zum Inhalt? Wie Wolff rekonstruiert hat, muss Hegel eine »ungewöhnliche Auffassung« von Gleichungen der Form

$y = f(x)$

gehabt haben. Solche Gleichungen lassen sich als Ausdruck für eine Funktion begreifen, die y, genauer, Werte für y, als Funktionen von x, d.h. in Abhängigkeit von Einsetzungen für das Argument x eindeutig bestimmt. Der Teilausdruck ›f( )‹ darf dementsprechend in einer Funktionsgleichung nicht Beliebiges vertreten, sondern nur etwas, das diese Eindeutigkeit gewährleistet. Solche Funktionen nannte man zu Hegels Zeiten Funktionen einer Veränderlichen. Diese eine Veränderliche war die sogenannte unabhängige Veränderliche, im Beispiel x, deren Funktion eben die sogenannte abhängige Veränderliche, im Beispiel y, sein sollte. Hegel aber sah Funktionsgleichungen wie die genannte als »Gleichungen zwischen *zwei* Veränderlichen«.[11] Dabei

---

10 A.a.O., S. 277.
11 M. Wolff, a.a.O., S. 225, Fn. 53.

ging er davon aus, dass solche Gleichungen *nicht* wie nach der Standardauffassung Gleichungen zwischen unabhängiger und abhängiger Variablen, d. h. zwischen Argument- und Funktionswerten, sind. Sie sind »Gleichungen zwischen *Funktionen* (d. h. zwischen *wechselseitig* voneinander abhängigen Veränderlichen)«.[12]

Die Abweichung von dem hier vertretenen Verständnis einer Funktion liegt zum einen in der Wechselseitigkeit der Abhängigkeit der Veränderlichen voneinander, die oben schon erläutert wurde. Dadurch allein würde Hegels Funktionsbegriff nur enger sein als der heutzutage vertraute, weil er nur umkehrbare, sogenannte ein-eindeutige Funktionen erfassen würde.

Noch ein zweiter Umstand kommt hinzu, den man Hegels Beispielen für Funktionen in *seinem* Sinne entnehmen muss. Darauf hingewiesen wurde schon, dass eines seiner Beispiele, nämlich die Gleichung

$$y^2/x = p,$$

die Eindeutigkeitsforderung für Funktionen verletzt, d. h. gar nicht als Instanz einer Funktionsgleichung ›y = f(x)‹ angesehen werden kann.

Ein dritter Umstand ist der folgende: »Das Eigentümliche«, schreibt Hegel, »der veränderlichen Größen [...] in der Differentialrechnung« sei, »dass wenigstens eine jener Größen oder auch alle sich in einer höheren Potenz als die erste befinde«.[13] Die Abhängigkeit der in einer Hegelschen Funktionsgleichung durch ›x‹ und ›y‹ vertretenen Größen muss demnach eine solche sein, die durch die Form der Potenz zum Ausdruck kommt. Dadurch aber kommt es zur vorher erwähnten Verletzung der Eindeutigkeitsforderung, weil eine Gleichung wie ›y = x^2‹ für einen Wert von x, z. B. 4, nicht eine Lösung, sondern zwei Lösungen hat: y = 2 und y = -2. Hegel hat das in Kauf genommen, weil es ihm auf die Beziehung ankam, die durch Potenzen ausgedrückt wird: Die veränderlichen Größen, um die es in der Differentialrechnung geht, hätten »ihre spezifische Unbestimmtheit [...] darin, daß sie in solchem Potenzenverhältnisse Funktionen voneinander sind.«[14] Das eben ist, was nach Hegels

---

12 Ebd.
13 Hegel, a. a. O., S. 277.
14 Ebd.

Verständnis den Begriff einer *Funktion* (nicht etwa den einer Potenzfunktion) ausmacht.

Auf dieser Grundlage hat Hegel eine Theorie skizziert, in deren Zentrum der Begriff des *Binomiums* steht.[15] Gegeben sei eine Zahl a, die zur n-ten Potenz erhoben sei, also: a^n. Zu a gibt es Zahlen b und c derart, dass a = b + c ist. Für a^n ergibt sich die Gleichung: $a^n = (b + c)^n$. Die rechte Seite dieser Gleichung ist nach dem verallgemeinerten binomischen Lehrsatz bekanntlich so aufzulösen:

$$(b + c)^n = b^n + nb^{n-1}c + \ldots + nbc^{n-1} + c^n,$$

wobei die in der Mitte ausgelassenen Koeffizienten nach dem Binomialkoeffizienten (bzw. nach dem Pascalschen Dreieck) zu bestimmen sind. Für die Summanden auf der rechten Seite der letzten Gleichung sagte Hegel, sie seien »Funktionen der Potenzierung und der Potenz«[16] von a. Diese Rede von Funktionen ist nicht im modernen Sinne zu verstehen: Sie soll nur zum Ausdruck bringen, dass diese Summanden nicht irgendwelche von a^n als Ergebnis einer beliebigen Zerlegung anzusehen sind. Vielmehr kann, wie Hegel bemerkt, die eine Potenz wie a^n in

»*eine Summe von solchen Unterschieden diszerniert werden, die durch die Form der Potenz bestimmt sind.*«[17]

Das heißt aber, dass sie eben dadurch *eindeutig* bestimmt sind, jedenfalls dann, wenn die Zerlegung von a in b und c vorgegeben ist.

Für das dem »Differential- und Integralkalkül [...] Angehörige«, fand Hegel,

»*möchte der Name des Verhältnisses einer Potenzenfunktion und der Funktion ihrer Entwicklung oder Potenzierung der passendste sein, weil er der Einsicht der Natur der Sache am nächsten liegt.*«[18]

---

15 Zum historischen Hintergrund dieses Begriffs bei Hegel: vgl. Wolff, a. a. O., S. 217, Fn. 43. Im Weiteren wird den terminologischen Vorschlägen bei Wolff gefolgt.
16 Hegel, a. a. O., S. 279.
17 Ebd.
18 A. a. O., S. 298.

Diese »nicht weiter tiefsinnige Auffassung«[19] nahm Hegel zum Ausgangspunkt einer Darstellung des eigentlichen Kerns der Differential- und Integralrechnung. Sie war einerseits stark an Lagranges Versuch einer Algebraisierung der Auffindung des Ableitens orientiert. Andererseits aber, da Hegel die Unzulänglichkeit der Theorie von Lagrange gegenwärtig war, zielte sie darauf, dass die Lösung der Probleme, um die sich die Mathematiker bemüht hatten, nicht nötig sei: Es ginge gar nicht darum, das Ableiten als Übergang von einer Gleichung zu einer anderen Gleichung zu verstehen.

Die Gleichung ist nach Hegel für das Ableiten irrelevant, da sie in seinem Sinne *nur* eine *formale* Operation darstellt: »die Gleichung [ist] vor und nach derselben [Operation] für die sogenannten Zuwächse dieselbe als für die veränderlichen Größen selbst«.[20] Nicht kann es darum gehen, das Augenmerk auf das Ableiten im Sinne eines Übergangs von einer Gleichung zu einer anderen zu richten: Hegel richtete dieses allein auf das *Verhältnis* zwischen den Größen. Seines Erachtens beruhte dieses Verhältnis allein auf der Funktion des Potenzierens.[21]

Hegel bestand nicht nur auf der Darstellung einer Funktion allein durch Potenzbestimmungen, wobei er lieber von »einer Funktion des Potenzierens« sprach, als einen Ausdruck wie »abgeleitete Potenzenfunktion« zu gebrauchen.[22] Er zielte auf den Begriff des Verhältnisses ab, wenn er das Resultat einer Reihenentwicklung ansprach:

> »die Operation des Depotenzierens einer *Gleichung*, sie nach den abgeleiteten Funktionen ihrer veränderlichen Größen betrachtet, gibt ein Resultat, welches an *ihm selbst* wahrhaft nicht mehr eine Gleichung, sondern ein *Verhältnis* ist; dieses Verhältnis ist der Gegenstand der eigentlichen Differentialrechnung.«[23]

An einer anderen Stelle zum Abschluss der zweiten Anmerkung zeigt sich, wie Hegel über die Gleichung ›$dy/dx = P$‹ denkt:

---

19 Wolff, a. a. O., S. 220.
20 Hegel, a. a. O., S. 278.
21 Vgl. Wolff, a. a. O., S. 252.
22 Vgl. Hegel, a. a. O., S. 281.
23 A. a. O., S. 283.

> *»Die Gleichung dy/dx = P drückt gar nichts weiter aus, als daß P ein Verhältnis ist, und es ist dem dy/dx sonst kein reeller Sinn zuzuschreiben.«*[24]

Das Symbol ›P‹ interpretierte Hegel auf eine Weise, die mit seiner Betrachtung über die Entwicklung eine Potenz in ihrer Potenzierungsfunktion zusammenhängt. Diese Interpretation behielt Hegel für ›P‹ bei. Anderenfalls wäre nicht zu verstehen, wie ›dx/dy‹ zu deuten sei, wenn nicht als ein Quotient. Zu fragen ist, ob Hegel geglaubt hat, dass dies nicht der Fall sei. Es müsste dennoch aus dem Verständnis des Ausdrucks als Gleichung folgen, dass ›dx/dy‹ ein Quotient wäre. Im Gegensatz dazu zieht Hegel die Konsequenz, er sei *keine Gleichung*, sondern eine verkleidete Ausdrucksweise für das kategorische, klassifizierende Urteil ›P ist ein Verhältnis‹.[25] Hegels Begriff des Verhältnisses ist ein Begriff anderen Typs als der mathematische Begriff des Quotienten. Zwar drücken Quotienten Verhältnisse aus. Aber nicht überall, wo ein Verhältnis ist, muss man es mit einem Quotienten zu tun haben, der sich nach algebraischen Regeln auflösen lässt.

Die dritte und letzte Anmerkung zur »Unendlichkeit des Quantums« bietet als eine Art Nachtrag, wie es in der Überschrift heißt, »noch andere mit der qualitativen Größenbestimmtheit zusammenhängende Formen«.[26] Hegel versucht an geometrischen Beispielen, die er in dieser Weise noch nicht in Betracht gezogen hatte, die Vorteile seiner Erfassung des qualitativen Charakters der Größenbestimmtheit, wenn vom Unendlichen die Rede ist, darzulegen. Das tat Hegel, indem er sie auf die traditionellen Schwierigkeiten bezog: auf den Übergang von scheinbar diskreten Mannigfaltigkeiten, z. B. von Punkten (Linien oder Flächen), zu kontinuierlichen Gebilden höherer Dimension, z. B. Linien (Flächen oder Körpern).

Hegel versuchte hier, an geometrischen Beispielen, welche er bisher in der Weise noch nicht in Betracht gezogen hatte, die Vorteile seiner Erfassung des qualitativen Charakters der Größenbestimmtheit, wenn vom Unendlichen die Rede ist, dazulegen, in dem er sie auf die traditionellen Schwierigkeiten bezog, den Übergang von scheinbar diskreten Mannigfaltigkeiten z. B. von

---

24 A.a.O., S. 289.
25 Vgl. Wolff, a.a.O., S. 238 f.
26 Hegel, a.a.O., S. 299.

Punkten (Linien oder Flächen) zu kontinuierlichen Gebilden höherer Dimension, z. B. Linien (Flächen oder Körper) zu begreifen.

Den größten Teil seiner Ausführungen in dieser Anmerkung verwendete er auf eine Würdigung des »vielgeschmähten Cavalieri (1593-1647), dessen Indivisibilienmethoden den späteren Mathematikern als Gipfel scholastischer Unverständlichkeit erschien«.[27] Für Hegel aber war Cavalieri von Interesse, weil dieser »das bestimmtere Bewußtsein« ausgedrückt habe,

»daß er [...] keineswegs zur Vorstellung der Zusammensetzung des Kontinuierlichen aus dem Unteilbaren genötigt sei; die Kontinuierlichen folgen nur der Proportion der Unteilbaren.«[28]

Hegel sah in dieser Proportionalität etwas, das seiner These vom qualitativen Charakter entsprechender Größenbestimmungen verwandt war und das es auch Cavalieri ermöglichte, auf die seinerzeit üblichen Inanspruchnahmen der schlechten Unendlichkeit zur Darstellung dieser Übergänge zu verzichten. Er ließ sich, wie Hegel schrieb,

»die Mühe nicht verdrießen, [...] die Hauptsätze seiner Geometrie auf eine Art zu beweisen, welche von der Einmischung der Unendlichkeit frei bleibe.«[29]

Joachim Otto Fleckenstein hat hervorgehoben, wie bemerkenswert die in der Geschichtsschreibung der Mathematik ungewöhnliche Würdigung Cavalieris ist.[30]

Über das Referierte hinaus sind dieser Anmerkung aber keine neuen Gesichtspunkte zum Kern der Hegelschen Auffassung der Unendlichkeit des Quantums zu entnehmen.

---

27 J.O. Fleckenstein, »Hegels Interpretation der Cavalierischen Infinitesimalmethode«, in: Stuttgarter Hegel-Tage 1070, hrsg. von H.-G. Gadamer, Hegel-Studien Beiheft 11, Bonn 1974, S. 117.
28 Hegel, a.a.O., S. 306. Bei Hegel ist der gesamte Teilsatz nach dem Semikolon durch Sperrdruck hervorgehoben.
29 Ebd.
30 Vgl. Fleckenstein, a.a.O., S. 119f.

8. KAPITEL
Ausblick auf Hegels Lehre von den Verhältnissen und abschließende Bemerkungen

Die Unendlichkeit des Quantums
Die qualitative Quantitätsbestimmung

Wie dem Ende des Abschnittes über das Quantum zu entnehmen, blieb das Ergebnis äußerlich: Das Quantum wurde in einer Weise über sich hinausgeschickt, dass es in seinem Jenseits wieder ein Quantum ist. Die Äußerlichkeit wäre aufzuheben und bestimmt, wenn diese Äußerlichkeit auf sich bezogen wäre. Hegel wirft die Frage auf, wie man zu einer quantitativen Bestimmtheit gelangt, die die Äußerlichkeit innerhalb ihrer selbst in einer Weise hat, dass sie in ihr nur auf sich bezogen ist. Seine Antwort: Diese Bestimmtheit kann nur das qualitativ-quantitative *Verhältnis* sein. Daher lässt sich festhalten, dass das richtige Erfassen der quantitativen Unendlichkeit das qualitativ-quantitative Verhältnis ist. Ein vorläufiges Ergebnis der Unendlichkeit des Quantums bestand darin, dass der Unendlichkeitsbegriff des Infinitesimalen in der qualitativen Quantitätsbestimmung des Differentialquotienten zu finden sei. Dieser Grundbegriff ist das Verhältnis einer Potenzfunktion und der Funktion ihrer Entwicklung bzw. ihrer Potenzierung, d. i. ihrer ersten Ableitung. Diese Grundidee findet sich im Verhältniskapitel und insbesondere in den Überlegungen zum Potenzenverhältnis. Hegel will das quantitative Verhältnis als reelles Verhältnis begreifen, und insofern als Maßverhältnis. Es ist nur reelles Verhältnis, als es sich als Beziehung von Beziehungen bestimmt. Die Wahrheit des Progresses ist, »daß die Äußerlichkeit, welche als Jenseits erschien, als das eigene Moment des Quantums bestimmt ist.«[1]

Die Unendlichkeit bestimmte sich zum quantitativen Verhältnis als Beziehung von Beziehungen. Sofern die Äußerlichkeit ein eigenes Moment des

---

[1] Hegel, *Wissenschaft der Logik*, GW XXI, S. 236.

Quantums geworden ist, ist sie aufgehoben: Die Quantität ist qualitativ geworden; die aufgehobene Äußerlichkeit ist nunmehr das Maß. Die Qualität der Quantität ist letztlich das erwünschte Maß, die reelle Zahl ist die Maßzahl.

Gegen die Bestimmung des quantitativen Verhältnisses als reelle Zahl könnte Hegel Einwände vorbringen:

»*Die Reihe enthält und stellt den Widerspruch dar, etwas, das ein Verhältnis ist und [eine] qualitative Natur in ihm hat, als ein Verhältnisloses, als ein bloßes Quantum, als Anzahl darzustellen.*«[2]

Die reelle Zahl ist aber nicht ein Verhältnisloses. Sie ist, wie bereits erwähnt, Beziehung von Beziehungen. Sie ist auch nicht ein bloßes Quantum einer Anzahl: Für Hegel ist das Maß, wenn man die weitere Argumentationsstruktur der *Logik* offenlegt, die Aufhebung der Quantität; und zwar so verstanden, dass es nicht mehr formal mathematisch bestimmt ist. Nach Hegel ist die Wahrheit des unendlichen Progresses das Potenzverhältnis. Das Verhältnis einer Größe zur Potenz ist nicht ein Quantum, sondern wesentlich ein qualitatives Verhältnis.

Direktes Verhältnis

Zunächst sollen einige Überlegungen über das direkte Verhältnis angeführt werden. Dieses ließe sich im Sinne des Selbstbezuges der drei Verhältnisse als die erste Form der Darstellung bzw. der Anwendung des Quantums bezeichnen.

Im direkten Verhältnis tritt bei den Quanta als den Seiten eines Verhältnisses eine Veränderung ein: Bei ihnen verringern, bzw. erhöhen sich die Einheit und die Anzahl wie umgekehrt gleichermaßen; bei beiden Seiten ist der Wert gleich. Es liegt eine *gleichlaufende* Bewegung vor. Anders formuliert, wenn die Einheit größer gemacht wird, ist auch die Anzahl größer, wie umgekehrt. Damit sollte, so Hegel, der Wert des Quotienten (Verhältnis) gleich bleiben.

---

2 A.a.O., S. 244.

Auf der physikalischen Ebene stellt das direkte Verhältnis einen Sachverhalt der folgenden Art dar: Wird z. B. die Temperatur in einem abgeschlossenen isolierten Gefäß verdoppelt, verdoppelt sich der Druck in diesem Gefäß ebenfalls.

Auf der mathematischen Ebene handelt es sich hierbei um eine lineare Funktion. Hegel denkt an Veränderlichkeit: Dieser Begriff aber erfüllt auf dieser Stufe nicht das, was Hegel im Sinn hat, wenn er von »der so wichtig geltende[n] Kategorie der Veränderlichkeit« spricht.[3] Veränderlichkeit umfasst nur eine konstante Veränderung dieser Funktion im Sinne einer Geradensteigung. Irgendein Verhältnis kann sich in Bezug auf seine Momente x:y oder y:x nicht durch beliebige Substituierung der veränderlichen Größen ändern. In der Gleichung $y = mx$, der linearen Funktion, die das direkte Verhältnis ausdrückt, ist durch den sogenannten Exponenten m die Beziehung y:x gleichsinnig durch ein fixes Quantum gegeben. Geometrisch veranschaulicht, hat man es in m mit dem Steigungsmaß der Geraden zu tun, deren Punkte die Gleichung $y = mx$ erfüllen. Die Größe m bestimmt so die Veränderung der Funktion gewissermaßen negativ, weil dieses Maß bzw. der Steigungswinkel einer Geraden konstant ist. Für Hegel konnte daher das direkte Verhältnis nicht eine wahrhafte Funktion von Veränderlichen darstellen, sondern nur »formell«.

Der Exponent des direkten Verhältnisses ist ein Quantum, aber in seiner Äußerlichkeit an ihm selbst sich auf sich beziehendes, qualitativ bestimmtes Quantum. Er erfordert zweierlei zu seiner Bestimmung, weil er nur dann variieren kann, wenn sowohl Anzahl als auch Einheit (Zähler und Nenner) im selben Maße gleichsinnig variiert werden.

Als Wert sollte das gesamte Quantum an sich bestimmt sein. Daraus ließe sich folgern, dass diese Quanta sowohl Einheit als auch Anzahl sind, nicht aber eines von beiden. Der Forderungscharakter bleibt vorerst im Übergang in das umgekehrte Verhältnis bestehen. Beide Seiten des Verhältnisses können gleichermaßen vermehrt oder vermindert werden: Nichts würde sich wesentlich am Verhältnis ändern. Das ist eben, was vorhin der Fall war: Die eine kann »alle mögliche Größe annehmen [...], nach der Bestimmung, daß, wenn das eine verändert wird, das andere um ebenso viel vermehrt oder ver-

---

3 A. a. O., S. 249.

mindert wird«.[4] Hegels Schlussfolgerung lautet: Das Verhältnis, er sagt: der »Quotient«, ist als Exponent [...] nicht als das gesetzt, was er sein soll, das Bestimmende des Verhältnisses oder als seine qualitative Einheit.«[5] Vermutlich will Hegel das lösen, indem gezeigt wird, dass der Exponent »den Wert [hat], die Einheit der beiden Momente, der Einheit und der Anzahl, zu sein«.[6] An dieser Stelle ist die Forderung der logischen Urteilsverknüpfung des ›sowohl/als auch‹ mitzudenken.

Der Exponent soll begrifflich weiterbearbeitet werden und »die Bedeutung des Produktes« erhalten. Der Grund dafür ist, dass für die Seiten des Verhältnisses »nur eines jener qualitativen Momente zu gelten« hat. Mit der Negation bzw. dem negativen Verhältnis der zwei Seiten entsteht aber ein zunächst anvisiertes »reelleres Verhältnis [...], worin der Exponent die Bedeutung des Produktes derselben hat.«[7] Das nachzuvollziehen ist – zumindest in einem ersten Schritt – Aufgabe des umgekehrten Verhältnisses.

Indirektes Verhältnis

Auch wenn x und y im indirekten Verhältnis zueinander stehen, gilt: Wenn x verändert wird, dann auch y, und umgekehrt. Aber es gilt nicht mehr, dass sie sich »gemeinschaftlich«[8], um denselben Faktor, ändern, sondern eben reziprok. Anders als beim direkten Verhältnis ist die Abhängigkeit der Veränderungen von x und y bei gleichbleibendem Verhältnis nicht gleichsinnig, sondern gegenläufig: Ein Zuwachs von x verlangt eine Abnahme von y; umgekehrt verlangt ein Zuwachs von y eine Abnahme von x. Ausgedrückt wird ein solches Verhältnis bekanntlich durch eine der folgenden vier äquivalenten Gleichungen:

$x:m = 1:y, x/m = 1/y, x = m/y, xy = m.$

---

4 A.a.O., S. 313.
5 Ebd.
6 Ebd.
7 Ebd.
8 A.a.O., S. 314.

Weil hierin der Exponent des Verhältnisses, m, nicht mehr Quotient, sondern Produkt der Seiten des Verhältnisses ist, können an die Stelle von ›x‹ und ›y‹ verschiedene Paare von Größen treten, die jeweils ein anderes direktes Verhältnis zueinander haben. Hegel bemerkt, dass das Verhältnis der Seiten des umgekehrten Verhältnisses »als veränderlich gesetzt«[9] sei. Als Index dieser nicht mehr bloß »formellen« Veränderlichkeit ist der Exponent nicht mehr entweder Einheit oder Anzahl, sondern beides: und zwar als »Produkt, [als] Einheit der Einheit und der Anzahl«.[10] Damit »tritt«, so Hegel »das Qualitative für sich im Unterschied gegen das Quantitative hervor«. Dessen ungeachtet ist aber der Exponent auch dieses Verhältnisses nach wie vor eine bestimmte endliche Größe, also Quantum.

Ein physikalisches Beispiel gibt das Boyle-Mariottesche Gesetz: Druck und Volumen eines idealen Gases sind umgekehrt proportional. Druck (p) mal Volumen (V) ergibt stets eine Konstante c. Geometrisch hat man eine Linie, die eine Gleichung wie $xy = m$ befriedigt als Hyperbel.

Zum besseren Verständnis des Weiteren sollen Hegels Gedanken über das Fürsichsein in Erinnerung gerufen werden. Beide Seiten des Verhältnisses sind sozusagen Fürsichseiende, aber mit daseiendem Charakter. Dasein beinhaltet bei Hegel immer Trennung. Hier liegt im Sinne Hegels ein Widerspruch vor. Beide haben einen Selbstbezug: Aber so, dass in diesem Selbstbezug das andere einbezogen sein muss. Das macht seine methodische Überlegung über die Negation der Negation aus. Wenn man nur die Einheit zum Beispiel oder nur die Anzahl nimmt, dann sind sie zunächst einander nur negativ gegenüberstehend. Wenn das eine größer ist, dann ist das andere kleiner geworden. *Diesen Umstand drückt eben das Umgekehrte im zweiten Verhältnis aus.*

Hegel kommt auf ein direktes bzw. nunmehr ein umgekehrtes Verhältnis, indem er behauptet, beide Seiten negierten sich gegenseitig. Dabei tritt der Exponent hervor: Er ist sowohl Einheit als auch Anzahl durch die Negation. Im Grunde ist er beides zugleich durch die gegenseitige Bedingung des Verhältnisses. Daraus ergibt sich folgende Konstellation: Erstens hat man ein Quantum. Die Einheit wird als solche genommen; für diesen Fall ist der Ex-

---

9 Ebd.
10 Ebd.

ponent die Anzahl. Zweitens wird das Quantum nochmals genommen; für diesen Fall ist der Exponent die Anzahl. Wird aber eine Anzahl genommen, ein Wievieltes, ergibt sich wieder eine Einheit.

Gemeint ist also nicht das Negative beider Faktoren in ihrer gleichgültigen beliebigen Vermehrung bzw. Verminderung im Sinne »des beliebigen Hinausgehens«, sondern die Negation dieses Negativen. Das bewirkte die Aufhebung der gegenseitigen Begrenzung der Faktoren zueinander (ihre äußere Beliebigkeit), sodass sie dadurch im Affirmativen gemeinsam zu einer *gesetzten Einheit* wurden, indem sie das Ansichsein des Exponenten im Affirmativen als einen endlichen Wert annahmen (die Einheit ist das Affirmative des Exponenten).[11] Der Exponent

> »ist im Potenzenverhältnis ganz qualitativer Natur, diese *einfache Bestimmtheit, daß die Anzahl die Einheit selbst, das Quantum in seinem Anderssein mit sich selbst identisch ist.*«[12]

Hierin liegen die Identität der voneinander verschiedenen Seiten und zugleich das Moment der Qualität vor.

Der Schritt kommt durch die Negation der Negation zustande, weil Einheit und Anzahl vom Affirmativen getrennt sind. Durch die zweimalige Negation wird diese Trennung aufgehoben. Das, was als ein Jenseits erscheint, wird zu einem Diesseits. *Der Potenzcharakter kommt wohl in dieser Trennung als Einheit zustande.*

Das Potenzverhältnis

Was zuvor getrennt war, ist auch im umgekehrten Verhältnis noch getrennt. Man hat immer sowohl das Quantum und sein Anderssein (die andere Zahl, die Qualität) als auch die Qualität und deren Anderssein (die Zahl). Hier findet man streng Trennung und Vereinigung nebeneinander. Das Anders-

---

11 Die zweite Negation kommt an dieser Stelle durch den Exponenten zustande; er ist selbst negativ bestimmt, weil er die Grenze der beiden Faktoren ist und die beiden außerdem immer wieder ihr Ziel des gemeinsamen Ansichseins verfehlen.

12 A.a.O., S. 318.

sein ist nicht als absolutes aufzufassen, wird doch das Bestimmende – das Anderssein – durch einen zweiten Satz in die Einheit zurückgebunden. Somit ist *diese* Menge eine Anzahl. Jede dieser Einheiten aber ist selbst die gesamte Menge, bestehend aus den verschiedenen Anzahlen. Darin liegt der *Potenz-Charakter*. Jede Einheit, die auch Anzahl ist, ist selbst in sich enthalten: Das macht die Anzahl aus und gleichzeitig die *Potenz*.

> *»Das Quantum ist die gleichgültige, als aufgehoben gesetzte Bestimmtheit, das heißt, die Bestimmtheit als Grenze, welche ebensosehr keine ist, in ihr Anderssein sich kontinuiert, in ihm sich also identisch mit sich bleibt; so ist es im Potenzenverhältnis gesetzt; sein Anderssein, Hinausgehen über sich in ein anderes Quantum, als durch es selbst bestimmt.«*[13]

Das Quantum ist demzufolge nicht mehr von einem Dritten, sondern nur durch sich selbst bestimmt. In diesem Verhältnis liegt folgende Struktur vor: Eine Einheit und eine Anzahl – also zwei Terme – und die Einheit bestimmt sich durch die Anzahl, sie geht damit in sich zurück. So lässt sich sagen, dass die Einheit sich in der fremden Zahl selbst bestimmt.[14] Der Ausgangspunkt ist die Qualität als äußerliche Qualität, weil die Momente zu unterscheiden sind: Sie sind gleichzeitig Einheit (Qualität) und Unterschiedenheit.

In dem obenstehenden Zitat sprach Hegel von »Hinausgehen«. Es liegt nahe, zu fragen, was dieses »Hinausgehen« bedeuten soll. Wie nicht anders zu erwarten, ist in ihm immer auch ein Schritt zurück in die Qualität begründet: Was vorher ins Jenseits verlegt worden ist, hat nun als Maß auch eine Qualität. Was vorher nur negativ war – negativ waren die zwei Faktoren bzw. Quantitäten zueinander –, bekommt nun verschiedene Werte; je nachdem, ob bei der Anzahl oder bei der Einheit angesetzt wurde (im direkten und umgekehrten Verhältnis). Beide entwickelten sich zueinander fort in Form der Negation.

---

13 A.a.O., S. 319.
14 Eine Einheit bleibt weiterhin Einheit, wenn sie sich durch eine Anzahl bestimmt. Beim Quantum wurde diese Anzahl (die diese Einheit bestimmt hat) selbst wieder Einheit und ist durch eine andere Anzahl bestimmt worden etc.

Das wird wie folgt erreicht: Aufgrund des umgekehrten Verhältnisses hat die Einheit die Anzahl an sich selbst und ist in ihrem Anderssein bestimmt. Aber sie ist bestimmt nicht in einem beliebigen Hinausgehen, sondern verbunden mit dem Schritt des Zurückgehens. Dieses ist implizit der Ausdruck für das Maß bzw. für eine Bedingung, um das Maß entstehen zu lassen. Hier gilt auch die Umkehrung. Es geht um die Proportionalität von Einheit und Anzahl.

> »*Im umgekehrten Verhältnis ist das Quantum in negativer Bestimmung ein Verhalten seiner zu sich selbst, zu sich als seiner Negation*«.[15]

Im direkten Verhältnis erscheint die Beziehung des Quantums auf sich selbst »nur als die Festigkeit einer Anzahl« innerhalb einer Einheit.[16]

Das bezieht sich auf die zwei Faktoren, die bisher negativ zueinander waren. Das Quantum hat im Anderen eine Bestimmung: Diese ist ihr Wert, wenn auch nur als seine Negation. Hegel fährt fort:

> »*als affirmative Bestimmung auf sich ist es [sc., das Quantum] ein Exponent, der als Quantum nur an sich das Bestimmende seiner Momente ist.*«[17]

Die erste Ebene wurde damit dargestellt, die Ebene der Äußerlichkeit. Auf dieser Ebene wird einerseits die Qualität wiederhergestellt, andererseits aber wird die Quantität erreicht. Beide werden miteinander in einer Ebene verbunden.

Damit sind die beiden Momente Einheit und Anzahl zu einem gesetzten geworden. Hegel spricht explizit von Gesetztsein. Das Quantum

> »*ist zu seinem Anderen, der Qualität, geworden, insofern jene Äußerlichkeit nun als vermittelt durch es selbst, so als ein Moment gesetzt ist, daß es eben in ihr sich auf sich selbst bezieht, Sein als Qualität ist.*«[18]

---

15 A.a.O., S. 319.
16 Ebd.
17 Ebd.
18 A.a.O., S. 320.

Die gesetzte Einheit ist eine ›beruhigte‹ Figur, ähnlich derjenigen des Daseins. Auch hier bleibt das Quantum im Anderen mit sich identisch. Es bleibt im »Anderssein« zugleich es selbst. Darin besteht das Potenzverhältnis, dessen Begriff hier ausgeführt erscheint.

Folgende Struktur liegt vor: Die gewonnene Einheit ist wirklich die Einheit von Einheit und Unterschiedenheit. Die Anzahl ist somit eine Rückbindung in die Einheit. Daher kann Hegel sagen, dass die Einheit sich selbst bestimmt, indem sie Momente der Einheit *und* der Anzahl in sich selbst hat. Letztere geht über, weil sie, auch um sich zu bestimmen, das Andere braucht. Dieses Auflösen des Anderen aus sich selbst ist das Potenzverhältnis. Eben die Differenz, die trotz der Rückbildung weiterhin vorhanden ist, bestimmt das Verhältnis: Es ist kein äußeres Verhältnis mehr, sondern eines in die Einheit hinein genommenes.

Es gibt nun eine Relation, wo die Anzahl jeweils durch die Einheit bestimmt ist. Hegel führt dazu aus:

> *»Dies ist der Fall im Potenzverhältnis, wo die Einheit, welche Anzahl an ihr selbst ist, zugleich die Anzahl gegen sich als Einheit ist.«*[19]

Was zuvor getrennt war, ist auch im umgekehrten Verhältnis noch getrennt. Die Anzahl y ist von derselben Menge wie die Einheit x. Die Einheit impliziert für die Anzahl deren Grenze. Das veränderliche Verhältnis x:y ist nun allein durch die Momente der Einheit und Anzahl bestimmt und nicht mehr durch einen Exponenten, d. h. ein Drittes.

> *»Das Quantum als gleichgültige Bestimmtheit verändert sich; aber insofern diese Veränderung ein Erheben in die Potenz ist, ist dieses sein Anderssein rein durch sich selbst begrenzt.«*[20]

Es ist eine Anzahl von Einheiten. Die Beziehung der beiden ist bestimmt durch ihre gegenseitige Selbstbegrenzung. Diese Bestimmtheit der beiden ist in der Tat die Qualifiziertheit des Quantums. Insofern aber der Wert von

---

19 A.a.O., S. 318.
20 Ebd.

x in x^2 übergeht, handelt es sich weiterhin um eine Quantitativität. Für die Qualität gilt, dass sie immer auf eine Quantität bezogen ist und zu dieser in einem Verhältnis steht. Jedes Verhältnishafte, jede Zuordnung ist qualitativ, z. B. die Zuordnung von Größen. Dagegen sind Größen aber auf ein und derselben Ebene, auf der keinerlei Zuordnung erfolgt, quantitativ sich sozusagen überschreitend. Dass eine Größe veränderlich ist, bedeutet eine Quantifizierbarkeit. Eine Einheit im Nenner erscheint als eine anzahlige potenzierte Einheit im Zähler. Diese Unterscheidung ist wichtig: Hier handelt es sich um eine freie und eine ungebundene Variable. Auf diese Doppeltheit kommt es weiterhin an, auf die Einheit und Gebundenheit in derselben Einheit. Das Externe ist das Abhängige, das Potenzierte und das Potenzierende ist das Interne – genauer gesagt: dasjenige, was potenziert wird. ›Potenziert‹ meint verdoppelt, wobei ›doppelt‹ wiederum heißt: Der Zähler a ist aus dem potenzierten Internen entstanden, der Nenner b ist das Interne selbst. Letzterer ist doppelwertig: Er tritt einmal als Externes auf, wenn eine Änderung durch Potenzieren an ihm selbst geschieht. Diese qualitative Änderung unterscheidet sich von derjenigen, die als Quantum an ihm selbst geschieht.

Es ist also eine zweifache Veränderung möglich, eine des Quantums und eine durch die Qualität. Es kommt hier auf die Qualität an, aus der das Verhältnis entsteht, bzw. auf die funktionale Beziehung der Größe zu einer anderen. Das gewährt den Fortgang des Ganzen.

Physikalisch lässt sich das Potenzenverhältnis am besten durch das Gesetz des freien Falles veranschaulichen, mathematisch – bzw. geometrisch – durch die Figur einer Parabel (z. B. die zu der Gleichung $y = x^2$). Auf eine solche reelle Größe, die durch ein Quadratverhältnis (oder umgekehrt ein Wurzelverhältnis) charakterisiert ist, trifft man beim freien Fall. Ein frei fallender Körper legt den Weg $s = 1/2\, gt^2$ zurück. Dabei steht der Weg s in einem Quadratverhältnis zur Zeit t, während sich umgekehrt t im Wurzelverhältnis zu s befindet.

»*Dergleichen Grundverhältnisse beruhen auf der Natur der im Verhältnis stehenden Qualitäten des Raums und der Zeit und der Art der Beziehung, in welcher sie stehen, entweder als mechanische Bewegung, d. i. als unfreie, durch den Begriff der Momente nicht bestimmte oder als Fall, d. i. bedingt freie oder als absolut freie himmlische Bewegung*«, wobei deren

> »*quantitatives Verhältnis, das Fürsichsein des Maßes, nur eine Maßbestimmung ist.*«[21]

In Hegels Gleichung werden Raum und Zeit einander als Moment einer Maßbeziehung zugeordnet, nämlich $s = at^2$. Modern an dieser Setzung ist das Momenthafte, das einem Relativitätsprinzip heutiger Physik verwandt zu sein scheint. Hegel betont, dass die vorstehenden

> »*Arten der Bewegung ebensowohl als deren Gesetze auf der Entwicklung des Begriffs ihrer Momente, des Raums der Zeit, beruhen, indem diese Qualitäten als solche, an sich, d. i. im Begriff* [NB, hier ist die Zuordnung des Begriffes] *sich als untrennbar erweisen*«.[22]

Ein weiteres Beispiel zur Illustration dessen, was Hegel hier meint, kann man einer Partie der *Enzyklopädie* entnehmen. Darin wird der Kern von Hegels Gedanken zum Potenzenverhältnis ausgedrückt:

> »*Die schlecht-gleichförmige Bewegung hat die durchlaufenen Räume den Zeiten proportional; die beschleunigte*«

dagegen, und darauf kommt es an, ist diejenige

> »*in der die Geschwindigkeit in jedem der folgenden Zeitteile größer wird, die gleichförmig beschleunigte Bewegung somit [die], in der die Geschwindigkeiten den verflossenen Zeiten proportional sind; also v/t d. i. s/t².*«[23]

Eine Einheit ist in einer Anzahl gegeben und die Anzahl in einer Einheit. Gleichzeitig liegt sowohl eine gesamte Einheit vor als auch Trennung. Das

---

21 A.a.O., S. 340.
22 Ebd.
23 *Enzyklopädie der philosophischen Wissenschaften im Grundrisse* (1830), WA IX, S. 76 (= GW XX, S. 262 f.); vgl. auch GW XIX, S. 204.

wird Potenz genannt. Vorher hat die Einheit sich durch eine Anzahl bestimmt, die wieder eine Einheit wird und sich so weiter bestimmt. Man hat nun beides: Einheit/Anzahl und Anzahl/Einheit. Das aber bedeutet eine Rückkehr in sich und damit das Aufhören der Bewegung. Das Einsetzen einer Kette von Bestimmtheit durch einen Kreis kann nicht mehr in Form eines Hinausgehens gedacht werden, sondern nur ein Bestimmen durch sich selbst sein.

Abschluss

Die Mathematiker zu Hegels Zeit versuchten, etwas über einen Sachverhalt zu sagen, ohne über die nach heutigen Maßstäben dafür notwendige Begriffssprache zu verfügen. Auch Reinhold Baer interessierte sich dafür, wie Hegel im Gegensatz zu den zeitgenössischen Mathematikern deren unzulängliche Begriffe zu hinterfragen suchte.

Obwohl Hegel der Mathematik, wie Baer ausdrücklich hervorhob, »nicht etwa konstruktiv aufbauend« gegenüberstand, sondern nur rezeptiv,[24] erkannte er klarer als andere, dass der Begriff des Unendlichen als etwas, das auch durch einen beliebig fortschreitenden Progress nicht erreichbar ist, keinen Sinn hat: Ein unerreichbares Unendliches ist nicht als unendlich begriffen, sondern, wie Hegel sagte, »mit dem Endlichen als solchen behaftet«.

Was hier, ebenso wie bei Baer, zweitens bemerkenswert erscheint, ist Hegels Einsicht in die Unzulänglichkeit der Rede vom *Differentialquotienten*.[25] Dass, wie Hegel sagte, dx und dy »keine Quanta mehr« sind, noch »solche bedeuten« sollen, sondern »allein in ihrer Beziehung eine Bedeutung, einen Sinn bloß als Momente« haben,[26] beschrieb Baer als

> »eine Einsicht, aus der mancher Nachgeborne lernen könnte. Die Unsinnigkeit des Differentials als einer positiven Grösse, die kleiner ist als jede positive Grösse, die Verwischung der Begriffe ›Grösse‹ und ›Funktion‹ u. ä. hat er scharf kritisiert und jedenfalls besser durchschaut als viele Mathematiker seiner Zeit.«[27]

---

24 Baer, a.a.O., S. 109f.
25 Dazu s.o., 6. Kap., S. 215.
26 Hegel, *Wissenschaft der Logik*, GW XXI, S. 251.
27 Baer, a.a.O., S. 112f.

8. Kapitel: Ausblick auf Hegels Lehre von den Verhältnissen | 179

Diese Einschätzung findet man eindrucksvoll bestätigt, wenn man etwa bei Friedrich Waismann[28] liest, wie erstaunlich es sei, dass »den Begründern der Differentialrechnung« – und hier werden Newton und Leibniz direkt angesprochen – nicht aufgegangen ist, dass der Differentialquotient kein Quotient, sondern Grenzwert einer Folge von Quotienten ist. Obwohl ›dx/dy‹ sich in manchen Hinsichten verhält, als wäre es ein Quotient, ist es doch so, dass »dieses Symbol nur als Ganzes Sinn« habe und die Rechenregeln des Kalküls, wie Waismann formuliert, »von einem unzerlegbaren Symbol [handeln]«.[29] Wie oben gezeigt, stimmt dies nahezu wörtlich mit Hegels Diagnose überein.

Zumindest in einer Hinsicht ist hier einzuschränken: Offenbar ist Hegel blind für einen Punkt, der mit der Taylorreihenentwicklung zusammenhängt.[30] Anders als etwa sein Gewährsmann Dirksen scheint er nicht berücksichtigt zu haben, dass die Entwicklung einer Funktion in eine Taylorreihe[31] dazu dient, den Wert einer Funktion an einer bestimmten Stelle zu approximieren, sofern die Ableitungen rechnerisch zugänglich sind, aber nicht dazu geeignet ist, den Grenzübergang zu einer Ableitung zu vollziehen. Nicht jede Funktion lässt sich in eine solche Reihe entwickeln, sondern nur unendlich oft differenzierbare Funktionen. Eine Voraussetzung der Differenzierbarkeit einer Funktion ist aber ihre Stetigkeit. Leider scheint gerade dieser Begriff bei Hegel zu wenig berücksichtigt zu sein. Der einzige Hinweis auf die Eigenschaft, für die dieser Begriff steht, ist an der folgenden Stelle zu finden:

»Dadurch ist die Veränderung der veränderlichen Größen qualitativ determiniert, damit kontinuierlich, und diese Kontinuität, die für sich wieder nur die formelle Kategorie überhaupt einer Identität, einer sich in der Veränderung erhaltenden, gleichbleibenden Bestimmtheit ist«.[32]

---

28 F. Waismann, *Einführung in das mathematische Denken*, Die Begriffsbildung der modernen Mathematik, Wien 1947, S. 105.
29 Ebd.
30 Siehe auch S. 297.
31 Die Taylorentwicklung stellt eine Zerlegung einer Funktion in eine Summe aus ihren Ableitungen dar. Entsprechend lässt sie sich nur aufstellen, wenn alle diese Ableitungen existieren; außerdem muss die Konvergenz dieser Reihe gewährleistet sein.
32 A.a.O., S. 277f.

Hegel scheint zu wenig Aufmerksamkeit auf die Konvergenz des sogenannten Restgliedes einer Taylor-Reihe verwandt zu haben, wie er selbst schreibt:

> *»Wesentlich aber geht das Interesse nicht auf die Reihe, sondern ganz allein auf die sich aus der Entwicklung ergebende Potenzenbestimmung in ihrem Verhältnis zu der für sie unmittelbaren Größe.«*[33]

So beharrt Hegel immer wieder darauf, dass der determinierte Sinn der veränderlichen Größen allein in der Darstellung bzw. Rechnung mit Potenzenverhältnissen zu finden sei. Das Potenzenverhältnis wird jedoch in einer Taylorreihenentwicklung zur Darstellung kommen müssen.

Der Umstand, dass es in der Differentialrechnung um solche in einem Potenzverhältnis voneinander abhängige Größen geht, führt zwangsläufig zu demjenigen, was für Hegel eine qualitative Determination ist.[34] Mit Blick auf die Stetigkeit scheint sich daraus zu ergeben, dass er diese Eigenschaft unter den Begriff einer qualitativen Bestimmtheit zu subsumieren entschlossen war.

Die Idee vom Binomium als einer Grundform, aus der Funktionen in Gestalt von Potenzen (»Potenzierungsfunktionen«) entwickelt werden sollen, steht ganz im Dienste des leitenden Gedankens von der *qualitativen* Bestimmtheit der Glieder und deren Verhältnis zueinander, aus welchen er die Ableitung einer Funktion als ein *ganz spezielles Verhältnis* entwickelt haben wollte. Wie aber lautet die zugehörige Entwicklungs*form*? Wenn die Summe gegeben ist, sind die Glieder der Entwicklung fixiert: durch die Formel der binomischen Reihe nach Pascal, die sowohl für positiv ganzzahlige als auch für negative und gebrochene Exponenten entwickelt werden kann.[35]

Eine solche Reihe ist, wenn nicht fast alle Glieder Null sind, eine echte unendliche Reihe. Sie ist aber nur im Falle ihrer Konvergenz wohl definiert. Genau dafür scheint Hegel sich aber nicht sonderlich interessiert zu haben. Er hat die binomischen Reihen eher als endliche im Rahmen der Taylorrei-

---

33 A.a.O., S. 281.
34 Vgl. a.a.O., S. 278, wo Hegel davon spricht, dass die Veränderung der veränderlichen Größen »qualitativ determiniert« sei.
35 Das war Newtons Entdeckung gewesen.

henentwicklung betrachtet, da er eben gerade keine Überlegungen bezüglich des Verhaltens des Restgliedes einer solchen Reihe anstellte.

> »*Die Summe, als welche die Wurzel sein soll, auf ihre einfache Bestimmtheit, d. i. ihre wahrhafte Allgemeinheit zurückgeführt, ist das* Binomium; *alle weitere Vermehrung der Glieder ist eine bloße* Wiederholung *derselben Bestimmung und daher etwas Leeres. Worauf es ankommt, ist allein die hiermit* qualitative Bestimmtheit *der Glieder, welche sich durch die* Potenzierung *der als Summe angenommenen Wurzel ergibt, welche Bestimmtheit allein in der Veränderung, die das Potenzieren ist, liegt.*«[36]

Offenbar hängt die Bestimmung der Glieder nach Hegel in einer bestimmten Weise von der Veränderung der Glieder ab.

---

36 Hegel, a.a.O., S. 279. M. Wolff (a.a.O., S. 219) bemerkt dazu: »Hegel hält nun diese zweite Grundform der Zahl als Polynomium für den Hauptgegenstand der mathematischen Reihentheorie. Diese Theorie habe es vornehmlich mit der Darstellung von Zahlen als Summen dieses Typs zu tun und untersuche [...] die besonderen ›Formen‹ von Potenzierungsfunktionen, die solchen Summen zugrundeliegen;« und weiter (ebd.): »*Welche* besonderen Formen von Potenzierungsfunktionen Hegel im Auge hat, wird nicht ausdrücklich gesagt.« (Hvh. im Orig.)

LITERATURVERZEICHNIS

Baer, Reinhold
»Hegel und die Mathematik«, in: *Verhandlungen des Zweiten Hegelkongresses vom 18. bis 21. Oktober 1931*, Berlin/Tübingen 1932.

Ball Rouse, W. W.
A Short Account of the History of Mathematics, London 1908.

Becker, Oskar
Grundlagen der Mathematik – in geschichtlicher Entwicklung. Freiburg/München 1966.

Bell, E. T.
The Development of Mathematics, New York/London 1940.

Bolzano, Bernard
Paradoxien des Unendlichen, Darmstadt 1964.

Bois-Reymond, Paul
Die Allgemeine Functionentheorie, mit einem Nachw. von Detlef Laugwitz, Darmstadt 1968.

Cauchy, Augustin Louis
Resumé des leçons données à l'Ecole Royale Polytechnique sur le calcul infinitesimal, in: OEuvres (II) 4, Paris 1899.
Leçons sur le calcul differentiel, in: OEuvres (II) 4, Paris 1899.

Cifoletti, Giovanna
»Il calculo infinitesimale e la ricostruzione della sua storia da parte di Hegel«, in: *Filosofia oggi*, Bd. 9, Bologna 1986.

Dieudonné, J.
Grundzüge der modernen Analysis, Braunschweig 1971.

Erwe, Friedhelm
Differential- und Integralrechnung, Mannheim/Wien/Zürich 1968.

Euklid
Die Elemente, übers. von C. Thaer, Darmstadt 1975.

Fleckenstein, Otto Joachim
»Hegels Interpretation der Calvalierischen Inf initesimalmethode«, in: *Stuttgarter Hegel-Tage*, hrsg. von Hans-Georg Gadamer (Hegel-Studien Beiheft 11), Bonn 1974.

Frege, Gottlob
Funktion, Begriff, Bedeutung. Fünf logische Studien, hrsg. u. eingel. von Günther Patzig, Göttingen 1968. »Logische Mängel in der Mathematik«, in: ders., *Nachgelassene Schriften*, hrsg. von H. Hermes, F. Kambartel u. F. Kaulbach, Bd. I, Hamburg 1969.

Fulda, Hans Friedrich
»Unzulängliche Bemerkungen zur Dialektik«, in: *Dialektik in der Philosophie Hegels*, hrsg. v. Rolf-Peter Horstmann, Frankfurt 1978.

Hankel, H.
Zur Geschichte der Mathematik im Altertum und Mittelalter, Leipzig 1874.

Hegel, Georg Wilhelm Friedrich
Gesammelte Werke, in Verbindung mit der DFG hrsg. von der Rheinisch-Westfälischen Akademie der Wissenschaften [GW I ff.], Hamburg 1968 ff. [noch nicht abgeschlossen] Werke (»Theorie-Werkausgabe«) . Redaktion Eva Moldenhauer u. Karl Markus Michel, 20 Bde. [WA I-XX], Frankfurt a. M. 1971.

Henrich, Dieter
Hegel im Kontext, Frankfurt am Main 1967.
(Hrsg.), *Die Wissenschaft der Logik und die Logik der Reflexion*, Hegel-Tage Chantilly 1971, Hegel-Studien Beiheft 18, Bonn 1978.
(Hrsg.), *Hegels Wissenschaft der Logik*. Formation und Rekonstruktion (Veröffentlichungen der Internationalen Hegel-Vereinigung, Bd. 16), Stuttgart 1986.
Beiheft *18. Hegel-Tage Chantilly, 1978* .

Heuser, H.
Lehrbuch der Analysis, Stuttgart 1986.

Hilbert, David
Hibertiana. Fünf Aufsätze, Darmstadt 1964.

Hösle, Vittorio
Hegels System. Der Idealismus der Subjektivität und das Problem der Intersubjektivität, 2 Bde., Hamburg 1988.

Horstmann, Rolf Peter
u. Michel-John Petry (Hrsg.), *Hegels Philosophie der Natur*. Beziehungen zwischen empirischer und spekulativer Naturerkenntnis, Stuttgart 1986.

Joseph, H. W. B.
Lectures on the Philosophy of Leibniz, Oxford 1949.

Kant, Immanuel
Kritik der reinen Vernunft. Hrsg. von R. Schmidt, Hamburg 1956.

Kaufmann, Felix
Das Unendliche in der Mathematik und seine Ausschaltung. Eine Untersuchung über die Grundlagen der Mathematik, Darmstadt 1968.

Körner, Stephan
Philosophie der Mathematik. Eine Einführung, München 1968.

Kropp, Gerhard
Geschichte der Mathematik, Heidelberg 1969.

Lagrange, Joseph Louis
»Sur une nouvelle espèce de calcul relatif a la differentiation et à la integration des quantites variables«, in: *OEuvres* III, Paris 1869.
Theorie des fonctions analytiques, Paris ²1813, auch in: ders., *Oeuvres* IX, Paris 1881; reprograf. Nachdr. Hildesheim 1973.

Laugwitz, Detlef
Infinitesimalkalkül. Eine elementare Einführung in die Nichtstandard-Analysis, Mannheim 1978.

Leibniz, Gottfried Wilhelm
Die Philosophischen Schriften. Hrsg. von Carl Immanuel Gerhardt, 7 Bde., Berlin 1890, reprograf. Nachdr. Hildesheim 1967.
Die Mathematischen Schriften. Hrsg. von Carl Immanuel Gerhardt, 6 Bde., Halle 1855, reprograf. Nachdr. Hildesheim 1971.

Lipschitz, Rudolf
(Hrsg.) *Dokumente zur Geschichte der Mathematik*, Bd. II: Briefwechsel mit Cantor, Dedekind, Helmholtz, Kronecker, Weierstrass, Braunschweig/Wiesbaden 1986.

Moretto, Antonio
»L'influence de la ›Mathématique de l'infini‹ dans la formation de la dialectique Hegelienne«, in: Horstmann/Petry (Hrsg.), *Hegels Philosophie der Natur* Stuttgart 1986.

Ortega y Gasset, José
Der Prinzipienbegriff bei Leibniz und die Entwicklung der Deduktionstheorie, München 1966.

Priestley, W. M.
Calculus: An Historical Approach, New York/Heidelberg/Berlin 1979.

Reidemeister, Kurt
Das exakte Denken der Griechen, Hamburg 1949.

Reisinger, Peter/Ziche, Paul
»Die Generierung von mathematischen und naturlogischen Strukturen a priori durch Hegel«, in: H. Holz (Hrsg.), *Festschrift für Rademacher*, Bern 1990.

Spalt, D. Detlef
(Hrsg.), *Rechnen mit dem Unendlichen*. Beiträge zur Entwicklung eines kontroversen Gegenstandes, Basel/Boston/Berlin 1990.

Thiele, Rüdiger
»Carnots Betrachtung über die Grundlagen der Infinitesimalrechnung«, in: Spalt, D. D. (Hrsg.), *Rechnen mit dem Unendlichen*. Basel 1990.

Toeplitz, Otto
Die Entwicklung der Infinitesmalrechnung. Eine Einleitung in die Infinitesimalrechnung nach der genetischen Methode, hrsg. von Gottfried Köthe, Darmstadt 1972.

Waismann, Friedrich
Einführung in das mathematische Denken, Die Begriffsbildung der modernen Mathematik, Wien 1947.

Wallace, William
Hegel's Logic, with foreword by J. N. Findlay, Oxford 1975.

Wolff, Michael
»Über das Verhältnis zwischen logischem und dialektischem Widerspruch«, in: *Hegel-Jahrbuch* 1979, Referate des XIII. Internationalen Hegel-Kongresses 1979 in Belgrad, hrsg. von Wilhelm Raimund Bayer, Köln 1980.
Wolff, Michael, Hegel und Gauchy. Eine Untersuchung zur Philosophie und Geschichte der Mathematik. in Horstmann, Rolf-Peter/Petry, Michael-John (Hrsg.). Hegels Philosophie der Natur. Beziehung zwischen empirischer und spekulativer Naturerkenntnis, Stuttgart 1986, 197–263.

Weiterführendes Literaturverzeichnis zu Hegels Naturphilosophie und Mathematik

Arndt, Andreas, Hrsg. »Hegel und die Moderne: [... auf dem XXVIII. Internationalen Hegel-Kongress der Internationalen Hegel-Gesellschaft e. V. in Sarajevo ... gehaltenenen Referate]«. Hegel-Jahrbuch; ... Berlin: Akademie-Verlag, 2 Bde., 2012-2013.

—. Hegel-Jahrbuch 2012: Hegel und die Moderne. Berlin: Akad.-Verl., 2013.

Arnold, Darrell. »Nineteenth Century Life Sciences and Hegel's Organic View of Systems«, o. J.

Beaufort, H. E. Hegels Annäherung an die Mathematik des Infinitesimalen, Bod-Verlag Nordersted, 2020

—. Hegels Auffassung des Unendlichen innerhalb des Langrangeschen Paradigmas, Bod-Verlag 2020

Bloch, Kurt F. Die Atomistik bei Hegel und die Atomtheorie der Physik. Kastellaun: Henn, 1979.

Bormann, Marco. *Der Begriff der Natur. eine Untersuchung zu Hegels Naturbegriff und dessen Rezeption*. Reihe Philosophie, Bd. 23. Herbolzheim: Centaurus, 2000.

Bouton, Christophe. Hrsg. *Hegel et la philosophie de la nature*. Recherches sur l'idéalisme et le romantisme allemand 4. Paris: Vrin, 2009.

Dipartimento di Filosofia. *De Motu: Studi di storia del pensiero su Galileo, Hegel, Huygens e Gilbert*. Acme 12. Milano: Cisalpino-Goliardica, 1990.

Engelhardt, Dietrich von. »Einheitliche und umfassende Naturdarstellungen in der Naturwissenschaft um 1800 und Hegels Philosophie der Natur«. *Rete* 1 (1972): 167–192.

—. »Grundzüge der wissenschaftlichen Naturforschung um 1800 und Hegels spekulative Naturerkenntnis«. *Philosophie Naturalis* 13 (1972): 290–315.

—. *Hegel und die Chemie: Studie zur Philosophie und Wissenschaft der Natur um 1800*. 1. Aufl. Schriften zur Wissenschaftsgeschichte 1. Wiesbaden: Pressler, 1976.

—. *Wissenschaftliche Chemie um 1800 und Hegels Philosophie der Chemie im Rahmen der zeitgenössischen Wissenschaft und Philosophie der Natur*. Heidelberg, Univ., Diss., 1969, 1968.

Damsma, Dirk. On the articulation of systematic-dialectical methodology and mathematic, Dissertation, Universität Amsterdam 2015.

Falkenburg, Brigitte. *Die Form der Materie: zur Metaphysik der Natur bei Kant und Hegel*. Monographien zur philosophischen Forschung 238. Frankfurt: Zugl.: Bielefeld, Univ., Diss., 1985, 1987.

—. »Hegel on Mechanistic Models of Light«. In *Hegel and Newtonianism*, herausgegeben von Michael J. Petry, 531–546. Dordrecht [u. a.], 1993.

Falkenheim, Hugo. *Goethe und Hegel*. Heidelberger Abhandlungen zur Philosophie und ihrer Geschichte, 26. Tübingen: Mohr, 1934.

Ferrini, Cinzia, und Georg Wilhelm Friedrich Hegel. *Guida al »De orbitis planetarum« di Hegel ed alle sue edizioni e traduzioni: La pars destruens: confutazione dei fondamenti della meccanica celeste di Newton e dei suoi presupposti filosofici*. Berner Reihe philosophischer Studien 18. Bern; Stuttgart [u. a.]: Haupt, 1995.

Février, Nicolas. *La mécanique hegelienne: commentaire des paragraphes 245 à 271 de l'Encyclopédie de Hegel*. Bibliothèque philosophique de Louvain 52. Louvain-la-Neuve Louvain-la-Neuve Paris: Ed. de l'Inst. Supérieur de Philosophie Peeters, 1999.

Fulda, Hans Friedrich. *Beansprucht die Hegelsche Logik, die Universalmethode aller Wissenschaften zu sein?* Schriften von Hans Friedrich Fulda 069. Heidelberg: Universitätsbibliothek Heidelberg, 2014.

Gloy, Karen, Hrsg. »Die Naturphilosophie im deutschen Idealismus: [Tagung in der Reimers-Stiftung vom 27. – 30.4.1992 in Bad Homburg v. d. H., geleitet von Steffen Dietzsch und Karen Gloy]«, XIV, 399 S. Spekulation und Erfahrung. Stuttgart- Bad Cannstatt: Frommann-Holzboog, 1993.

Haym, Rudolf. *Hegel und seine Zeit: Vorlesungen ueber Entstehung u. Entwickelung, Wesen und Wert d. Hegel'schen Philosophie*. Herausgegeben von Hans Rosenberg. 2., um Unbekannte Dokumente verm. Aufl. Leipzig: Heims, 1927.

Horstmann, Rolf-Peter, Hrsg. *Hegels Philosophie der Natur: Beziehungen zwischen empirischer u. spekulativer Naturerkenntnis*. 1. Aufl. Veröffentlichungen der Internationalen Hegel-Vereinigung 15. Stuttgart: Klett-Cotta, 1986.

Kluit, Peter Martin. »Inertial and Gravitational Mass: Newton, Hegel and Modern Physics«. In *Hegel and Newtonianism*, herausgegeben von Michael John Petry, 229–47. Archives internationales d'histoire des idées/International Archives of the History of Ideas. Dordrecht: Springer Netherlands, 1993.

Lacroix, Alain. *Hegel: la philosophie de la nature*. 1. éd. Philosophies 81. Paris: Presses Universitaires de France, 1997.

—. »The Mathematical Infinite in Hegel«. *The Philosophical Forum* 31, Nr. 3 & 4 (September 2000): 298–327.

Miranda, Francisco Xavier. *La interpretación filosófica del cálculo infinitesimal en el sistema de Hegel*. 1. ed. Colección filosófica, no. 178. Pamplona: EUNSA, Ed. Univ. de Navarra, 2003.

Moretto, Antonio. *Filosofia della matematica e della meccanica nel sistema hegeliano*. Nuova ed. riv. Percorsi 8. Padova: Poligrafo, 2004.

—. »La dottrina dello spazio e del tempo e la meccanica nella filosofia della natura«. In *Filosofia e scienze filosofiche nell' »Enciclopedia« hegeliana del 1817*, herausgegeben von Franco Chiereghin, , 249–336, Trento: Verifiche 1995.

Neuser, Wolfgang, und Pirmin Stekeler-Weithofer, Hrsg. »Natur und Geist«, 265 Seiten. Würzburg: Königshausen & Neumann, 2016.

Neuser, Wolfgang, und Dieter Wandschneider, Hrsg. *Logik, Mathematik und Natur im objektiven Idealismus: Festschrift für Dieter Wandschneider zum 65. Geburtstag*. Würzburg: Königshausen und Neumann, 2004.

Shibuya, Shigeaki. »Hegel und die Grundbegriffe der Mathematik«. Universität Leipzig, 1999.

Spalt, Detlef D. *Vom Mythos der mathematischen Vernunft: eine Archäologie zum Grundlagenstreit der Analysis oder Dokumentation einer vergeblichen Suche nach der Einheit der mathematischen Vernunft*. Darmstadt: Wiss. Buchges., 1981.

Wahsner, Renate. *Das naturwissenschaftliche Gesetz: Hegels Rezeption der neuzeitlichen Naturbetrachtung in der Phänomenologie des Geistes und sein Konzept von Philosophie als Wissenschaft*. Preprint/Max-Planck-Institut für Wissenschaftsgeschichte 148. Berlin: Max-Planck-Inst. für Wissenschaftsgeschichte, 2000.

—. »Der Natur ist die Äusserlichkeit eigentümlich ...«: zur epistemologischen Position der Naturphilosophie Hegels. Forschungsschwerpunkt Wissenschaftsgeschichte und Wissenschaftstheorie der Förderungsgesellschaft Wissenschaftliche Neuvorhaben mbH, Nr. 94,2. Berlin: Forschungsschwerpunkt Wiss.-Geschichte und Wiss.-Theorie der Förderungsges. Wiss. Neuvorhaben, 1994.

—. *Der Widerstreit von Mechanismus und Organismus: Kant und Hegel im Widerstreit um das neuzeitliche Denkprinzip und den Status der Naturwissenschaft*. Hürtgenwald: Guido Pressler, 2006.

—. *Formelle und konkrete Einheit: Hegels Begriff des physikalischen Gesetzes*. Preprint/Max-Planck-Institut für Wissenschaftsgeschichte 252. Berlin: Max-Planck-Inst. für Wissenschaftsgeschichte, 2003.

—. *Hegel über das mathematisch Unendliche und die Materie*. Preprint/Max-Planck-Institut für Wissenschaftsgeschichte 95. Berlin: Max Plack Inst., 1998.

—, Hrsg. »Hegel und das mechanistische Weltbild: vom Wissenschaftsprinzip Mechanismus zum Organismus als Vernunftbegriff«, 173 S. Hegeliana 19. Frankfurt am Main; Berlin; Bern; Wien [u. a.]: Lang, 2005.

—. *Zur Kritik der Hegelschen Naturphilosophie: über ihren Sinn im Lichte der heutigen Naturerkenntnis*. Hegeliana 7. Frankfurt am Main; Berlin; Bern; New York; Paris; Wien: Lang, 1996.

Wahsner, Renate, und Friedrich Grimmlinger, Hrsg. *Die Natur muß bewiesen werden: zu Grundfragen der Hegelschen Naturphilosophie*. Wiener Arbeiten zur Philosophie: Reihe B, Beiträge zur philosophischen Forschung, Bd. 5. Frankfurt am Main Berlin Bern Bruxelles New York Oxford Wien: Lang, 2002.

Wandschneider, Dieter. »Die Bedeutung Hegels für eine zeitgemäße Naturphilosophie«. In *Hegel und die Geschichte der Philosophie*, herausgegeben von Dietmar H. Heidemann und Christian Krijnen, 260–289. Darmstadt, 2007.

—. »›Impact‹ und Alternativlosigkeit des Hegelschen Naturbegriffs«. In *Kann eine Naturphilosophie aus Hegelschen Prinzipien noch gelingen?*, herausgegeben von Wolfgang Neuser, 41–56. Würzburg, 2014.

—. *Raum, Zeit, Relativität: Grundbestimmungen der Physik in der Perspektive der Hegelschen Naturphilosophie*. Philosophische Abhandlungen 50. Frankfurt a. M.: Zugl.: Tübingen, Univ., Habil.-Schr., 1978, 1982.

—. »Was stimmt nicht mit unserem Verhältnis zur Natur?« In *Armut im Spannungsfeld zwischen Globalisierung und dem Recht auf eigene Kultur: Dokumentation des VI. Internationalen Seminars des philosophischen Dialogprogramms*, herausgegeben von Raúl Fornet-Betancourt, 58–69. Frankfurt a. M., 1998.

Wolff, Michael. *Der Begriff des Widerspruchs: eine Studie zur Dialektik Kants und Hegels; mit einem Nachwort zur Neuausgabe*. Neuausg. Frankfurt a. M.: University Press, 2010.

REGISTER

Intensive Größe und extensive Größe

Hegel versteht unter einer **intensiven Größe** eine Zahl, die aus mehreren einzelnen, für sich bestehenden Einheiten besteht, die ihre Bestimmung außer sich haben. Die intensive Größe ist unbestimmt, sofern sie nur auf sich bezogen ist; sie ist bestimmt, sofern eine Beziehung zu einem anderen besteht. Sie bedarf einer Bestimmung durch anderes, nämlich durch die Extensität, um sich zu bestimmen. Der Fortgang der Folge dann bzw. die Erzeugung der weiteren Glieder der Folge kommt durch den Verlust der inneren Mannigfaltigkeit zustande, indem die intensive Größe durch ihren Bezug zur extensiven die innere Mannigfaltigkeit bzw. die innere Bestimmung tilgt. Die intensive Größe ist bestimmt durch ihre Beziehung zum Außersichsein (extensiv) oder in der Identität des Eins mit der Mehrheit.

Unter einer **extensiven Größe** fasst Hegel eine Anzahl von Zahlen in einer inneren Ordnung mit einer inneren Bestimmung. Diese extensive Größe ist in sich (auf sich beziehend) bestimmt durch ihre innere Mannigfaltigkeit. Als intensive Größe aber ist sie sich auf sich beziehend unbestimmt; sie verliert ihre Bestimmtheit, indem Mannigfaltigkeit oder ihre Unterschiedlichkeit (Aufhebung der einzelnen Elemente 1, 1, 1) in einer Einheit versinkt, wenn sie intensiv geworden ist. Allgemein gilt: Extensiv ist eine Zahl dann, wenn eine Größe ihr selbst angehört, also bestimmt ist durch sich selbst ohne Verweis auf andere Zahlen.

Kontinuierliche und diskrete Größe

Laut Hegels *Wissenschaft der Logik*, S. 209: »Die kontinuierliche Größe ist die sich fortsetzende Quantität ohne Rücksicht auf eine Grenze.« Dagegen erlaubt es die diskrete Größe, einen Unterschied am Zahlenkontinuum auszumachen. Hegel schreibt: »Die diskrete Größe aber ist dies Außereinander als nicht kontinuierlich, als unterbrochen.« Und: »Diese Kontinuität am Diskreten besteht darin, daß die Eins das einander Gleiche sind oder daß sie dieselbe Einheit haben.« (Ebd., 228).

Ordinalzahl und Kardinalzahl

Die **Kardinalzahl** wird definiert dadurch, dass sie durch ihre Abzählbarkeit in sich bestimmt ist. Sie ist nur durch sich selbst selbst in der Reihe, nicht in Bezug auf anderes bestimmt, sodass man im Sinne dieser Anordnung nur äquivalente Verhältnisse erhält. Man schafft eine paarweise Zuordnung zwischen verschiedenen Dingen bzw. Elementen, die aufgehen kann oder nicht und in diesem Sinne gleich mächtig ist. Die **Ordinalzahl** bezeichnet den Zählzahlaspekt (Folge der Zahlen beim Zählen) und den Ordnungszahlaspekt (Platz eines Elements in der Zahlreihe). Es erscheint möglich, die extensive Größe im Sinne Hegels der Kardinalzahl gleichzusetzen und sie somit als Kardinalzahl zu behandeln (allerdings nur eingeschränkt, da gemäß Hegels Begriff der extensiven Größe der Begriff der Kardinalzahl zu unterbestimmt ist, um den Begriff des Quantums zu entwickeln; sie muß eine Grenze in der Anzahl enthalten.